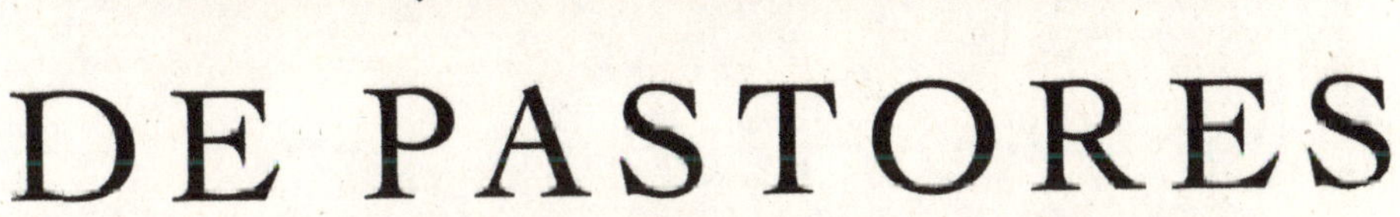

DE PASTORES

Y PREDICADORES

DE PASTORES Y PREDICADORES

B&H ESPAÑOL
BRENTWOOD, TENNESSEE

De pastores y predicadores

B&H Publishing Group
Brentwood, TN 37027

Clasificación Decimal Dewey: 253
Clasifíquese: RELIGIÓN / LA OFICINA Y EL TRABAJO DEL PASTOR

ISBN: 978-1-5359-3646-0

Impreso en EE. UU.
4 5 6 7 8 * 29 28 27 26 25

Para R. C. Sproul, John MacArthur
y John Piper—las tres figuras pastorales
que más han influenciado mi vida ministerial.

ÍNDICE

AGRADECIMIENTOS

Quiero dedicar este libro a las tres figuras pastorales que más han influenciado mi persona y, en especial, mi vida ministerial a través de sus mensajes, sus libros y encuentros personales.

El primero de ellos es el pastor R. C. Sproul, quien partió con el Señor en diciembre de 2017. Su enseñanza sobre la santidad y la soberanía de Dios marcó y cambió mi vida y la de mi ministerio para siempre. La iglesia del siglo XXI perdió quizás a uno de los mejores exponentes de la Palabra en torno al carácter de Dios.

El segundo es el pastor John MacArthur, quien ha sido fiel a las Escrituras durante 50 años de predicación. Su aprecio por la autoridad de la Palabra, su infalibilidad, inerrancia y suficiencia, aunado a su lucha titánica por la pureza del evangelio, me han ayudado a honrar la revelación de Dios de la misma manera, en otra latitud del globo terráqueo. Doy gracias a Dios por su don de predicación que, sin lugar a duda, ha impactado la mía. Un verdadero regalo a la iglesia de hoy.

El tercero es el pastor John Piper, quien con su pasión por la supremacía de Cristo en todas las cosas, su centralidad en la gloria de Dios como el fin de toda la vida y su continuo deseo por llevar el evangelio a donde Cristo no ha sido predicado, ha abonado mi fe y ha fortalecido aún más mi pasión por Él, Su gloria y Su causa.

Quiero también dedicar esta obra a los pastores y predicadores que la leerán; que así como Dios ha levantado y usado a estos hermanos para bendecir a Su iglesia, de igual forma pueda usarlos a ustedes dondequiera que Dios los haya colocado. Es mi deseo que este libro sea instrumento en Sus manos para equiparles.

Pasando a agradecimientos, agradezco a Dios, como dador de todos los dones, por la oportunidad de escribir un libro sobre la más grande encomienda que pueda imaginar—pastorear las ovejas que Dios compró a precio de sangre.

Agradezco una vez más a mi esposa, Cathy, por apoyar mi trabajo ministerial sin nunca quejarse del tiempo dedicado a las ovejas del Señor. Nunca dejo de recordarlo. ¡Qué gran bendición!

Agradezco a mis editoras iniciales del texto, Lidia Limardo y Jeanine Martínez. Su trabajo hizo el mío más fácil y aún el de los editores finales. ¡Gracias!

Por último, pero no con menos deseos, agradezco a Giancarlo Montemayor, director de la división en español de B&H, por su apoyo a esta publicación y su entusiasmo al leerlo.

Introducción: El pastor y su ministerio

«Estoy convencido de que la crisis de cultura pastoral frecuentemente comienza en el aula de clase de seminario. Comienza con un manejo de la Palabra de Dios que es distante, impersonal y basado en información. Inicia con pastores que, en sus años de seminario, llegaron a sentirse cómodos con sostener la Palabra de Dios lejos de sus propios corazones. Comienza con aulas de clases que son académicas y no pastorales. Surge al dar más importancia a la mente que al corazón. Comienza con notas de exámenes que son más importantes que el carácter. El problema es que todo esto es muy sutil y engañador».[1]

Paul David Tripp

Cada uno de los capítulos de este libro, han sido titulados: «El pastor y...» para que cada pastor o lector pueda apreciar mejor la labor que debe realizar un ministro del evangelio.

En este capítulo, veremos la importancia del ministerio pastoral, la situación actual del pastorado, el ejercicio del ministerio pastoral como vocación más que como profesión y cómo

1. Tripp, Paul David, *Dangerous Calling* [Llamado peligroso], edición Kindle (Wheaton: Crossway, 2012), Loc. 52 de 225.

tener el enfoque correcto al asumir esta responsabilidad. A manera de introducción, creo importante aclarar que cuando escudriñamos el Nuevo Testamento, encontramos que los términos **pastor, anciano u obispo**, son formas distintas de referirse a un mismo oficio.[2] Es fundamental definir o establecer la identidad de la figura pastoral desde el inicio para entender a quién nos referimos. Debido a ello, he querido mostrar que al referirme al pastor en cualquiera de sus facetas, también me estoy refiriendo al obispo y/o al anciano.

En términos de la iglesia local, estos «títulos» pudieran adquirir, en ocasiones, distintas connotaciones por razones prácticas de la localidad más que por razones bíblicas. Esta forma práctica de usar estos términos de manera distinta en ciertas iglesias locales no es anti-bíblica en sí misma, siempre y cuando entendamos y expliquemos que, bíblicamente hablando, lo que hace un pastor es lo mismo que pudiera hacer un anciano u obispo y que, por consiguiente, el estándar de uno es el estándar del otro. Que el pastor desarrolle ciertas funciones y el anciano otras pudiera ser algo exclusivamente funcional para una iglesia local. Sin embargo, su estándar, sus requisitos, su carácter y sus responsabilidades son similares.

En el Nuevo Testamento, la palabra traducida como anciano es: ***«presbyteros»***, que aparece aproximadamente 70 veces en el Nuevo Testamento. En esencia, el significado original de la palabra hacía referencia a «alguien blanco en canas» o «propiamente dicho, un hombre maduro con juicio experimentado».[3] En Israel, el anciano era alguien de edad madura que había adquirido cierta sabiduría para guiar al pueblo. En el Nuevo Testamento, los ancianos, eran exclusivamente varones.[4]

---

2. Pennington, Tom, *A Biblical Case for Elder Rule* [Argumento bíblico a favor del gobierno de ancianos] *en The Shepherd as Theologian* [El pastor como teólogo], John MacArthur, General ed., (Eugene, Oregon: Harvest House Publisher, 2017), 157.
3. *Strong's Concordance* [Concordancia de Strong], #4245.
4. Ibid.

> «Cuando la Biblia relaciona una edad particular al comienzo del liderazgo espiritual, los ejemplos señalan a una edad alrededor de los 30 años. Por ejemplo, un hombre que pertenecía a los descendientes de Aaron, podía entrar al servicio del sacerdocio a tiempo completo a la edad de 30 años (Núm. 4:46-47). Nuestro Señor también comenzó su ministerio terrenal alrededor de los 30 años (Luc. 3:23). Muchos comentaristas creen que Timoteo estaba al comienzo de sus 30 (1 Tim. 4:2). Aunque estos ejemplos no son mandatarios con relación al oficio de anciano en la iglesia local, ellos pueden ayudar a proveer lineamientos generales».[5]

El anciano no era alguien joven; sino alguien con responsabilidades de estado; un líder ante la nación de Israel. Más bien, el anciano era alguien de considerable experiencia; y esto era lo que la palabra *anciano* significaba, en su sentido literal.

Por otro lado, la palabra *obispo* proviene del vocablo, **«episkopos»** en el original. De ahí obtenemos el nombre de la denominación episcopal. Este término aparece unas 5 veces en el Nuevo Testamento y es un nombre masculino que hace referencia a un supervisor o gobernador, especialmente en referencia a la supervisión que lleva a cabo un anciano o un pastor.[6]

La palabra *pastor*, que nos atañe directamente, pues estamos tratando el tema del ministerio pastoral, es conocida en el griego como **«poimēn»**. La palabra como sustantivo aparece unas 18 veces en el Nuevo Testamento. «Es alguien a quien Dios levanta para velar por el bienestar de las ovejas».[7] Conocemos la responsabilidad de la persona que ostenta este título porque el Señor Jesús instruyó a Pedro lo que Él quería que hiciera con sus ovejas: que las apacentara,

---

5. Pennington, Tom, *A Biblical Case for Elder Rule en The Shepherd as Theologian*, John MacArthur, General ed., (Eugene, Oregon: Harvest House Publisher, 2017), 156.
6. Strong's, #1985.
7. Ibid., #4166.

alimentara y cuidara; ese es el trabajo del pastor (Juan 21:15-17; ver también Hech. 20:28 y 1 Ped. 5:1-2).

Veamos el siguiente pasaje y observemos cómo estas tres palabras (anciano, pastor y obispo) interactúan en este texto haciendo referencia a la misma persona u oficio:

> *«Por tanto, a los ancianos* **(*presbyteros*)** *entre vosotros, exhorto yo, anciano como ellos* (nota: Pedro es un apóstol, sin embargo, él se está considerando un anciano. Pedro, en ese momento, está pastoreando la iglesia y él se autodenomina "anciano como ellos", no se coloca por encima de ellos) *y testigo de los padecimientos de Cristo, y también participante de la gloria que ha de ser revelada: pastoread* **(*poimaino*)** *el rebaño de Dios entre vosotros, velando* **(episcopeo),** *por él, no por obligación, sino voluntariamente, como quiere Dios; no por la avaricia del dinero, sino con sincero deseo»* (1 Pedro 5:1-2; énfasis agregado).

En este pasaje, claramente vemos que los tres términos, en esencia, representan a la misma persona.[8] En la iglesia que pastoreo, la *Iglesia bautista internacional*, en Santo Domingo, tenemos varios pastores ordenados. De manera adicional, hemos establecido lo que denominamos «ancianos en entrenamiento», personas que han sido reconocidas como potenciales pastores en el futuro y que pasarán por un proceso de entrenamiento de dos a tres años, al final del cual podrían terminar siendo ordenados al ministerio pastoral. En este caso, usamos el término anciano para diferenciarlo de aquellos que ya son pastores ordenados. Pero durante su entrenamiento, ellos estarán llevando a cabo funciones pastorales de enseñanza, predicación, consejería, bautismos, dirección de grupos pequeños, dirección de ciertas áreas ministeriales, etc. En ese contexto ya están pastoreando; pero a la vez están siendo desarrollados y, al mismo tiempo, están siendo supervisados. Este es

8. MacArthur, John, *The Master's Plan for the Church* [El plan del Maestro para la iglesia] (Chicago: Moody Press, 1991), 180-85.

un ejemplo de cómo en una iglesia local el término pastor pudiera diferir del término anciano u obispo; pero debemos entender que las funciones de uno en esencia son las funciones del otro.

El pastorado en nuestros días

Al referirnos a la situación actual del pastorado haremos referencia primero al contexto norteamericano y luego al contexto latinoamericano, donde he tenido la oportunidad de ministrar en la gran mayoría de los países latinos, desde el cono sur hasta México. Las observaciones sobre la iglesia norteamericana incluyen la revisión extensa de literatura, a través de revistas, investigaciones, estudios y discusiones y su situación en nuestros días.

La iglesia latinoamericana carece de documentación y estadísticas suficientes en aspectos ministeriales, específicamente del ministerio pastoral. Es un hecho establecido que la iglesia norteamericana está mejor estudiada que la iglesia latinoamericana y, en ocasiones, creo conocer mejor la iglesia norteamericana que la iglesia latina, a pesar de ser latino y vivir en Latinoamérica. La iglesia y el ministerio pastoral en Norteamérica han sido estudiados, prácticamente en todas las áreas, desde su funcionamiento, sus tendencias, sus retos y sus prácticas hasta los ingresos salariales de los pastores, de sus asistentes y secretarias, entre muchas otras áreas.

La situación del ministerio pastoral en nuestros días puede ser reflejada en algunas estadísticas, provenientes de Estados Unidos, que aunque no corresponden a nuestra región, pueden ayudarnos a entender la situación actual del ministerio pastoral en la iglesia contemporánea (o servirnos de advertencia). Lo queramos o no, la iglesia norteamericana es la iglesia que más influencia ejerce en nuestros días sobre la eclesiología latinoamericana.

En junio del año 2017, Thom Rainer, presidente y CEO de *Lifeway Christian Resourcres*, un investigador muy conocido en asuntos ministeriales, reveló que entre 7000 y 10000 iglesias cerrarían sus puertas en Estados Unidos en los próximos 12 meses. Una realidad dura y difícil.[9] El mismo autor reveló en abril de 2018 que unos 1700 pastores abandonan el ministerio cada mes en esta nación. Y las diez razones más comunes para este éxodo, de acuerdo a la misma publicación, son las siguientes: el desaliento, el sentido de fracaso, la soledad, una caída moral, presiones económicas, ira, total agotamiento, problemas de salud, problemas matrimoniales o familiares y la sensación de estar demasiados ocupados.[10] Estas estadísticas han sido cuestionadas por Ed Stetzer en un artículo publicado en la revista *Christianity Today* por considerar algunas de ellas como anticuadas o por no estar bien fundamentadas.[11,12] Asumamos por un momento que las estadísticas reales sean correctas solo en un 50 % de lo reportado. Estos números, aun así, son sumamente alarmantes.

Un estudio publicado en el año 2016, hecho entre enero de 2015 y julio de 2016, con alrededor de 8150 pastores evangélicos o reformados, reveló una mejoría significativa en ciertas estadísticas relacionadas al estado espiritual de los pastores en Estados Unidos, lo cual es alentador; sin embargo, el estudio reveló que entre los pastores:

- 35% lucha con la depresión (1 de cada 3)
- 26% está extremadamente fatigado (1 de cada 4)
- 28% está espiritualmente mal nutrido (1 de cada 4)
- 23% se siente distante de su familia (1 de cada 4)[13]

---

9. Rainer, Thom, *Six Stages of a Dying Church* [Seis etapas de una iglesia en decadencia], https://thomrainer.com/2017/06/six-stages-dying-church.
10. Rainer, Thom, *10 Real Reasons Pastors Quit Too Soon* [Diez razones reales del por qué los pastores renuncian tan pronto], https://churchleaders.com/pastors/pastor-articles/161343-tim_peters_10_common_reasons_pastors_quit_too_soon.html
11. Stetzer, Ed, *That Stat that Says Pastors are All Miserable and Want to Quit (Part 1)* [La estadística que señala que los pastores son miserables y desean renunciar (Primera parte)], *Christianity Today*, 14 de octubre de 2015.
12. Stetzer, Ed, *That Stat that Says Pastors are All Miserable and Want to Quit (Part 2)* [La estadística que señala que los pastores son miserables y desean renunciar (Segunda parte)], *Christianity Today*, 28 octubre de 2015.
13. Krejcir, Dr. Richard J., *Statistics on Pastors: 2016 Update* [Estadísticas sobre pastores, actualización 2016], http://www.churchleadership.org/apps/articles

El trabajo de un pastor es demandante y requiere asistencia divina para ser llevado a cabo. Los autores Derek Prime y Alistair Begg escribieron un excelente libro sobre el llamado pastoral, titulado: *On Being a Pastor* [Sobre ser pastor]. Los autores de este libro definen el ministerio pastoral de esta manera: «El ministerio de pastores y maestros no es simplemente un trabajo, es una vocación. Es la respuesta a un llamado específico de parte de Dios. Es el llamado más sublime en el servicio cristiano».[14] Notemos lo que señala el texto: «...es la respuesta...». El ministerio pastoral no es algo que los humanos deciden, es la respuesta a un llamado que Dios ha hecho.

El pastorado en Latinoamérica

Veamos algunos de los aspectos que afectan el ministerio pastoral en nuestra región hoy:

1. **Escasez de pureza doctrinal e integridad pastoral**: Existe una escasez de pureza doctrinal en amplios sectores de la Iglesia de nuestros días; muchos pastores dicen creer la revelación de Dios y, a pesar de afirmar la inerrancia e infalibilidad de la Biblia, enseñan y aceptan doctrinas que contradicen la Palabra de Dios, mismas que en muchos casos representan revelaciones extra-bíblicas, según ellos mismos afirman.

Por otro lado, hay una falta de integridad personal entre los líderes del rebaño de Dios: a nivel financiero, sexual y profesional como veremos más en detalle.

2. **Disminución del estándar:** En parte, lo antes descrito se debe a una disminución del estándar de la figura pastoral. Con

---

/default.asp?blogid=4545&view=post&articleid=Statistics-on-Pastors-2016 - Update&link=1&fldKeywords=&fldAuthor=&fldTopic=0

14. Prime, Derek y Begg, Alistair, *On Being a Pastor* [Sobre ser pastor](Chicago: Moody Publishers, 2004), 18.

regularidad he escuchado a pastores declarar a la congregación: «No me miren a mí, porque yo no soy el ejemplo; ustedes tienen que fijarse en Cristo». Y en términos absolutos eso es cierto, Cristo es nuestro modelo. Pero el apóstol Pablo, en más de una ocasión declaró: «imítenme a mí, como yo imito a Cristo». La realidad es que somos líderes y el líder tiene seguidores. Estos seguidores imitarán tu ejemplo, lo quieras o no. Y tú necesitas modelar para tus ovejas el estilo de vida que quieres que ellas imiten. Dado lo anterior, hay muchos hombres en los púlpitos hoy que no debieran estar pastoreando.

3. **Selección tipo «buffet» de las condiciones bíblicas para ser pastor:** El «buffet» es una forma popular y común de servir las comidas, pues los comensales pueden escoger a su antojo y gusto personal los alimentos ofrecidos y en qué proporción quieran servirse. De igual forma, hoy en día existe una práctica común: una selección, tipo buffet, de las condiciones para ser pastor.

El apóstol Pablo describió, en 1 Timoteo 3 y en Tito 1, cuáles son los requisitos para ser pastor: «Un obispo debe ser...» comienza el texto mencionado. Y la primera palabra que aparece en la descripción de las condiciones para ser anciano o pastor es **irreprochable.** Lo mismo ocurre en el listado de condiciones de Tito 1. El texto no es una sugerencia, sino que señala: «El obispo debe ser». Luego describe lo que debe ser. Tú no eres hecho obispo para que luego llegues «a ser» algo. Para hacerte obispo, pastor o anciano, tú primero debes «ser» para luego poder «hacer» o poder desempeñar tu función. En el capítulo 4 presentaré una discusión detallada del texto al que estoy haciendo referencia aquí.

4. **Falta de respeto al oficio pastoral:** Existe una falta de respeto hacia la posición pastoral, no solo porque vivimos en una sociedad secular, sino también por todo lo descrito anteriormente. Cuando el pastor no se comporta a la altura de su llamado,

traerá como resultado una falta de respeto de la congregación hacia su posición. De manera adicional, en una generación que va contra la autoridad y es cada vez más egocéntrica, muchos piensan de esta manera: «Yo tengo el Espíritu Santo al igual que tú»; «yo tengo la Biblia al igual que tú»; «yo puedo acudir a Dios al igual que tú», «yo no necesito un hombre, un intermediario». Aunque todo lo anterior es cierto, no podemos olvidar que de igual forma Dios le ha dado líderes y maestros a la Iglesia, gente que va adelante, que tiene mucho que enseñar y de quienes las ovejas pueden aprender.

5. **Pastores que se autodenominan**: Otro agravante es que muchos pastores se han autodenominado y es importante que reconozcamos esto. Dios hace un llamado y es necesario que dicho llamado sea reconocido por las congregaciones. Cuando una persona insiste en pastorear sin el respaldo de otros líderes o de la congregación, es un boleto al fracaso y deberá enfrentar las consecuencias.

La crisis de ética ministerial

En la actualidad, la crisis de ética ministerial es significativa y, como ya hemos mencionado, esto es «un reflejo de nuestros tiempos y la influencia de nuestra sociedad».[15] Cada vez que la sociedad experimenta cambios, la iglesia experimenta cambios, debido a que la iglesia está plantada en esa sociedad y el mundo termina contaminando la iglesia en vez de que la iglesia evangelice al mundo. Lamentablemente, hoy en día vemos que en la medida en que la sociedad se ha corrompido y deteriorado, el ministerio pastoral también ha experimentado cambios similares.

Entre las razones citadas como causas de despido de pastores en diferentes estudios hechos en Estados Unidos en los últimos 20 años se encuentran:

---

15. Trull, Joe E. y Carter, James, *Ministerial Ethics* [Ética ministerial] (Grand Rapids: Baker Academics, 2004), 14.

- Falta de comunicación con la congregación
- Uso inapropiado de las redes sociales
- Plagio
- Inmoralidad sexual
- Falta de integridad en las finanzas.[16,17]

Estas razones son sumamente serias, sobre todo cuando pensamos que «ninguna profesión es tan éticamente demandante como el ministerio cristiano. De ningún profesional se espera que modele moralidad tanto como de un ministro».[18] El ministro o pastor representa a Dios ante su pueblo y proclama su Palabra al predicar. Por tanto, Dios, y aun la sociedad, poseen altas expectativas de los pastores. No olvidemos la enseñanza del Señor Jesús: «A todo el que se le haya dado mucho, mucho se demandará de él; y al que mucho le han confiado, más le exigirán» (Luc. 12:48b).

Es obvio que los líderes seremos juzgados de forma más severa. Es lógico esperar más de los padres que de los hijos, sobre todo cuando esos hijos se encuentran en las edades más tempranas. Éticamente hablando, la vocación pastoral es la vocación más demandante y de la que se espera el mejor ejemplo por lo que representa el llamado.

Cuando Pablo escribió a Timoteo y a Tito respecto a los requisitos de un ministro, como ya aludimos, instruyó que el ministro debe ser *irreprochable*. Este es el primer adjetivo utilizado. No dice «sin pecado», pero sí declara que el anciano debe ser «irreprochable». Es un detalle extraordinario que antes de hablar de cualquier otra cosa, Pablo estableciera que la cualidad número uno de un ministro sea su irreprochabilidad. Esto nos da una idea de cuán sublime es el llamado. Más adelante regresaremos a este punto. Lo que hemos establecido es el «peso» del llamado y la responsabilidad que implica llevarlo a cabo.

---

16. Goetz, David L., *Forced Out* [Obligados a salir], https://www.christianitytoday.com/pastors/1996/winter/6l1040.html.
17. Rainer, Thom, *4 most common reasons that get pastors fired* [Cuatro razones comunes por las que un pastor es despedido], *Biblical Leadership*, Noviembre de 2017.
18. *Ministerial Ethics, 14.*

La vocación pastoral

El ministerio pastoral es más que preparación académica. Esta preparación nos ayuda a comprender el ministerio pastoral, a entender qué debe hacer un pastor o anciano, nos ayuda a comprender las responsabilidades del pastorado y afina los dones y talentos para llevar a cabo dichas responsabilidades. Sin embargo, al final del camino, el ministerio pastoral es una respuesta al llamado de Dios. En otras palabras, habrá momentos (segundos, minutos, días o periodos) en tu ministerio en los que pensarás: «¡Quisiera renunciar!». Y luego reflexionarás: «No, porque Dios me ha llamado». Y una vez más decidirás quedarte con la congregación y tomarás un segundo aire. Eso se deberá a que el llamado que Dios hace es más fuerte que tus emociones o sentimientos. Y la única razón que mantiene a un pastor en su posición es el llamado de Dios. ¡Créeme! Hay suficientes dificultades en el ministerio para alejar a cualquier persona de su llamado. Pero, si Dios te llama, tú permanecerás porque tendrás una motivación y pasión inexplicables que no te dejarán desistir.

En una ocasión, Moisés le pidió a Dios que le quitara la vida porque sentía que ya no tenía la fuerza emocional para continuar. Dios tuvo que intervenir en su vida:

> *Y Moisés oyó llorar al pueblo, por sus familias, cada uno a la puerta de su tienda; y la ira del Señor se encendió en gran manera, y a Moisés no le agradó. Entonces Moisés dijo al Señor: ¿Por qué has tratado tan mal a tu siervo? ¿Y por qué no he hallado gracia ante tus ojos para que hayas puesto la carga de todo este pueblo sobre mí? ¿Acaso concebí yo a todo este pueblo? ¿Fui yo quien lo dio a luz para que me dijeras: «Llévalo en tu seno, como la nodriza lleva al niño de pecho, a la tierra que yo juré a sus padres»? ¿De dónde he de conseguir carne para dar a todo este pueblo? Porque claman a mí, diciendo: «Danos carne para que comamos». Yo solo no puedo llevar a todo este pueblo, porque es mucha carga para mí. Y si así me vas a tratar, te ruego que me mates*

> *si he hallado gracia ante tus ojos, y no me permitas ver mi desventura.*
>
> *Entonces el Señor dijo a Moisés: Reúneme a setenta hombres de los ancianos de Israel, a quienes tú conozcas como los ancianos del pueblo y a sus oficiales, y tráelos a la tienda de reunión y que permanezcan allí contigo. Entonces descenderé y hablaré contigo allí, y tomaré del Espíritu que está sobre ti y lo pondré sobre ellos, y llevarán contigo la carga del pueblo para que no la lleves tú solo* (Núm. 11:10-17).

Este texto ilustra claramente que el ministerio pastoral o el cuidado de las ovejas del Señor no puede ser llevado a cabo sin asistencia divina.

Ya hemos enfatizado que el llamado pastoral es una vocación. La palabra vocación proviene del latín «*vocatio*» que significa *llamado* o *convocatoria*, lo que nos permite ver el punto central al que nos referimos: la vocación es un llamado o una convocatoria de parte de Dios para realizar algo.

Es importante conocer que el concepto de vocación cambió con la reforma protestante. En los tiempos que precedieron a la Reforma, la palabra *vocación* estaba directamente relacionada solo al ministerio de los sacerdotes y de los obispos. Tanto Martín Lutero como Juan Calvino, enfatizaron que la palabra vocación hacía referencia a una idea mucho más amplia. Enseñaron que la vocación tiene que ver con el llamado que Dios hace a cada persona para que desempeñe una labor en su vida y que esa función es tan sagrada como la que el obispo, el pastor, o el anciano ejercen en su iglesia. Cuando limpias un baño, pintas una pared, o ejerces como médico, ingeniero o abogado, si Dios te llamó a esa labor, eso es tan sagrado como lo que se hace detrás de un púlpito el domingo en la mañana. En cada una de esas funciones representas al mismo Dios y debes hacerlo para la gloria del Aquel que te creó.

En tiempos de la Reforma, Lutero fue quién más énfasis hizo sobre la idea de que el cristiano debe ver su área de trabajo como su vocación, siempre y cuando, Dios lo haya llamado a servir allí. Allí debes glorificar a Dios, independientemente de cuál sea tu área. Donde llevas a cabo el llamado de Dios, esa es tu vocación. Si aspiras a una carrera técnica o universitaria, es muy probable que pienses: «voy a la universidad a hacer una carrera». Y en cierta manera es así. Pero esa idea tiene una connotación general un tanto diferente a lo que la palabra vocación implica, ya que entendemos la vocación como una extensión del trabajo de Dios. «Esto eleva tu ocupación a una responsabilidad sagrada».[19] «Lutero se refería a que Dios continuaba su trabajo de creación a través del trabajo del hombre en sus diferentes oficios».[20]

Una carrera o profesión, usualmente representa un deseo personal que podría llevarte a convertirte en un médico, un abogado o un ingeniero para alcanzar un sueño muy propio. En todo esto, el enfoque del servicio es la sociedad en general y esto es igualmente importante. Lutero declaró: «Dios no necesita nuestras buenas obras, pero nuestro prójimo sí».[21] De nuevo, una vocación es el trabajo que Dios te ha asignado. Sin embargo, cuando hablamos de una vocación, en términos ministeriales, el servicio primario es a las ovejas compradas por Cristo a precio de sangre. Esto ha sido denominado por algunos como «trabajo de redención». El trabajo hecho para la sociedad es un trabajo igualmente importante para Dios; pero a este tipo de trabajo le llamamos trabajo de creación.

El pastorado no es una profesión

Como hemos recalcado, el ministerio responde a un llamado sobrenatural y, por tanto, la persona llamada posee dones sobrenaturales para ejercer funciones específicas. No es posible ejercer el ministerio pastoral sin los dones correspondientes. Es posible ejercer una carrera sin dones sobrenaturales, pero no es posible hacer lo mismo

19. Sherman, Doug, *Your Work Matters to God* [Tu trabajo es importante para Dios] (Colorado Springs: NavPress, 1990), 55.
20. Citado por Gustaf Wingren, *Luther on Vocation* [Lutero sobre la vocación] (Eugene: Wipf & Stock Pub., 2004), 17.
21. Ibid, 10.

con el ministerio pastoral. Esto establece entonces, una diferencia entre ambas cosas. De manera lamentable, uno de los problemas es que nosotros hemos profesionalizado el llamado y eso ha causado estragos en el ministerio pastoral.

Tristemente hemos convertido el llamádo divino en profesionalismo. Veamos esta cita del pastor John Piper, tomada del libro *Hermanos, no somos profesionales:*[22]

> Los pastores estamos siendo asesinados (esa es una palabra fuerte) por el profesionalismo del ministerio pastoral. La mentalidad del profesional no es la mentalidad del profeta, no es la mentalidad del siervo de Cristo. El profesionalismo no tiene nada que ver con la esencia y el corazón del misterio cristiano. Mientras más profesionales anhelemos ser, mayor será la estela de muerte espiritual que dejemos a nuestro paso, pues no existe la inocencia profesional, no existe la misericordia profesional, no existe el clamor profesional por Dios... a los profesionales se les honra, a nosotros se nos desacredita. No tratamos de conseguir un estilo de vida profesional, pero estamos listos para padecer hambre y sed, ir mal vestidos y no tener techo. Cuando nos maldicen, bendecimos; cuando somos perseguidos, resistimos; cuando nos difaman, tratamos de conciliar; nos hemos convertido en la escoria del mundo, el desecho de todas las cosas (1 Corintios 4:9-13). ¿O no?

¿Notas la diferencia? El pastor Piper muestra un corazón dolido por haber distorsionado el ministerio pastoral. Un seminario no puede enseñar un «clamor profesional» hacia Dios. Estoy a favor de la preparación y esta es una de las razones por las que soy docente en un seminario teológico. Sin embargo, un programa de doctorado no puede formar el corazón para clamar a Dios de una manera

---

22. Piper, John, *Hermanos no somos profesionales* (Barcelona: Editorial CLIE, 2010), p. 17-18

«doctoral»; esto no existe. Este tipo de clamor es algo que se forma en el corazón, de otra manera, pues Dios quiere que este clamor salga de un corazón pastoral como el de su Hijo. A menos que cambiemos esta forma de pensar respecto al llamado y a la vocación pastoral, continuaremos aniquilando el ministerio.

Cuando otros nos maltratan, (*y algunos nos van a maltratar*), como hicieron con Cristo, nos vemos tentados a reaccionar como lo hace el profesional de la sociedad y a pensar que estamos justificados porque otros también se defienden. Esta no es la manera a la que estamos llamados a actuar en nuestra vocación, debido a que esta no es la manera a la que Cristo nos llamó a vivir el ministerio pastoral. Cuando nos maldicen, nosotros tenemos que bendecir; cuando nos desacreditan, nosotros tenemos que reconocer que esto viene con el llamado. Tal vez la siguiente ilustración pueda ayudarte a ver de forma más clara este punto: el llamado es como un paquete vacacional. Si has ido de vacaciones en alguna ocasión, probablemente sepas que hay un tipo específico de hoteles que tienen un esquema «todo incluido». Esto quiere decir, que pagas una tarifa y todo lo que consumas en ese lugar (las bebidas, los alimentos, los refrigerios, el entretenimiento y el hospedaje) están incluidos en esa tarifa. De igual forma, el ministerio pastoral funciona como un paquete «todo incluido», donde encontrarás cosas malas: decepciones, maltratos, descréditos y acusaciones; pero también incluye lo mejor: Dios, su llamado, su gracia, su poder y su compañía.

El enfoque correcto al asumir el ministerio

Cristo comenzó su ministerio de la mejor forma posible, al ser ungido por el Espíritu en el río Jordán, sin embargo, terminó clavado en la cruz y sin garantía de una recompensa de este lado de la eternidad. No tenemos garantías de que, al establecer una iglesia, terminaremos de la mejor manera posible. Además de Cristo, Juan el Bautista (Mat. 14), Esteban (Hech. 7), Jacobo (Hech. 12), todos los apóstoles con excepción de Juan (según la tradición) y miles o millones de cristianos han muerto martirizados a pesar de haber servido fielmente al Señor. La historia del misionero Henry Morrison al regresar a su país (Estados Unidos) nos ayuda a enfocar nuestra mente. La historia ha sido publicada en diferentes lugares con pequeñas diferencias en cuanto a las palabras exactas. Esta es una de esas versiones:

> «Después de cuarenta años de fiel servicio al Señor como misionero en África, Henry Morrison y su esposa regresaban a Nueva York. Cuando el barco se acercaba al muelle, Henry le dijo a su esposa: "Mira a esa multitud. No se han olvidado de nosotros". Sin embargo, desconocido para Henry, el barco también transportaba al presidente Teddy Roosevelt, que regresaba de un gran viaje de caza en África. Roosevelt bajó del bote, con gran fanfarria, mientras la gente aplaudía, las banderas ondeaban, las bandas tocaban, y los periodistas esperaban sus comentarios. Henry y su esposa se marcharon lentamente sin ser notados. Hicieron un alto a un taxi que los llevó al apartamento de un dormitorio que había sido provisto por la junta de la misión.
>
> Durante las siguientes semanas, Henry intentó sin éxito dejar atrás el incidente. Se hundía de forma más profunda en la depresión cuando, una noche, le dijo a su esposa: "Todo esto está mal. Este hombre regresa de un viaje de caza y todos organizan una gran fiesta. Damos nuestras vidas en un servicio fiel a Dios durante todos estos años, pero a nadie parece importarle". Su esposa le advirtió que no debería sentirse así. Henry respondió: "Lo sé, pero no puedo evitarlo. Simplemente no está bien". Su esposa entonces le dijo: "Henry, debes decirle esto al Señor y resolver esto ahora. Serás inútil en tu ministerio hasta que lo hagas".
>
> Henry Morrison luego fue a su habitación, se arrodilló y, recordando a Habacuc, comenzó a derramar su corazón al Señor. «Señor, conoces nuestra situación y lo que me

preocupa. Con mucho gusto te servimos fielmente durante años sin quejarnos. Pero ahora Dios, simplemente no puedo quitarme este incidente de la cabeza...».

Después de unos diez minutos de oración ferviente, Henry regresó a la sala de estar con una mirada pacífica en su rostro. Su esposa señaló: «Parece que has resuelto el problema. ¿Qué pasó?».

Henry respondió: «El Señor lo resolvió por mí. Le conté lo amargado que estaba porque el presidente recibió este tremendo recibimiento a casa, pero nadie se encontró con nosotros cuando volvimos a casa. Cuando terminé, pareció como si el Señor pusiera su mano sobre mi hombro y simplemente dijera: "¡Pero Henry, todavía no has llegado a casa!"».[23]

Reflexión final

Volvamos a nuestro modelo por excelencia. Jesús formó y capacitó al «mejor grupo pequeño» de la historia. Doce hombres a los que enseñó durante tres años casi a tiempo completo. Al final del entrenamiento:

- Uno de sus discípulos lo vendió.
- El que le confesó como el Cristo, el Hijo del Dios viviente, le negó tres veces.
- Otros dos querían sentarse a la mano derecha y a la mano izquierda en su reino.
- Otro discípulo (Tomás), después de oír a las mujeres el domingo testificar sobre la resurrección y después de escuchar a los dos discípulos que iban camino a Emaús, aun después de haber oído el testimonio de los otros diez, permaneció en la incredulidad y dijo: «Si no veo en sus manos la señal de los clavos, y meto el

23. *The Missionary's Return* [El regreso del misionero], ad Dei Gloriam Ministries, http://www.addeigloriam.org/stories/morrison.htm

dedo en el lugar de los clavos, y pongo la mano en su costado, no creeré» (Juan 20:25).
- Finalmente, todos salieron corriendo cuando pensaron que sus vidas estaban en peligro en cumplimiento de la profecía de Zacarías 13:7: «Hiere al pastor y se dispersarán las ovejas, y volveré mi mano contra los pequeños». Así le ocurrió al mismo Dios encarnado (Mat. 26:31).

La obediencia perfecta de Jesús a la voluntad del Padre, no lo eximió de las decepciones típicas del ministerio pastoral. Por eso, necesitas llevar a cabo este llamado en total dependencia del Espíritu Santo.

Capítulo 1

El pastor y su llamado

Porque ni aun el Hijo del Hombre vino para ser servido, sino para servir, y para dar su vida en rescate por muchos.

Jesús

Introducción

En una de sus visitas a nuestra iglesia, el Dr. Hershael York del *Seminario teológico bautista del sur*, dijo a nuestra iglesia: «Cristo no nos dijo toma tu almohada y sígueme, sino toma tu cruz y sígueme». Si eso es cierto para todo seguidor de Cristo, lo es aún más para el pastor de sus ovejas. Este es nuestro llamado: seguir a Jesús mientras llevamos nuestra cruz. Cuando Jesús nos ordenó llevar nuestra cruz, estaba haciendo referencia al sacrificio que implica ser uno de los suyos hasta el punto de llegar a ser odiados por los miembros de tu propia familia. En Mateo 10, encontramos las palabras de Jesús con relación al costo del discipulado:

> *No penséis que vine a traer paz a la tierra; no vine a traer paz, sino espada. Porque vine a poner al hombre contra su padre, a la hija contra su madre, y a la nuera contra su suegra; y los enemigos del hombre serán los de su misma casa. El que ama al padre o a la madre más que a mí, no es digno de mí; y el que ama al hijo o a la hija más que a mí, no es digno de mí. Y el que no*

> *toma su cruz y sigue en pos de mí, no es digno de mí. El que ha hallado su vida, la perderá; y el que ha perdido su vida por mi causa, la hallará* (Mat. 10:34-39).

Este es un buen recordatorio de que la vida cristiana y en especial el ministerio pastoral es un llamado al sacrificio por las ovejas del Señor. Jesús identificó su misión como un llamado al servicio al declarar: «Porque ni aun el Hijo del Hombre vino para ser servido, sino para servir, y para dar su vida en rescate por muchos» (Mar. 10:45). Observamos a Cristo en la cruz dando su vida por muchos en total sumisión a los propósitos de Dios. En Getsemaní Él declaró: «que se haga tu voluntad y no la mía». ¡Este es el ministerio pastoral! Morir a ti mismo para que otros tengan vida, morir a tus deseos, a tus aspiraciones y a tus sueños; morir a tus «derechos» y a aquellas cosas que deseabas realizar de este lado de la eternidad para pastorear el rebaño de Dios. Lo haces para gloria de Dios; lo haces porque amas a Dios y porque sabes que tienes toda una eternidad por delante de ti esperándote con deseos y deleites muy por encima de todo lo que es pasajero y temporal. Quizás años atrás había una mejor conciencia del peso del ministerio pastoral y del llamado a dicho ministerio que lo que vemos hoy con cierta frecuencia. Es de vital importancia entender el llamado pastoral porque muchos se entusiasman con la idea de estar detrás de un púlpito exponiendo la Palabra de Dios, sin considerar que el pastorado es mucho más que la predicación.

¿Quién elige a los pastores?

¿Quién llama, elige y ordena a los pastores? Estas preguntas parecen ser similares, pero tienen connotaciones diferentes. De inicio diremos que un contrato de trabajo con una iglesia y una ordenación pastoral, no hacen a un pastor, pues esto no es un llamado terrenal. Una iglesia local puede reconocer el llamado que Dios haya hecho previamente sobre la vida de una persona. Una iglesia podría y debe ordenar a los pastores. Pero es posible tener muchos títulos y ofertas de contrato de las mejores iglesias y no ser pastor ante los ojos de Dios. El llamado lo hace Dios.

Un seminario prepara mejor a alguien que ya fue llamado por Dios al pastorado o que será llamado posteriormente. Como dijimos, es Dios quien hace el llamado por encima de todo, pues es algo sobrenatural que no se relaciona con la persona. En Hechos 20, leemos de cuando Pablo se despidió de los ancianos de la iglesia de Éfeso, estando en la ciudad de Mileto.

En el pasaje de Hechos 20:18-38 observamos el mejor discurso que un pastor pudiera compartir con un grupo de pastores sobre cómo considerar el ministerio pastoral. Volveremos a ver este pasaje en el capítulo ocho. Quiero por ahora invitarte a leer con detenimiento todo el pasaje, pero por ahora, te invito a leer aquí esta porción que deseo analizar:

> *Tened cuidado de vosotros y de toda la grey, en medio de la cual el Espíritu Santo os ha hecho obispos para pastorear la iglesia de Dios, la cual El compró con su propia sangre* (v. 28).

Estas dos afirmaciones, deben elevar nuestra atención al considerar el ministerio pastoral:

1. Dios hace el llamado y
2. Dios coloca ovejas en nuestras manos, que fueron adquiridas por la sangre de su Hijo.

¿Te imaginas esto? Que Dios pide que cuides personas compradas por su Hijo a precio de sangre; ¡esto no es algo minúsculo! Esta verdad le agrega sobriedad al ministerio y, hasta cierto punto, me llama la atención y me eriza los pelos, como diríamos, porque cada vez que das un consejo, cada vez que oficias un casamiento, cada vez que cuidas a alguien, cada vez que predicas, tienes delante de ti personas que le pertenecen a Dios y que fueron compradas a precio de sangre.

Por otro lado, cuando Pablo le escribió a Tito, señaló: «Por esta causa te dejé en Creta, para que pusieras en orden lo que queda, y designaras ancianos en cada ciudad como te mandé» (Tito 1:5). En otras palabras, Dios hace el llamado, pero alguien va a tener que reconocerlos y colocarlos en su posición. Se necesita un reconocimiento humano y, en este caso, Tito tenía esta responsabilidad. Es necesario que los ancianos, pastores y la iglesia misma hagan el reconocimiento, pero esto comienza arriba, en los cielos; y es importante que nosotros podamos recordar esta verdad.

El llamado no es un simple deseo. No es algo que dejas a un lado después de un año porque simplemente se terminó la luna de miel. El llamado no es simplemente una pasión. Es una convicción de que Dios te ha separado de tu propio curso para colocarte en una trayectoria donde puedas servir a Dios y a su pueblo para su gloria, sacrificando aquello que otros disfrutan, aun si aquello no es pecaminoso en sí mismo. Las pasiones pueden ir y venir; son cambiantes. Por el contrario, el llamado es una convicción y la convicción no es solo un fuerte sentimiento, es un convencimiento de que Dios te separó del curso que seguías para colocarte en una posición de servicio a Dios.

El gran predicador de Inglaterra, Charles Spurgeon describió el llamado pastoral de esta forma:

> ¿Cómo puede saber un joven si es llamado o no? Esa es una pregunta de peso y deseo tratarla del modo más solemne. Pido dirección divina al hacerlo porque cientos han errado el camino y han tropezado contra un púlpito. Es dolorosamente evidente por los ministerios infructíferos y las iglesias decadentes que nos rodean. Es una terrible calamidad para un hombre equivocarse en su llamado y también lo es para la iglesia a la que él se impone a sí mismo. Su error encierra una aflicción de las más graves.[24]

En este ensayo de Spurgeon titulado «*Lectures to my Students*» («Discursos a mis estudiantes»), escrito en los años 1800, él denota que cientos de personas han errado en su llamado y «han tropezado contra un púlpito».

El príncipe de los predicadores, como era llamado Spurgeon, agrega, que esto se evidencia en ministerios infructíferos e iglesias

---

24. Spurgeon, Charles, *Lectures to my students* [Discursos a mis estudiantes], reprint of 1875 ed., (Grand Rapids: Baker, 1980), p. 22.

decadentes. Sin embargo, llama aún más nuestra atención que él declara: «*esa es una pregunta de peso y deseo tratarla de modo más solemne. Pido dirección divina al hacerlo*». Esto ocurrió en el contexto de la enseñanza como parte de conversaciones con sus estudiantes. Spurgeon enfatiza que aun para hablar del tema, debido a la solemnidad del mismo, él necesita la ayuda de Dios. Quien realmente entiende el ministerio pastoral es Dios; Él conoce la naturaleza del ministerio y su solemnidad. De modo que, la mejor manera de tener una idea clara y bíblica de lo que es el ministerio pastoral, es analizar el ministerio del Señor Jesucristo.

Llamados a ser ejemplo

Ya he establecido que Dios es quien llama a los pastores de su iglesia. Ahora necesitamos considerar a qué nos llama Dios. Veamos lo que Pedro dice en 1 Pedro 5:2-3:

> *[P]astoread el rebaño de Dios entre vosotros, velando por él, no por obligación, sino voluntariamente, como quiere Dios; no por la avaricia del dinero, sino con sincero deseo; tampoco como teniendo señorío sobre los que os han sido confiados, sino demostrando ser ejemplos del rebaño.*

Dios nos llama a pastorear ovejas con un deseo sincero, no solo motivados por un sentido de responsabilidad, sino con un sentido de entrega, motivados por la obra de Cristo en la cruz y su amor hacia nosotros. Esto debe ser cierto a la hora de predicar, de aconsejar, de oficiar una boda o un funeral… todas y cada una de esas actividades deben ser realizadas porque nuestro corazón tiene un deseo de glorificar a Dios a través del cuidado de sus ovejas, con un sentido de agradecimiento y no por recibir un salario. Al escribir a los corintios, el apóstol Pablo señaló:

> *Pues el amor de Cristo nos apremia, habiendo llegado a esta conclusión: que uno murió por todos, por consiguiente, todos murieron; y por todos murió, para que los que viven, ya no*

> *vivan para sí, sino para aquel que murió y resucitó por ellos* (2 Cor. 5:14-15).

Pablo realizó su ministerio motivado por el amor de Cristo. «Hay dos cosas que siempre he considerado como requisitos en un pastor: su labor y su amor. El primero es un trabajo de la mente y el segundo es un trabajo del corazón. Una labor fiel hablará de su amor y un amor sincero endulzará su labor».[25]

De igual modo, el ministerio pastoral nunca debe realizarse al ejercer señorío de acuerdo con el texto de 1 Pedro que leímos más arriba. No debes imponerte, ser autocrático, ni desear que las cosas se hagan simplemente porque «soy el pastor». Eres pastor y las ovejas deben de obedecerte, pero no por imposición. La obediencia impuesta no es obediencia, sino sometimiento; y un sometimiento impuesto no es a lo que Dios nos ha llamado. Dios llama a las ovejas a someterse a sus pastores, pero llama a los pastores a modelar el carácter de Cristo recordando que un día daremos cuenta por cada oveja de nuestro redil:

> *Obedeced a vuestros pastores y sujetaos a ellos, porque ellos velan por vuestras almas, como quienes han de dar cuenta. Permitidles que lo hagan con alegría y no quejándose, porque eso no sería provechoso para vosotros* (Heb. 13:17).

Este versículo pone un peso enorme sobre los hombros del pastor. Pensar que un día tendremos que pararnos delante del Juez del universo a rendir cuentas de cada oveja es algo que debe sobrecogernos. Es necesario recordar que todos dejamos un ejemplo y por el ejemplo dejado daremos cuenta al Pastor de pastores. La pregunta es, ¿qué clase de ejemplo estamos dando? El ejemplo de Cristo es de los que deja una marca que perdura. En el caso del pastor, lo que marca a las ovejas, no es su oratoria, no es su carisma, no es

---

25. Swinnock, George, *The Pastor Farewell* [La despedida del pastor], citado por J. Stephen Yuille, *A Labor of Love* [Una labor de amor] (Grand Rapids: Reformation Heritage Books, 2013), 4.

su conocimiento del griego y el hebreo; lo que marca a las ovejas, por encima de cualquier otra cosa, es el carácter del pastor. «Nuestros ministerios están moldeados por la condición de nuestros corazones. Lo que gobierna nuestros corazones, controla nuestros ministerios».[26]

El carácter del pastor

¿Qué es lo más importante en la vida de un pastor?
¿Sus talentos y sus dones?
¿Su preparación académica?
¿Su llamado?
¿Su carácter?

- **Los dones y talentos** son importantes, pues sin estos una persona no puede pastorear.
- **La preparación académica o el estudio** es importante, ya sea de manera formal o informal. Tanto en el presente como a través de la historia de la iglesia, grandes hombres de Dios nunca asistieron a un seminario, sin embargo fueron estudiosos o autodidactas. Se dice que Charles Spurgeon, quien nunca asistió a un seminario, tenía una biblioteca de más de 12000 volúmenes.[27] Sin duda él era un hombre preparado.
- **El llamado y el carácter** tienen importancia vital. Podemos decir que lo más importante al pastorear es el llamado. Grandes hombres de Dios poseen un carácter ejemplar, pero no tienen un llamado pastoral. Un ejemplo de esto, podrían ser muchos de los profesores de seminario, que no son pastores pero tienen un carácter probado, ejemplar e irreprensible. Otros tienen un nombre famoso o dirigen mega iglesias, pero no tienen carácter.

---

26. Yuille, J. Stephen, *A Labor of Love* (Grand Rapids: Reformation Heritage Books, 2013), 36.
27. Librería personal de Spurgeon, *The Spurgeon Archibe*, http://www.romans45.org/spurgeon/fsl/library.htm

Tanto el llamado como el carácter son esenciales a la hora de ejercer el ministerio. Por otro lado, alguien puede ejercer el pastorado y tener un llamado, pero estar fuera de tiempo y, por tanto, no tener el carácter necesario.

Si bien es cierto que el llamado con frecuencia precede al carácter (como fue el caso de los apóstoles), no es menos cierto que el carácter debe preceder al ejercicio del llamado, como observamos en los primeros capítulos del libro de los Hechos. Jesús escogió a sus discípulos y luego se propuso formar su carácter. El carácter así formado salió a relucir tan pronto el Señor Jesús ascendió a los cielos. «El carácter es forjado sobre la base del tiempo. La palabra carácter proviene de un término griego y del latín que describe la marca que deja un instrumento o herramienta de grabado… no te despiertas un día teniendo un carácter piadoso. El carácter que posees actualmente ha sido formado sobre un período de tiempo por pequeñas elecciones y decisiones que han moldeado tu ser».[28]
Notemos el peso que Pablo da al carácter de la persona llamada a ejercer el pastorado en el siguiente pasaje:

> *Palabra fiel es ésta: Si alguno aspira al cargo de obispo, buena obra desea hacer. Un obispo debe ser, pues, irreprochable, marido de una sola mujer, sobrio, prudente, de conducta decorosa, hospitalario, apto para enseñar, no dado a la bebida, no pendenciero, sino amable, no contencioso, no avaricioso. Que gobierne bien su casa, teniendo a sus hijos sujetos con toda dignidad (pues si un hombre no sabe cómo gobernar su propia casa, ¿cómo podrá cuidar de la iglesia de Dios?); no un recién convertido, no sea que se envanezca y caiga en la condenación en que cayó el diablo. Debe gozar también de una buena reputación entre los de afuera de la iglesia, para que no caiga en descrédito y en el lazo del diablo* (1 Tim. 3:1-7).

---

28. Thune, Robert H., *Gospel Eldership* [Pastorado según el evangelio] (Greensboro: New Growth Press, 2016), 35-36.

El texto menciona que el obispo debe ser irreprochable. Y el resto del pasaje indica las áreas donde él debe ser irreprochable. En otro capítulo abordaremos estas características. En algunos casos lamentables, la posición pastoral puede ser respetada porque implica poder y conlleva la idea de que las ovejas o seguidores deben someterse a su autoridad. El problema es que el poder sin carácter no transforma a las ovejas y no marca positivamente a los demás. Un pastor puede tener menos conocimiento que otros, pero tener un carácter moldeado por el evangelio de tal forma que impacte profundamente a aquellos que le siguen. A esto somos llamados. El énfasis número uno para el cristiano y sobre todo para el líder cristiano, es primero ¡carácter!; en segundo lugar, ¡carácter! y en tercer lugar ¡carácter!

La base de todo ministerio es la gracia de Dios. Sin ella no podemos hacer absolutamente nada. Más allá de su gracia, todo está relacionado con el carácter, ya que esto es lo que Dios respalda. Dios avala el carácter, no las posiciones, ni las grandes iglesias, ni los títulos académicos. Estas son cosas completamente secundarias al carácter de la persona.

El amor del pastor por su Señor es demostrado al pastorear el redil

Las Escrituras nos narran un encuentro, en la playa, entre Cristo y Pedro, después de la resurrección:

> *Cuando hubieron comido, Jesús dijo a Simón Pedro: Simón, hijo de Jonás, ¿me amas más que éstos? Le respondió: Sí, Señor; tú sabes que te amo. Él le dijo: Apacienta mis corderos. Volvió a decirle la segunda vez: Simón, hijo de Jonás, ¿me amas? Pedro le respondió: Sí, Señor; tú sabes que te amo. Le dijo: Pastorea mis ovejas. Le dijo la tercera vez: Simón, hijo de Jonás, ¿me amas? Pedro se entristeció de que le dijese la tercera vez: ¿Me amas? y le respondió: Señor, tú lo sabes todo; tú sabes que te amo. Jesús le dijo: Apacienta mis ovejas* (Juan 21:15-17).

En cada caso, ¿cuál fue la respuesta? Apacienta (v.15, 17) y pastorea (v.16) mis ovejas. Cristo estaba enseñando a Pedro algo parecido a esto:

> *Pedro, antes de negarme dijiste que darías tu vida por mí. Cuando pregunté si tú podías beber de la copa que yo bebería, respondiste «sí». Cuando anuncié mi muerte, declaraste: «Señor, aunque todos te abandonen, yo nunca te abandonaré». Acabas de decir que me amas tres veces. Pedro, si no alimentas y pastoreas a mis ovejas adecuadamente, tú no estás mostrando que me amas.*

De acuerdo a las palabras de Cristo, el amor por el Señor se refleja en el amor por las ovejas mientras cuidamos de ellas. Las ovejas representan a la esposa de Cristo, y Cristo señala que la demostración del amor por Él es el amor por su esposa. Si no es entendido de esta forma, no podremos ejercer el ministerio pastoral.

Las ovejas pueden ser rebeldes y pueden comportarse como los discípulos lo hicieron. Esto no debería sorprendernos dada la naturaleza humana. En una ocasión, los discípulos llegaron a Samaria y como no los recibieron, Juan y Jacobo declararon: «Señor, ¿quieres que mandemos que descienda fuego del cielo y los consuma?» (Luc. 9:54). Estos discípulos llamados a ser apóstoles estaban dispuestos a quemar una aldea completa solo porque no los recibieron. Eran tan arrogantes que incluso pensaban que tenían el poder de hacer llover fuego del cielo.

A pesar de la rebeldía de las ovejas, nuestro llamado es a trabajar con ellas para que Cristo forme, de manera progresiva, su imagen en cada persona por quien derramó su sangre. Entender bien el llamado nos ayudará a permanecer en el ministerio. El ministerio pastoral es un gran privilegio, pero a la vez es una enorme responsabilidad.

El pastor y su dependencia de Cristo

Como parte del llamado, el trabajo pastoral viene con grandes exigencias y, por lo tanto, la única manera de poder sobrellevarlas es dependiendo de nuestro Señor Jesucristo. El trabajo puede ser difícil, pero sin la dependencia de su Espíritu se hace imposible. De manera lamentable, muchos han sucumbido al tratar de ministrar en el poder de la carne, consciente o inconscientemente. No debemos olvidar las palabras de Cristo a sus discípulos en Juan 15:4-5:

> *Permaneced en mí, y yo en vosotros. Como el sarmiento no puede dar fruto por sí mismo si no permanece en la vid, así tampoco vosotros si no permanecéis en mí. Yo soy la vid, vosotros los sarmientos; el que permanece en mí y yo en él, ése da mucho fruto, porque separados de mí nada podéis hacer.*

¡Nada, separados de Él, no podemos hacer absolutamente nada! Cuidamos ovejas compradas a precio de sangre como hemos venido diciendo. Esto nos permite entender el gran privilegio que representa el hecho que Dios delegue en nosotros esta labor. Dios puede hacerlo mucho mejor que nosotros y lograr resultados más rápido, pero en su soberanía no lo ha hecho así. Por lo tanto, la responsabilidad es cuidar las almas por las que Cristo pagó un precio extraordinario. Lo he dicho anteriormente y quiero enfatizarlo: el pastorado no es una posición, no es una carrera, no es un trabajo. Puede ser laborioso y difícil, pero no es un trabajo. Un trabajo, como se trata a nivel secular, se realiza por contrato. Pero, el ministerio pastoral se realiza por un llamado. El pastorado es la obediencia a la voz interna de Dios confirmada por un llamado externo que se representa mediante la afirmación de la congregación de aquel que recibió ese llamado.

Cuando Dios llama, el llamado es irresistible

> «El llamado es la convicción incuestionable que un individuo posee de que Dios lo quiere haciendo una tarea específica».[29]

---

29. Prime, Derek y Begg, Alistair, *On Being a Pastor* (Chicago: Moody Press, 2004), 18.

Mientras vivía en Estados Unidos enseñaba en la escuela de medicina y ejercía la medicina de manera privada. En ese tiempo no quería regresar a mi país y con vergüenza confieso que sentía un rechazo profundo por el país que me vio nacer: sus indisciplinas, su falta de organización y los retos que enfrentamos como latinoamericanos. Cuando fui a los Estados Unidos, pensé que no regresaría. Probablemente, y en términos humanos, Dios se rio de mí. Al vivir allá durante casi 10 años, comenzó a surgir el deseo de dejar mi profesión y tomar una posición en el ministerio; pero yo quería quedarme en los Estados Unidos para ejercer el ministerio. Luego de 12 años de vivir allá, Dios cambió mi corazón. Mi esposa y yo regresamos a Santo Domingo (los detalles de este proceso los he excluido a propósito). No podía dejar de pensar en este nuevo deseo; era algo reciente; algo que me dominaba, que me controlaba hasta el punto que me quitó el deseo de permanecer en Norteamérica; me quitó el deseo de seguir enseñando medicina en aquel país; me despojó del deseo de seguir ejerciendo medicina allá y cambió mi corazón hasta el punto que mi mayor anhelo llegó a ser regresar a Santo Domingo a plantar una iglesia. Menciono esto porque el llamado de Dios es irresistible. El apóstol Pablo declaró: «porque Dios es quien obra en vosotros tanto el querer como el hacer, para su beneplácito» (Fil. 2:13).

El llamado es claro, irresistible, controlador y persistente. Los sinsabores y días malos vienen, pero permaneces donde Dios te ha llamado. Habrá semanas cuando quizás quieras renunciar, pero permaneces porque hay algo que te dice: «Yo te he llamado. Tienes que permanecer».

> «Dios siempre hace un llamado claro a aquellos a quienes Él ha elegido para el ministerio, de manera que cuando el llamado llega, ellos no pueden hacer otra cosa que no sea responder a él. Ellos no podrán decir que no».[30]

30. Ibid., 19.

Estos son algunos ejemplos bíblicos de cómo es el llamado:

- Moisés (Ex. 3)
- Isaías (Isa. 6)
- Los apóstoles
- Pablo

Moisés

Moisés estuvo en el desierto por 40 años y repentinamente Dios le ordenó que fuera a Egipto a liberar a su pueblo. Después de argumentar con Dios, Moisés fue porque el llamado era irresistible y lo dejó sin opción (Ex. 3:1-12).

Isaías

En el capítulo 6 del Libro del profeta Isaías, tenemos quizás la mejor ilustración del llamado. Isaías tiene un encuentro con Dios y es llamado en medio de una visión extraordinaria de Dios en su trono:

> *Y el uno al otro daba voces, diciendo: Santo, Santo, Santo, es el Señor de los ejércitos, llena está toda la tierra de su gloria.*
>
> *Y se estremecieron los cimientos de los umbrales a la voz del que clamaba, y la casa se llenó de humo. Entonces dije: ¡Ay de mí! Porque perdido estoy, pues soy hombre de labios inmundos y en medio de un pueblo de labios inmundos habito, porque han visto mis ojos al Rey, el Señor de los ejércitos.*
>
> *Entonces voló hacia mí uno de los serafines con un carbón encendido en su mano, que había tomado del altar con las tenazas; y con él tocó mi boca, y dijo: He aquí, esto ha tocado tus labios, y es quitada tu iniquidad y perdonado tu pecado. Y oí la voz del Señor que decía: ¿A quién enviaré, y quién irá por nosotros? Entonces respondí: Heme aquí; envíame a mí* (Isa. 6:3-8).

Isaías es tan confrontado por su pecaminosidad frente a este Dios, santo, alto y sublime, que se siente desecho; desintegrado. Esta es la idea que transmite el hebreo. Sin embargo, Isaías estaba dispuesto a ir a donde Dios lo enviara. Pero eso no es lo más importante. Dios llama a Isaías a un ministerio infructuoso, al que debería permanecer fiel. Veamos el llamado de Dios para este profeta de tanto renombre:

> *Y Él dijo: Ve, y di a este pueblo: «Escuchad bien, pero no entendáis; mirad bien, pero no comprendáis». Haz insensible el corazón de este pueblo, endurece sus oídos, y nubla sus ojos, no sea que vea con sus ojos, y oiga con sus oídos, y entienda con su corazón, y se arrepienta y sea curado* (Isa. 6:9-10).

Se le advirtió que el pueblo no le entendería y que no recibiría el mensaje. ¿Sabes cuál fue el fruto? Prácticamente, ninguno. ¿Puedes imaginarte eso después de 50 años de ministerio? Pero la visión de un Dios grande le dio la fortaleza para ministrar por cinco décadas sin ver resultados significativos. Eso es lo que cada pastor necesita para ejercer su ministerio con fidelidad: una visión grande de Dios. ¿Qué hace que un hombre como Isaías ministre 50 años en la misma posición sin respuesta de parte del pueblo? Solo el llamado de Dios, que es poderoso e irresistible.

Jeremías

Este hombre de Dios es conocido como el profeta llorón por su reacción emocional a las condiciones bajo las que le tocó ministrar. ¿Te imaginas lo que implica ministrar a un pueblo mientras este cae y sufre el juicio decretado por Dios? Te puedes imaginar el corazón de este hombre después de años de rebelión de parte del pueblo a pesar de la advertencia; de años de ser ignorado y finalmente presenciar la caída de Jerusalén y ser testigo de cómo el pueblo se iba al exilio. Es con ese corazón destruido que Jeremías escribe el Libro de Lamentaciones sobre la destrucción de la ciudad. Ese fue su llamado como profeta y debió permanecer en el mismo lugar a pesar de las circunstancias y sin importar los resultados. Él fue fiel al llamado de Dios y no dependía de ciertos resultados esperados.

Los apóstoles

Observamos en los apóstoles un ejemplo del llamado, visto más claramente en su martirio. El relato del llamamiento se narra en los evangelios. En Hechos 1:8, Cristo los llama a permanecer en Jerusalén hasta que recibieran poder; pero hay algo más que no podemos pasar por alto. Este es el llamado completo: «pero recibiréis poder cuando el Espíritu Santo venga sobre vosotros; y me seréis testigos en Jerusalén, en toda Judea y Samaria, y hasta los confines de la tierra».

La palabra testigos en este contexto, es **μάρτυς**, que significa testigo o, por analogía, puede referirse a un mártir.[31] En el momento, el Señor les instruía a esperar a que bajara el poder de lo alto para entonces, salir. Esto venía con la aclaración enfática de que «seréis mis testigos o mis mártires». ¿Por qué lo hicieron? Por el llamado de Dios que los dejó «sin opción».

Pablo

Pablo fue enviado a los gentiles; fue perseguido, apedreado puesto en prisión más de una vez, naufragó tres veces y fue azotado (2 Cor. 11:22-29). Sin embargo, al leer sus cartas, nos encontramos con expresiones de gozo, gratitud y amor aun por los corintios, la congregación más carnal del Nuevo Testamento. Cualquier otro habría evitado a los corintios. Pero no Pablo. Su llamado lo sostuvo. Escucha cómo Pablo se refiere a esta congregación en su primera carta:

> *Siempre doy gracias a mi Dios por vosotros, por la gracia de Dios que os fue dada en Cristo Jesús, porque en todo fuisteis enriquecidos en El, en toda palabra y en todo conocimiento, así como el testimonio acerca de Cristo fue confirmado en vosotros; de manera que nada os falta en ningún don, esperando ansiosamente la revelación de nuestro Señor Jesucristo; el cual también os confirmará hasta el fin, para que seáis*

31. *Strong*, G3144.

> *irreprensibles en el día de nuestro Señor Jesucristo. Fiel es Dios, por medio de quien fuisteis llamados a la comunión con su Hijo Jesucristo, Señor nuestro* (1 Cor. 1:4–9).

Pablo da gracias a Dios por:

- La gente que dividía y formaba grupos entre los miembros de la iglesia (1 Cor. 10-17).
- Una comunidad que murmuraba uno contra otro (1 Cor. 3:1-9).
- Una iglesia donde algunos acudían a celebrar la cena del Señor y terminaban emborrachándose (1 Cor. 11:17-34).
- Una iglesia donde algunos de los que participaban en la cena del Señor se comportaban como glotones (1 Cor. 11:33-34).
- Una comunidad que toleró la inmoralidad (1 Cor. 5).

¿Darías gracias a Dios por una congregación como esta? En medio del desorden y el caos, había gente de Dios en aquel lugar. Debido a que había evidencia de la gracia de Dios, el apóstol Pablo pudo dar gracias por esta iglesia. Necesitamos buscar y observar las evidencias de gracia en medio del pueblo de Dios; verlas nos ayudará a permanecer en el lugar del llamado.

El llamado interno y externo

En el llamado pastoral, el llamado primario (o llamado interno) viene de parte de Dios, quien comienza a poner en el «llamado» tanto el querer como el hacer. El llamado secundario (o externo), es el reconocimiento y la confirmación que la congregación otorga a medida que ministramos al cuerpo de Cristo (la iglesia local). El llamado inicia con un impulso interno, un deseo de pastorear y la congregación confirma ese deseo que el corazón percibe. Esa confirmación congregacional vendrá de los miembros de la comunidad local (Hech. 6:1-7; 11:19-30; 13:1-3; 15:1-29) que confirman el llamado de esa persona. En mi caso, lo primero que hice cuando sentí el llamado fue hablar con mi esposa sobre lo que estaba experimentando; quería dejar la práctica médica cuando tenía 10 años en los Estados Unidos. Finalmente regresamos a mi país después de 15 años en aquella otra nación. Mi idea en ese momento era quedarme en los Estados Unidos, pero dedicarme al ministerio. La noche anterior, hablé primero con Dios. Mi oración fue algo similar a esto: «Señor, confirma o niega el llamado a través de mi esposa». Al día siguiente, al hablar con ella, descubrí que mi esposa estaba totalmente en contra. No hubo discusiones ni racionalización. En ese momento, mi respuesta al Señor fue: «Gracias. Me hablaste, me confirmaste que esto no puede ser, por lo menos, por ahora». Más adelante, volví a hablar con el Señor en oración y le dije: «Señor, si me llamas en el futuro, quiero pedirte que lo hagas a través de mi esposa para yo estar seguro. De mi parte, no voy a hablar de esto nunca más. Si en el futuro mi esposa me habla de apoyarme en mi llamado al ministerio, entonces entenderé que me estás llamando en ese momento». Sin entrar en mayores detalles, pasaron casi dos años sin hablar de mi llamado y un día mi esposa, quien es norteamericana, habló conmigo sobre irnos a República Dominicana. Y así comenzamos a hacer planes para regresar tres años después. En esos dos años que transcurrieron entre mi primera conversación con mi esposa y esta última, Dios cambió mi corazón para desear regresar a Santo Domingo y hacer el ministerio aquí y cambió el corazón de mi esposa para apoyarme en la tarea. Dios hace todo hermoso en su tiempo (ver Ecl. 3:11).

Uno de los errores más serios que un esposo puede cometer es pastorear una iglesia sin el apoyo de su esposa. Es una locura. Si la esposa presenta oposición para entrar al ministerio pastoral, probablemente debe interpretarse como un «no» de Dios, por lo menos temporalmente. Quizás ella no está lista, tú no estás listo o quizás ninguno de los dos lo está. En nuestro caso, ambos necesitábamos un cambio de corazón. En algunos casos, esto representará un no, quizás permanentemente. Con cierta regularidad, la esposa es la primera persona a través de quien Dios confirma o niega el llamado. Manipular sus emociones haciéndola sentir culpable no es la manera correcta de hacerlo.

Respecto a la confirmación del llamado que se recibe a través de la congregación, gran parte de esa confirmación se da a la medida que el cuerpo de Cristo percibe o no el ministerio de la persona que está siendo llamada cuando comienza a poner sus dones al servicio de la iglesia local. Uno de esos dones es precisamente el pastorado. La palabra de Dios presenta el pastorado como un don y, como tal, es un regalo de Dios a su iglesia. El apóstol Pablo, en la carta a los Efesios escribe:

> *Y El dio a algunos el ser apóstoles, a otros profetas, a otros evangelistas, a otros pastores y maestros* (Ef. 4:11).

La participación de la congregación en la confirmación del llamado puede tener diferentes expresiones. En Hechos 13:1-3 observamos una expresión de la participación de la congregación:

> *En la iglesia que estaba en Antioquía había profetas y maestros: Bernabé, Simón llamado Niger, Lucio de Cirene, Manaén, que se había criado con Herodes el tetrarca, y Saulo. Mientras ministraban al Señor y ayunaban, el Espíritu Santo dijo: Apartadme a Bernabé y a Saulo para la obra a la que los he llamado. Entonces, después de ayunar, orar y haber impuesto las manos sobre ellos, los enviaron.*

¿En qué contexto hizo Dios esto? En el contexto de la oración, mientras ministraban al Señor y ayunaban. Esto implica un tiempo de oración intenso. Frecuentemente tendemos a hacer cosas sin haber orado y reflexionado primero. El Espíritu Santo es quien declaró: «Apártenme ahora a Bernabé y a Saulo». Nuevamente esto confirma que es Dios quien hace el llamado, pero la congregación está activamente involucrada en el proceso.

Los dones de la persona llamada al ministerio pastoral

El apóstol Pablo escribió a su discípulo Timoteo sobre las calificaciones para ser pastor (anciano u obispo) y también para servir como diácono (1 Tim. 3). Los requisitos son muy similares para ambas posiciones;

sin embargo, en el caso de pastores o ancianos hay un requisito que es mencionado y que no aparece en la lista de requisitos para los diáconos. Este requisito se relaciona con la habilidad para enseñar. El texto bíblico señala que el obispo deber ser: «... apto para enseñar» (1 Tim. 3:2). Un candidato a pastor que carezca del don de enseñanza probablemente no tenga el llamado pastoral. Menciono esto porque una vez ordenado, el pastor pasará el resto de su vida enseñando o predicando. Ahora, hay que reconocer que los dones son dados en distintos grados; algunos tienen grandes dones y hay otros con los mismos dones, pero de una forma menos destacada. Si un hermano tiene un don de predicación superior al que tú posees, esto debe ser motivo de exhortación y ánimo a mi hermano. No debe ser razón de envidia, pues es Dios mismo quien le ha concedido una medida de gracia distinta a la tuya. Prestemos atención a esta enseñanza de Pablo:

> *Pues así como en un cuerpo tenemos muchos miembros, pero no todos los miembros tienen la misma función, así nosotros, que somos muchos, somos un cuerpo en Cristo e individualmente miembros los unos de los otros. Pero teniendo dones que difieren, según la gracia que nos ha sido dada, usémoslos: si el de profecía, úsese en proporción a la fe; si el de servicio, en servir; o el que enseña, en la enseñanza; el que exhorta, en la exhortación; el que da, con liberalidad; el que dirige, con diligencia; el que muestra misericordia, con alegría* (Rom. 12:4-8).

El don de liderazgo mencionado en este pasaje debe estar presente en todo pastor porque su función es liderar al pueblo de Dios hacia los propósitos divinos. Abordaremos este punto en el capítulo del pastor como líder. Junto con el don de liderazgo, el pastor, debe evidenciar un don de servicio, pues el pastor es un siervo, por encima de cualquier otro título que él ostente.

Antes de concluir, debemos considerar que el candidato a pastor no es un producto terminado. Es necesario desarrollar al máximo no solo los dones de la persona llamada, sino también su carácter.

Alguien podría preguntar: «¿Qué hago si no tengo alguno de esos dones requeridos para pastorear?». Para responder esa pregunta necesitamos considerar varios aspectos. Dependiendo de la posición teológica que adoptes, algunos piensan que todos los dones son dados al momento de la conversión y que ya no hay ningún otro don posterior a la experiencia de conversión; que los dones están presentes y se van desarrollando.

Personalmente sostengo la postura que Dios puede dar dones posteriores a la conversión y que un individuo puede pedir a Dios algunos de esos dones que no posee o que le ayude a desarrollar los dones que ya posee. Independientemente de tu postura, es innegable que los pastores necesitamos ciertos dones para ministrar y llevar a cabo algunas tareas características del ministerio pastoral.

Reflexión final

Lo que hace a un pastor:

- No es su reputación, sino su carácter.
- No es su conocimiento, sino su sabiduría.
- No es su título, sino su testimonio.
- No es su capacidad para «ser jefe» o «delegar», sino su capacidad para servir.
- No es su deseo de ser pastor, sino su llamado.

El llamado es sobrenatural y tiene que ejercerse en dependencia del Espíritu Santo. Como pastores necesitamos estar más preocupados por nuestra relación con Dios y menos preocupados por quedar bien frente a la congregación. Nuestros mensajes necesitan ser exegéticamente correctos; pero requieren que los prediquemos de una manera que honren a nuestro Dios. Si el llamado es sobrenatural, igualmente lo es su ejercicio.

Capítulo 2

El pastor y los riesgos de su llamado

Tengan cuidado de ustedes mismos, no sea que su ejemplo contradiga su doctrina... no contradigan con su vida lo que afirman con la boca y sean mayores estorbos del éxito de sus propias obras....[32]
Yo había empleado horas de cada día por meses estudiando quizás la exposición más extensa y hermosa del Evangelio que se haya escrito, y había permanecido fundamentalmente sin ser tocado por su mensaje.[33]

Richard Baxter

Introducción

El pastorado es una profesión de alto riesgo por múltiples razones. Mientras más sano esté el corazón del pastor, menores serán los riesgos. Creo que esta cita es una buena ilustración de lo que acabo de decir: «Durante meses había empleado horas de cada día para estudiar la exposición más extensa y hermosa del evangelio que se haya escrito, pero su mensaje no me había

32. Baxter, Richard, *The Reformed Pastor* en The Works of Richard Baxter, Kindle edition, 2011; Loc 7771 of 11060 (Amazon Digital Services LLC).
33. Ibid., Loc 7882 of 11060.

tocado».[34] Como ves, es posible estudiar el texto y exponerlo de una manera exegéticamente correcta, afectando a creyentes y aun a no creyentes y, aún así, el predicador pudiera no ser afectado por el mensaje del texto. Por eso, alguien dijo que «el pastor es igual al bombero que a veces muere tratando de salvar a otros». Esa fue la experiencia de Jesús mismo. Él murió para salvar a muchos. Obviamente, esta no fue una sorpresa porque Cristo se ofreció para esta misión desde antes de la fundación del mundo (1 Pe. 1:20). Esta también fue la experiencia de Pablo, Pedro y cada mártir de la historia redentora. La salvación de otros, vía la persona de Jesús, pudiera costarnos la vida, y esta sería una causa digna. Pablo lo expresó de esta manera:

> *Conforme a mi anhelo y esperanza de que en nada seré avergonzado, sino que con toda confianza, aun ahora, como siempre, Cristo será exaltado en mi cuerpo, ya sea por vida o por muerte. Pues para mí, el vivir es Cristo y el morir es ganancia* (Fil. 3:20-21).

Recuerdo haber leído la frase que compara al pastor con el bombero hace un tiempo y me pareció muy acertada. Desafortunadamente no recuerdo el autor para darle el crédito por resumir tan bien los riesgos y, en ocasiones, las consecuencias del ministerio pastoral. Muchos pastores entran al ministerio sin reconocer que el ministerio es una vocación de alto riesgo, como ya dijimos. Algunos pudieran decir de manera general que «así es la vida», pero creo que el pastorado posee más riesgos que muchas otras vocaciones u oficios en la vida.

Por un lado, siempre somos el «centro de atención». En la iglesia, todo el mundo nos observa, nos escucha y busca nuestro consejo. Con frecuencia nos aplauden y nos imitan. Esta sola observación eleva nuestros riesgos. El riesgo de enorgullecernos; de creernos

---

34. Tripp, Paul David, *Dangerous Calling*, edición Kindle (Wheaton: Crossway, 2012), Loc 41 de 225.

mejores o superiores y de perder la noción de que podemos ser tan vulnerables como cualquier otro mortal. La historia de Adán, Eva, Moisés, David, Pedro y muchos otros han sido registradas para recordarnos esta triste realidad.

Por otro lado, manejamos continuamente cosas sagradas: predicamos una Palabra inerrante; nos dirigimos a un Dios todopoderoso; oficiamos un casamiento a una pareja representando la unión de Cristo con su iglesia; administramos la cena del Señor, que recuerda la muerte y resurrección del Señor Jesucristo; oficiamos funerales de algunos que van a la gloria y otros que van a un infierno de condenación eterna. Continuamente estamos administrando cosas sagradas y en el trayecto podemos olvidar cuán sagrado es lo que hacemos y convertir en «ordinario» lo que es extraordinario. Esto es un grave peligro.

Esto es más notorio aún cuando predicamos. Digo esto por la forma tan superficial como muchas veces es tratada la Palabra de Dios. La predicación no bíblica abunda en nuestros días, y aún cuando la prédica es buena, en ocasiones se nota una trivialidad en el contenido de las oraciones o el uso de formas anti-bíblicas en ellas. Es una pena que la reverencia no caracteriza nuestras iglesias en la actualidad.

El ministerio pastoral posee una serie de elementos que en el presente han perdido el sentido de lo sobrenatural. Esto es algo que no podemos perder de vista porque el ministerio es sobrenatural de principio a fin: la Palabra que predicamos es de inspiración sobrenatural; nuestro Dios también lo es; la obra transformadora del Espíritu Santo también. Podríamos hacer una larga lista de las cosas que componen el ministerio pastoral. Si hemos perdido ese sentido de lo sobrenatural del ministerio, necesitamos recobrarlo.

Uno de los aspectos que más apreciaba del ministerio de R.C. Sproul (fallecido en diciembre de 2017) era su manera de orar. En una ocasión, tuve la oportunidad de entrevistarlo y le comenté que cuando él oraba me ministraba profundamente. Tan pronto comenzaba a escuchar la oración de este siervo de Dios, experimentaba un sentido de reverencia. Sabía que estaba escuchando a un hombre que entendía delante de quién estaba y con quién hablaba: con el Dios Creador del cielo y la tierra. Esto no es algo que se fabrica; no puede ser fingido. Esta actitud brota del corazón como resultado de un entendimiento del carácter de Dios. Si trivializamos al Dios que adoramos, podemos pecar contra el Dios que es santo, santo, santo.

Los efectos personales de un ministerio pastoral descuidado

Poco tiempo después de haber comenzado la plantación de lo que hoy es la *Iglesia bautista internacional* (IBI), recibí una llamada de un pastor quien me pidió que fuera a su casa para conversar. En el teléfono pude percatarme de que algo no andaba bien. Esta no era una llamada común. Noté que el pastor estaba sumamente ansioso. En el momento, no tenía muy clara la razón o las razones de su ansiedad. Con el transcurrir de nuestra conversación descubrimos que quizás la causa principal de su ansiedad estaba relacionada a que él no había crecido en diez años. Entendía que no hay nada más desilusionante y decepcionante que el sentimiento de estar estancado o de no crecer. La mayoría de las personas en esta situación no tienen ni estímulo ni energía emocional para continuar; carecen de motivación para los quehaceres del ministerio y para la predicación. La razón principal en este caso que mencioné arriba, es que no había tenido crecimiento espiritual. Este crecimiento se convierte en una de las mejores fuentes de energía de una persona. Este pastor perdió su motivación después de años en el ministerio.

Pastor, no olvides que «no dedicamos tiempo a las Escrituras para preparar sermones, escribir libros o preparar clases. Nos dedicamos a las Escrituras con el propósito de crecer. Muchos de nosotros tratamos de alimentar a otros mientras nos morimos de hambre. Tendemos a caer en el error de equiparar nuestra madurez espiritual con nuestro conocimiento bíblico y teológico».[35]

35. Yuille, J. Stephen, *A Labor of Love* (Grand Rapids: Reformation Heritage Books, 2013), 33.

Paul Tripp nos recuerda que «la madurez se relaciona a la forma cómo vives tu vida. Es posible ser teológicamente astuto y al mismo tiempo ser muy inmaduro. Es posible tener conocimiento bíblico y a la vez necesitar crecimiento espiritual significativo».[36]

En otra ocasión, durante el proceso de nuestra salida de Estados Unidos y mientras era anciano de la iglesia, sostuve una conversación con uno de nuestros ancianos, quien era unos años mayor que yo. Ese día me confesó algo que no había compartido con nadie: «Miguel, nadie me conoce». Sorprendido le contesté: «¿Cómo dices que *nadie* te conoce?» Él respondió: «Ni siquiera mi esposa. Siempre vivo buscando la aprobación de los demás. Por ejemplo, si tengo una cara o expresión y percibo que esa cara no te gusta, yo la cambio». Me dolió realmente escuchar su confesión. Me dolió porque vivía en una prisión. Esta confesión la hizo cuando solo me faltaban unos días para salir del país y descubrí que probablemente él se sintió en la libertad de expresarlo con honestidad porque ya no me tendría a su alrededor. Creo que temía que fuera a cuestionarlo o hacerle rendir cuentas. Lo lamentable de este caso es que así viven muchos creyentes, personas en el ministerio, e incluso pastores.

El ministerio pastoral es una vocación de alto riesgo porque el progresar en posición o en influencia nos hace creer que estamos avanzando espiritualmente y muchas veces desconocemos las grandes grietas que están ocultas.

De esta manera, nos podemos preguntar: ¿cómo puede un pastor ministrar en esas condiciones? La respuesta es que a medida que estás involucrado en las cosas sagradas, las actividades religiosas pueden convencerte de que estás caminando con Dios y de ser cristiano, cuando quizás no lo seas.

Entre más tiempo tengamos pastoreando, más alto el riesgo de caer en el autoengaño. Si nunca hemos hecho otra cosa, entonces llegamos a la conclusión de que no tendríamos otro medio de vida o subsistencia. En muchos casos, esto ocurre porque tenemos una

36. Tripp, Paul David, *Dangerous Calling*, edición Kindle (Wheaton: Crossway, 2012), Loc 25 de 225.

cantidad de años en el ministerio y si nos quedamos sin ministerio pensamos que no tendríamos cómo vivir. Entonces caemos en la tentación de permanecer en el ministerio como un medio para ganarnos la vida. Esto es real y tristemente lo hemos observado en diversas ocasiones. Por tanto, necesitamos reconocer algunos de esos riesgos, cómo y por qué ocurren.

Pastores en alto riesgo

Un reporte de un libro titulado «Llamamiento peligroso»[37] hace referencia a estudios realizados en los Estados Unidos que reflejaban que un 50 % de las congregaciones en dicho país están estancadas o muriendo. De acuerdo a este reporte, aproximadamente el 80 % de los pastores creían que el ministerio afectaba a su familia negativamente y un 65 % había tenido una crisis importante relacionada al estrés por lo menos una vez en el ministerio. Tomando en cuenta que el 80 % mencionado representa una percepción y no necesariamente una medición directa, estas estadísticas poseen relevancia significativa porque representan la percepción pastoral de la mayoría de los pastores involucrados en el reporte. La pregunta es: ¿creemos que Dios llamará personas a abrazar una vocación para que su familia sea afectada? Es posible que no hayamos abrazado el llamado de Dios, sino nuestro propio llamado. También es posible que la manera en cómo estamos ejerciendo el ministerio sea la causa de que nuestras familias sean afectadas, aun teniendo el llamado.

Otro 50 % de los pastores entrevistados señaló sentirse incapaz de llenar las demandas de su labor. Es decir, la mitad de los pastores en este estudio, al autoevaluarse, comprendían (correctamente o no) que ellos no tienen lo que se requiere para llevar a cabo las demandas ministeriales, algunas inherentes al llamado y otras, provenientes de la congregación. Las demandas que vienen con el llamado son reales; las demandas impuestas por la congregación en ocasiones son reales

37. London, H.B., Wiseman, Neil B., *Pastors at Greater Risks* [Pastores en grandes riesgos] (Ada, MI: Baker Books, 2003), 20.

y en otras, irreales. Independientemente de esto, un gran porcentaje de los pastores declaró sentirse incapaz de llenar las demandas de su labor y otro 90 % indicó no estar preparado lo suficiente para enfrentar las exigencias de la misma.

Todo esto nos lleva a examinar con sobriedad estas realidades y a considerar algunos de los riesgos a los que nos referimos en esta sección.

Peligros del ministerio pastoral

1. Falta de crecimiento del pastor

Hay diversas razones por las que el crecimiento del pastor puede estancarse. En ocasiones, su crecimiento no se ha dado al ritmo requerido y proporcional al crecimiento de la congregación y, por tanto, las demandas de la congregación son mayores que lo que el pastor o los pastores pueden manejar. En nuestro caso, cuando plantamos la iglesia la iniciamos en nuestra casa con un estudio bíblico de entre 10 y 12 personas. Las demandas de este grupo, en términos físicos, emocionales, espirituales, de sabiduría, discernimiento y conocimiento eran pequeñas en comparación a la comunidad de 2 500 personas que actualmente pastoreamos. Agradezco a Dios que, por 20 años, Él me ha permitido crecer junto a los demás pastores de la congregación, aunado al número de responsabilidades, demandas y complejidades de las situaciones que la iglesia ha ido enfrentando. Si al iniciarme en el pastorado me hubiera tocado dirigir una iglesia como la que tenemos ahora, no sé qué habría hecho.

Tienes que crecer con la congregación; al mismo paso o más rápido que la misma. Tienes que crecer en santidad, tienes que crecer en conocimiento, tienes que crecer en sabiduría, tienes que crecer en habilidades. Tu congregación, en la medida en que se multiplica, también multiplica los problemas y las complejidades de los problemas. Recientemente expresé estar agradecido con Dios por un problema que estábamos enfrentando. Estaba agradecido porque este problema no ocurrió diez años atrás, sino en otro momento cuando ya era más experimentado. Tengo certeza de que en aquel tiempo, no lo hubiese manejado de la misma manera. Una de las razones principales por la que los pastores declaran no estar preparados, es que su carácter y experiencia no está a la altura del crecimiento congregacional, en número o en complejidad. Recordemos que el número de ministerios o de actividades de la iglesia no es sinónimo de crecimiento espiritual. Muchas veces esto mismo contribuye al estancamiento en el ministerio pastoral porque llegamos a creer que una actividad es parte de mi crecimiento. La realidad es que podemos preparar un sermón y predicarlo sin crecer a través de ese sermón, como vimos en la cita de Paul Tripp.

Una de las razones por las que no me gusta repetir sermones es que al repetirlos siento que no crezco, aunque no necesariamente tiene que ser así. Cuando tengo que repetir un sermón, usualmente lo estudio y lo cambio lo suficiente para crecer de manera intencional durante esta preparación y tiempo de estudio. A la hora de predicarlo, el mensaje debe sentirse fresco, de manera que la congregación sea desafiada, retada y animada. Si al preparar el mensaje no me siento animado y emocionado, esto se convierte en «una comida repetida». ¿No te ha pasado que comes una cosa una y otra vez hasta que te sientes cansado de comer lo mismo que antes disfrutabas? Para mi edificación y consumo personal, necesito refrescar el mensaje y, al repetirlo, lucho porque muchas veces no me siento desafiado por el mensaje.

El crecimiento requiere lectura de la Palabra, de libros sólidos de teología, escritos en diferentes épocas y que representan la sabiduría colectiva de la iglesia de Cristo. El crecer implica escuchar a otros que van delante de ti: sermones, conferencias, conversaciones, consejo. Todo el mundo puede aprender y debe aprender de otros.

2. La inmadurez emocional

Esta es una causa muy común y relevante. Muchas personas inician el ejercicio de su profesión, incluyendo el pastorado, con inmadurez emocional. El conocimiento *no garantiza* la madurez emocional.

Puedo ser un médico extremadamente exitoso y a la vez ser emocionalmente inmaduro. De manera frecuente existen varias razones por las que, muchas veces, las personas profesionalmente exitosas y presidentes de grandes compañías, destacados en sus áreas, a la vez son emocionalmente inmaduros.

La madurez emocional y espiritual del pastor es vital, de lo contrario siempre estará en búsqueda de aprobación de los demás. El apóstol Pablo escribió a los gálatas y les señaló con toda claridad cuál es la aprobación que él buscaba:

> *Porque ¿busco ahora el favor de los hombres o el de Dios? ¿O me esfuerzo por agradar a los hombres? Si yo todavía estuviera tratando de agradar a los hombres, no sería siervo de Cristo* (Gál. 1:10).

Nuestras inseguridades nos traicionan. Una experiencia común para los pastores y predicadores es escuchar con cierta frecuencia los halagos de aquellos que se han sentido ministrados por nuestros mensajes. Esto nos motiva. Sin embargo, habrá días cuando esto no ocurrirá. En términos de béisbol, no todo sermón es un cuadrangular; para aquellos fanáticos del fútbol, no todo sermón será un gol. Muchas veces he escuchado de buenos pastores y predicadores hablar de cómo los lunes en la mañana son días depresivos para ellos, pensando que no hicieron un buen trabajo el día anterior. En mi caso, nunca comparo lo que ya hice con lo que pude haber hecho, pues ¿de qué me ayudará esto? Si comparo lo hecho con lo que pude haber hecho es solo para aprender y crecer. Si pienso que pude haber hecho un mejor trabajo, hablo con Dios en oración y le doy gracias por lo que pude hacer. Me examino para ver si hice mi mejor esfuerzo. Si no lo hice, le pido perdón a Dios por no haber honrado su gloria con mi mejor esfuerzo. Si veo que hubo orgullo, malas motivaciones, le pido perdón a Dios; recibo su perdón y le pido que me ayude a prepararme mejor para la próxima ocasión. Entonces recibo su paz y me quedo tranquilo. No podemos hacer nada con lo que ya pasó; necesitamos agradecer a Dios lo que nos ha permitido hacer. La meta siempre es hacer el mejor esfuerzo y ahí debe estar nuestra satisfacción. Después de horas y días de preparación y revisión de un mensaje, en gran cantidad de ocasiones, independientemente de cuán bueno o no el mensaje haya resultado, podemos estar satisfechos, no de haber «metido otro gol», sino del esfuerzo realizado. Al terminar la preparación, podemos orar, descansar y decir con confianza: «Dios, el resto depende de ti. No hay más nada que yo pueda agregar fuera de esto».

En ocasiones, la carrera profesional en la que muchos se encuentran les ha llevado en una dirección de éxito mientras han olvidado que su carácter necesita ser cultivado. El pastorado no es una excepción.

En la medida que cultivamos el éxito no es raro que el orgullo sea alimentado. Es lamentable ver cómo el orgullo nos lleva a no admitir nuestras propias faltas: celos, envidias, no reconocer cuando estamos ofendidos; no admitir que nos hemos equivocado, y múltiples otras manifestaciones de inmadurez emocional. Con frecuencia, la causa de dicha ofensa realmente es mero orgullo. El orgullo está directamente relacionado a la inseguridad. ¡Cuántas veces a lo largo de mi vida tuve que decirme a mí mismo: «¡Esto es celo, esto es envidia! Estás ofendido por puro orgullo. Si no tuvieras orgullo, esto lo hubieras pasado por alto». He podido descubrir que la cantidad de ofensas y la profundidad en que percibo las mismas, son directamente proporcionales a mi orgullo. En ciertos momentos de mi vida, si hacía algo que pudiera percibirse ligeramente como ofensivo, me ofendía y lo tomaba de manera personal. Gracias a Dios, hoy en día, a pesar de que todo el mundo puede sentirse *ofendido*, es raro que me sienta de esta manera. Esto es algo que Dios ha hecho en mi vida.

Al orgullo no le gusta celebrar lo que Dios está haciendo a través de otros. Necesitamos aplaudir, animar y comunicar a otros que nos gozamos en lo que Dios está haciendo a través de ellos. Personalmente, tuve que trabajar en esto, créeme. El orgullo no te permite hacerlo de manera natural o espontánea. Esto no ocurrió al azar, sino que tuve que trabajar *intencionalmente* en esa área. Este sentimiento de afirmar y gozarnos de la obra de Dios en otros no brota del corazón tan fácilmente. Dios «aplaude» a aquellos a quienes Él usa. Dios dice de Moisés, que él era el *más humilde* sobre la faz de la tierra (Núm. 12:13). De Job, declara que era un hombre intachable (Job 1:1). De Daniel revela que tenía un espíritu extraordinario (Dan. 5:12 y 6:3). Debemos imitar a Dios. Esta forma de hacer las cosas ayudará a combatir el orgullo en nosotros. Esto será de beneficio para nuestro ministerio.

3. La falsa creencia de conocerlo todo

A veces creemos que conocemos todo y que somos responsables de dar todas las respuestas. A veces la respuesta es: «no sé». Esto puede aplicarse tanto a conocimiento de un tema específico, como a situaciones éticas, donde alguien hace una pregunta y puedes responder: «tengo que pensarlo». La realidad es que aunque las personas no se sientan satisfechas con esta respuesta, es peor dar una mala respuesta en vez de humildemente reconocer que, necesitas pensarlo más detenidamente o buscar más información porque no conocemos la respuesta. Por otro lado, podrías responder: «No estaba al tanto de esto. Nadie antes me había hecho una pregunta como esta. Tengo que pensarlo». Esto ocurre con mayor frecuencia de la que estamos dispuestos a reconocer.

4. El sentido de competencia

A todo lo mencionado hasta aquí, se añade otra presión que es el sentido de competencia que muchos pastores experimentan al ver iglesias más grandes, pastores con mayores dones dados por Dios o iglesias que han plantado múltiples otras iglesias. ¡La actitud debiera ser tal de dar gloria a Dios por todas las iglesias plantadas! Quizás no tengo el llamado o la medida de gracia para una tarea semejante. Es en ocasiones como estas que necesitamos revisar nuestro corazón, nuestras acciones y nuestras actitudes y acudir a Dios para evaluarnos a través de su perspectiva, siendo honestos y vulnerables. No necesitamos sentirnos presionados por tener una iglesia más grande, ya que no tienen relevancia en lo absoluto. Este sentido de competencia nos lleva a hablar de nuestro siguiente punto.

5. Impaciencia

La impaciencia es otro peligro del que quiero advertirte. En el contexto cristiano, y sobre todo en el liderazgo cristiano, notamos con frecuencia que el líder no sabe esperar. Hablamos de querer hacer la voluntad de Dios sin esperar el tiempo de Dios. Dios llamó a Abraham y le hizo la promesa de darle un hijo. Abraham, le respondió que él y Sara eran ya viejos. Dios le reiteró: «Sí, pero te daré un hijo». A partir de ese momento pasaron doce años aproximadamente, tiempo en el que Sara presentó a Abraham la idea de tomar a Agar para que a través de ella pudieran tener el hijo esperado.

Pensemos en las implicaciones de decirle a un hombre que puede usar a su criada sexualmente. Sara le dio permiso a Abraham de tener relaciones con otra persona. Abraham probablemente pensó que esta idea provenía de Dios, ya que era su esposa la que le estaba dando el permiso. En consecuencia, llegó el hijo, pero no era el hijo de la promesa. Pasaron trece años y seguían preguntándose, ¿dónde está Dios? Veinticinco años después de la promesa inicial, llegó Isaac. ¿Por qué Dios no les dio la promesa un año antes de su cumplimiento para que esperaran menos tiempo? Muy probablemente porque, entre otras cosas, es en la espera que el carácter es formado. En este caso, veinticinco años más tarde, Abraham y Sara estaban listos para tener el hijo de la promesa. A manera de ilustración, de igual forma muchas personas han preferido a Ismael sobre Isaac en el ministerio… algo que luce muy bien, que les permite hacer algo específico, pero que no era la promesa o el llamado de Dios para ellos. Ismael es un hijo, pero no es Isaac, el hijo prometido. ¡Ten cuidado, no sea que abraces algo como de Dios, tomando un Ismael en vez de un Isaac! En otras palabras, cuidémonos de no abrazar un sustituto de lo que Dios tiene para nosotros.

Necesitas ser paciente y prestar atención al peligro de ser impaciente. Jesús esperó treinta años para predicar su primer sermón. Pensemos en el hecho de que el Dios encarnado, con todos los dones necesarios y con el carácter perfecto tuvo que esperar tres décadas para iniciar su ministerio. Mucha gente, incluyendo sus hermanos deseaban que Él se presentara como Mesías (si lo era) antes de tiempo:

> *Y la fiesta de los judíos, la de los Tabernáculos, estaba cerca. Por eso sus hermanos le dijeron: Sal de aquí, y vete a Judea para que también tus discípulos vean las obras que tú haces. Porque nadie hace nada en secreto cuando procura ser conocido en público. Si haces estas cosas, muéstrate al mundo. Porque ni aun sus hermanos creían en Él* (Juan 7:2-5).

Esta fue la respuesta de Jesús: «Mi tiempo aún no ha llegado, pero vuestro tiempo es siempre oportuno» (v. 6). Si Jesús hubiese vivido en el día de hoy, cuando tenía doce años, después del incidente del templo con los maestros de la ley, hubiésemos dicho: «¡sal a predicar!». Pero Jesús sabía que Dios hace todo hermoso en su tiempo (Ecl. 3:11), como vimos en un capítulo anterior.

6. Falta de lealtad de parte de miembros de la congregación

Muchos miembros no tienen lealtad para con la iglesia local a donde Dios les ha llevado. Hoy en día, la lealtad es una joya casi inexistente en todos los niveles. Por ejemplo: una generación atrás, la gente trabajaba para una compañía 30 o 40 años. Cuando un empleado de este tipo terminaba su carrera y se retiraba, era un orgullo compartir: «estuve 40 años en esa compañía». La generación de hoy día actúa mayormente en términos de «lo mejor para *mí* y lo que *me* conviene». Esto se refleja en cómo las personas se mueven de una iglesia a otra. Como pastor, esto puede resultar doloroso. Esto no quiere decir que Dios no puede mover las ovejas de una iglesia a otra porque al final, Dios es el dueño de las ovejas y no nosotros. En ocasiones, Dios, de manera soberana y en su sabiduría, entiende que una de sus ovejas puede crecer mejor en otro lugar por diferentes circunstancias. Sin embargo, al mismo tiempo, las ovejas deben reconocer que, en la vida cristiana, las decisiones no deben tomarse por conveniencia.

Al estar en posiciones de liderazgo, es común atravesar experiencias similares en donde miembros que tienen años en nuestras congregaciones consideran que la iglesia no está llenando sus necesidades y las de su familia, optando por salir. Es difícil pensar en el tiempo invertido en esa persona y su familia por todos esos años. Esto puede ser doloroso, pero si no hemos permitido que Dios trabaje en el orgullo de nuestros corazones, muchos pastores y ministros terminarán resentidos con las ovejas. Esto no es aceptable delante de Dios. El llamado de Cristo no nos permite guardar rencor. A pesar de esto, los seres humanos guardamos rencor y el pastor en su humanidad también lo podría hacer, por lo que necesitamos reconocer con sinceridad y honestidad que esto pudiera ocurrirnos a nosotros. A pesar de que podemos sentirnos ofendidos, no podemos guardar rencor y mucho menos siendo pastores. Por el contrario, debemos responder con humildad a ese miembro del cuerpo de Cristo que quiere cambiar de iglesia o quien nos ha ofendido de alguna manera. La humildad es capaz de decir «hermano, si entiendes que esa otra iglesia es el lugar donde Dios te está llevando, que Dios te lleve y te guarde. Dios te bendiga». Debemos quedar en paz y tranquilos en el Señor. Esto requiere madurez emocional y espiritual. Esta madurez es necesaria tanto en los miembros como en los pastores.

7. Miembros con mentalidad de consumidor contra contribuyente

Los miembros de las iglesias en ocasiones tienen mentalidad de *consumir, en vez de contribuir*. Esto es un peligro en el ministerio. Lidiamos con personas que han adquirido su mentalidad de la sociedad que los rodea. Una de estas formas de pensar es: «soy un consumidor».

Necesitamos ser honestos para identificar y enfrentar los problemas. Un ejemplo de esto es cómo muchos latinos desean emigrar a los Estados Unidos. Sin embargo, muchos no tienen la intención de hacerlo como los primeros colonialistas de aquella nación, quienes en principios fueron en su mayor parte ingleses. Los primeros emigrantes europeos fueron a desarrollar una nación que no tenía nada. Fueron con el objetivo de *contribuir*. En el tiempo presente, muchos de mis compatriotas quieren migrar a Estados Unidos, pero con la intención de aprovechar al máximo de una nación que «lo tiene todo». Es una triste realidad. De igual manera, en muchas iglesias, las personas vienen a aprovecharse de la iglesia. Es la misma realidad: vienen a otra nación llamada «la iglesia», con el fin de aprovecharse de ella, en lugar de contribuir. Esto no significa que Dios no mueve personas de una nación a otra con el propósito de usarlos. No me refiero a eso, sino a la *motivación personal* al cambiarse de una iglesia a otra o de un país a otro. Tenemos que reconocer esta situación y lidiar con ella de manera piadosa; de lo contrario, esta otra realidad puede afectar nuestras emociones de forma negativa.

8. Las expectativas reales e irreales de la congregación

La congregación en ocasiones tiene expectativas reales, pero muchas son irreales. Por ejemplo: alguien llama, un viernes a las 5:30 de la tarde: «pastor, necesito verlo urgentemente». Le preguntas: «¿Podrías decirme en qué consiste la urgencia?». A lo que responde: «mi esposo y yo acabamos de tener una discusión enorme». Preguntas: «¿Cuánto tiempo tienen con este tipo de problemas?» y la esposa responde: «la verdad, es que tenemos cinco años peleando sobre lo mismo». Dado el caso, a las 5:30 de la tarde del viernes, no creo que sea una urgencia. Si como pastor no sabes manejar estas cosas, puedes vivir doblegado ante las demandas urgentes y no urgentes de tu congregación. Esto ocurre en el área de la medicina. Es común que el paciente llame diciendo tener una urgencia cuando en realidad no es nada que lo amerite. Esto es producto del egocentrismo. Por esto, el pastor tiene que ser sabio para atender las verdaderas emergencias y saber lo que no es una emergencia.

9. Las expectativas irreales de parte del pastor

Es común que muchos ministros inicien con expectativas irreales del ministerio. Una de las experiencias que debemos esperar es que las ovejas te van a herir. Una ilustración de esto es el matrimonio. Si no quieres que tu cónyuge te hiera, no te cases. Tu cónyuge te herirá; esta es una expectativa que debo tener. Posiblemente, las heridas más profundas me las cause mi esposa porque nadie me importa más que mi esposa. Una herida es directamente proporcional a cuánto me importa la otra persona. Si el vecino de al lado dice: «ese pastor es un mal predicador», probablemente ni te molestes en reaccionar. Pero si tu esposa señala: «la verdad es que sí eres un mal predicador», te herirá profundamente. Debes saber que tu cónyuge te lastimará. Tu congregación también lo hará porque estamos tratando con pecadores. Es una expectativa real que tú y yo debemos tener. De igual forma, te exhorto a prepararte para perdonarlos; perdónalos antes de que ocurra. Algo que me ha funcionado es decidir que independientemente de quién me ofenda o cause algún daño, lo perdonaré, porque así yo he sido perdonado por Cristo. Hasta el día de hoy (Dios me ayude a no cambiar), no hay nada que alguien me pueda hacer que no pueda perdonar. Absolutamente nada. Esto me ha ayudado mucho a tomar las decisiones de perdonar de antemano para no esperar a que ocurran. Te perdonaré. ¿Cuántas veces? *Setenta veces siete.* Lo único que deseo es agradar a mi Dios. Y esta es la forma cómo mi Dios se sentirá agradado.

Algunos pastores se agobian más de lo debido tratando de llenar todas las necesidades del cuerpo de Cristo. Pero como escuché en una ocasión del pastor Steve Brown: «la necesidad no constituye el llamado de Dios; solo el llamado de Dios es el llamado de Dios».

Cristo, al terminar su vida, no declaró: «Padre, gracias porque sané a todos los enfermos». Él no sanó a todos los enfermos. De hecho, Cristo llegó al estanque de Betesda (Juan 5:1-9), donde había cientos de enfermos y sanó solo a uno. Cristo no señaló: «Padre, gracias porque alimenté a todo el que tenía hambre». No, Él le dio pan al pueblo dos veces solamente. Él pudo abrir una panadería gratis, pero no lo hizo de esa manera, sino que sirvió y proveyó pan para una multitud específica, en dos días distintos.

Esto es lo que Cristo declaró al final de su tiempo en la tierra:

> *Yo te glorifiqué en la tierra, habiendo terminado la obra que me diste que hiciera* (Juan 17:4).

Jesús dio gracias por haber terminado la obra que Dios Padre le encomendó. No más y no menos. En otra ocasión, los discípulos querían que Él saliera del área donde estaba predicando, pero Él les respondió: «No he sido enviado sino a las ovejas perdidas de la casa de Israel» (Mat. 15:21-25). Otros vendrían después de Él e irán más allá, pero Él no tenía esa encomienda. Ni tú ni yo tenemos la encomienda de abarcar toda necesidad que esté delante de nosotros. Tú y yo debemos aspirar a hacer solamente lo que Dios nos asigne. Necesitamos ser pacientes y discernir. Hermanos, hay una cronología y un número específico de tareas que Dios quiere que hagamos. No todas las cosas que vienen a mi mente o a mi plato, tengo que hacerlas. Ni siquiera debo cubrir todas las necesidades que están delante de mí.

10. Las tentaciones sexuales, de poder y de crecimiento

Recordemos que tendremos personas que acudirán a nosotros para contarnos cosas íntimas. Quiero hacer una advertencia importante: si vas a aconsejar a alguien del sexo opuesto, debes estar acompañado de alguien del mismo sexo del aconsejado. En algunos casos, tal vez esto no aplique para la primera reunión, ya que no sabes de qué se tratará. Si vas a iniciar un proceso de consejería o de seguimiento, debes tomar algunas medidas: acompáñate de alguien del sexo opuesto, trata de que tus puertas no estén totalmente cerradas o con impedimento de visibilidad (en nuestra oficina todas las puertas y la pared frontal son de vidrio). Estas medidas no fueron tomadas por estética, aunque creo que luce bien, sino para que todos estuvieran visibles todo el tiempo. Este es una protección para todos.

11. La soledad en el ministerio

En el ministerio experimentaremos soledad. A.W.Tozer, declaró que «la soledad es el precio que el santo paga por su santidad».[38] En la medida que caminas en santidad, tendrás menos personas cerca de ti. A muchos no les gusta asociarse a gente que está muy comprometida con Dios porque les recuerdan sus deficiencias. Por esta razón, muchas veces se aprecia cierto alejamiento de la figura pastoral de parte de creyentes y no creyentes.

El apóstol Pablo escribió en 2 Timoteo 1:12-15, lo siguiente:

> *Por lo cual también sufro estas cosas, pero no me avergüenzo; porque yo sé en quién he creído, y estoy convencido de que es poderoso para guardar mi depósito hasta aquel día. Retén la norma de las sanas palabras que has oído de mí, en la fe y el amor en Cristo Jesús. Guarda, mediante el Espíritu Santo que habita en nosotros, el tesoro que te ha sido encomendado.*
>
> *Ya sabes esto, que todos los que están en Asia me han vuelto la espalda, entre los cuales están Figelo y Hermógenes.*
>
> *Respecto a Timoteo, el apóstol Pablo escribió a los filipenses:*
>
> *Pues a nadie más tengo del mismo sentir mío y que esté sinceramente interesado en vuestro bienestar. Porque todos buscan sus propios intereses, no los de Cristo Jesús* (Fil. 2:20-21).

38. Tozer, A.W., *Man - The Dwelling Place of God*, Kindle Edition (Amazon Digital Services LLC, 2010), 130

¿Solo Timoteo era del mismo sentir de Pablo? ¿Los demás estaban interesados solo en sus propios intereses? ¡Qué triste! A Cristo también lo dejaron solo en la hora más crucial. Dios se encarnó y fue abandonado por los doce discípulos que Él formó; uno lo vendió y otro lo negó. El apóstol Pablo también sufrió el abandono. Nosotros podríamos experimentar lo mismo.

En otras ocasiones el pastor provoca ese alejamiento debido a su personalidad y estilo de comunicación. En ocasiones ofende por su forma de hablar; otras veces condena a los demás con relativa facilidad; en otras ocasiones el pastor no sabe empatizar con las heridas de las ovejas para ayudarles a crecer. Estos son algunos ejemplos de cómo nosotros podemos provocar el distanciamiento. Ambas partes contribuyen al problema.

12. El pastor con las manos atadas

En diferentes congregaciones, dependiendo del tipo de gobierno que tenga, el cuerpo de diáconos tiene un gran poder. Este es un fenómeno que ha sido descrito y del que se ha hablado mucho. Hay congregaciones donde el poder del cuerpo de diáconos es tan poderoso que maneja al pastor titular o al cuerpo de pastores. Esto no permite a la iglesia desarrollar iniciativas o programas. Como consecuencia, la visión general no puede ser llevada a cabo porque los pastores y ancianos no cuentan con la libertad suficiente para actuar. Quizás esto requiere de un proceso de instrucción bíblica y de discusión para lograr cambiar esa situación; pero al hacer esto, el pastor corre el riesgo de que el mismo cuerpo de diáconos, apoyado por la congregación, lo despida. Sin embargo, el pastor nunca debe dejar de instruir bíblicamente a la iglesia, aun si eso representa un posible despido. No olvides que estamos en esta posición para complacer a Dios y no a los hombres. Dios nos ha permitido ser maestros para enseñar todo el consejo de Dios.

Reflexión final

Como observamos, los riesgos de ejercer el pastorado son muchos y diversos. Pero a la vez contamos con un Dios que en su gracia puede ayudarnos a vencer, independientemente de a cuántos de ellos nos enfrentemos. Por ello, ya establecimos que el ministerio pastoral tiene que ser hecho en dependencia del Espíritu de Dios. Nadie está capacitado para hacer algo que requiere poder de lo alto. Warren Wiersbe, en su libro *On Being a Servant of God* [Sobre ser un siervo de Dios], señala que «el ministerio ocurre cuando recursos divinos llenan necesidades humanas a través de actos de amor para la gloria de Dios».[39] Esto nos ayuda a entender que el ministerio no es nuestro, porque el ministerio ocurre cuando recursos divinos sacian necesidades humanas. Todos nosotros estamos en bancarrota porque no tenemos recursos para ministrar al alma humana.

Si tú no estás dispuesto a tomar riesgos, el pastorado no es una vocación para ti. Caminar con Dios es una senda de riesgos desde el punto de vista humano. Pero visto desde arriba, no hay camino más seguro que el andar con nuestro Dios. El futuro es desconocido para nosotros, pero no es incierto. Menciono esto porque nuestro Dios no solo conoce ese futuro, sino que Él lo orquesta para nuestro bien.

Sin embargo, recuerda que es posible estar en el centro de la voluntad de Dios y terminar crucificado. La voluntad de Dios no nos garantiza un vuelo sin turbulencia, pero sí un aterrizaje seguro.

---

39. Wiersbe, Warren W., *On Being a Servant of God* (Grand Rapids: Baker Books, 2007), 12

Capítulo 3

El pastor y su carácter moral

Palabra fiel es ésta: Si alguno aspira al cargo de obispo, buena obra desea hacer. Un obispo debe ser, pues, irreprochable, marido de una sola mujer, sobrio, prudente, de conducta decorosa, hospitalario, apto para enseñar, no dado a la bebida, no pendenciero, sino amable, no contencioso, no avaricioso. Que gobierne bien su casa, teniendo a sus hijos sujetos con toda dignidad (pues si un hombre no sabe cómo gobernar su propia casa, ¿cómo podrá cuidar de la iglesia de Dios?); no un recién convertido, no sea que se envanezca y caiga en la condenación en que cayó el diablo. Debe gozar también de una buena reputación entre los de afuera de la iglesia, para que no caiga en descrédito y en el lazo del diablo (1 Tim. 3:1-7).

Introducción

N. T. Wright, refiriéndose a la importancia del carácter del líder, define el carácter como: «… la forma de pensar y actuar que corre en el interior de alguien que, cuando lo partes, ves la misma persona por adentro y por afuera».[40]

40. Wright, N.T., *Why Christian Character Matters?*[¿Por qué es importante el carácter cristiano?] (New York: Harper One, 2010), 27

Si hay algo a lo que Dios pone atención es al corazón del hombre (1 Sam. 16:7). Por eso el texto de 1 Timoteo 3 inicia indicando que el anciano debe ser irreprochable (**anepilēmptos**). Cuando Pablo se refirió a alguien irreprochable, no estaba pensando en alguien que no peca, sino en alguien que cuando peca, lidia íntegramente con su pecado. Alguien honesto, transparente; que no tiene una doble cara y que rinde cuentas a otros pastores o líderes como una forma de no tener «cola que le pisen», como decimos en algunas regiones de Latinoamérica. Como con Daniel en el Antiguo Testamento, contra una persona así, no se puede presentar ninguna acusación. Debe ser una persona de integridad, madurez y carácter sólido. Este es, claro, el deseo de Pablo, no solamente para el obispo, sino también para todo el pueblo de Dios»[41]. Los ancianos o líderes somos ejemplos y, como tales, somos imitados.

La razón por la que el estándar es tan alto es porque el discípulo tiende a parecerse a la persona que lo formó. El pastor reproduce en otros lo que él es. Jesús aborda esto en Lucas 6:40:

> *Un discípulo no está por encima de su maestro; mas todo discípulo, después de que se ha preparado bien, será como su maestro.*

Debemos recordar esto toda la vida. Este versículo revela el verdadero color y la forma del llamado pastoral.

El resto del pasaje aborda las áreas donde el anciano debe ser intachable. A continuación, presentaré mis observaciones de las demás áreas donde el anciano, pastor u obispo debe ser intachable.

Marido de una sola mujer

El énfasis en 1 Timoteo 3 al hablar de «marido de una sola mujer» se relaciona con la fidelidad del esposo a su esposa. Una fidelidad que demuestre la unión de Cristo con su iglesia; que sirva de ilustración de

41. Köstenberger, Andreas, *1 Timothy* [1 Timoteo] en *The Expositor Bible Commentary* [Comentario bíblico expositivo], Vol. 12, Tremper Longman III & David E. Garland, General Eds., (Grand Rapids: Zondervan, 2006),524.

lo que implica vivir el evangelio; que sirva de ejemplo a la iglesia y no de tropiezo. Sobre la necesidad de la pureza, Ligon Duncan comentó: «¿Qué es lo que está en juego en tu matrimonio? ¡El evangelio! Si tu relación con tu esposa no es buena, debe ser tu prioridad arreglarla porque esa es tu máxima oportunidad de demostrar el evangelio. Tu matrimonio es importante para el evangelio, para el pueblo de Dios y, especialmente, para los matrimonios de aquellos a quienes pastoreas. Uno de los requisitos que Pablo menciona para ser anciano es que debe ser un hombre de una sola esposa y un líder en su hogar (1 Tim. 3:2-5)».[42]

Duncan agregó: «No debe sorprendernos, entonces, que el apóstol Pablo escribiera en 1 Corintios que aquellos que son infieles a sus cónyuges no tienen lugar en el reino de Dios (6:12-20). O que Juan, en el libro de Apocalipsis, nos diga que en el reino de Dios no habrá personas inmorales (Apoc. 22:15). Sin embargo, esto no significa que la infidelidad sexual sea un pecado imperdonable. Lo que sí significa es que es absolutamente serio y que afecta el corazón del evangelio. Implica que la única forma de salir de allí es a través de un arrepentimiento tangible, expresado en una vida transformada».[43]

Por otra parte, algunos utilizan este texto para prohibir que una persona divorciada sea pastor. Creo que esto es así cuando el divorcio ha ocurrido después de la conversión de la persona. En el caso de un divorcio antes de la conversión o de un divorcio por adulterio (Mat. 19:9) o abandono (1 Cor. 7:15-16) de parte del cónyuge, creo que la situación debe ser evaluada de forma individual y con mucho cuidado.[44] Menciono el caso de divorcios antes de la conversión basado en 2 Corintios 5:17: «De modo que si alguno está en Cristo, nueva criatura es; las cosas viejas pasaron; he aquí, son hechas nuevas».

---

42. Duncan, Ligon, *Purity in the Camp* [Pureza en el campo] en *The Shepherd as Leader* [El pastor como líder], John MacArthur, General ed. (Eugene, Oregon: Harvest House Publisher, 2016), 39.
43. Ibid., 39.
44. Köstenberger, Andreas, *1 Timothy* en *The Expositor Bible Commentary*, Vol. 12, Tremper Longman III & David E. Garland, General Eds., (Grand Rapids: Zondervan, 2006),525.

Sobrio (nēphalion)

Por otro lado, el texto también habla de que el anciano debe ser sobrio. La palabra en el original implica «sin vino» y «alguien que evita los excesos»; lo que a su vez incluye no solo evitar exceso de vino, sino evitar excesos que no permitan pensar claramente. Hoy día, podríamos pensar en estos excesos en términos de uso de sustancias ilegítimas (drogas) o abuso o adicción a medicamentos considerados como sustancias controladas. Pudiéramos citar muchos otros ejemplos de excesos que muestran una falta de dominio propio. Alguien sobrio es una persona balanceada, moderada, calmada, cuidadosa, estable; todo esto forma parte de ser sobrio o moderado. El obispo debe mantener control de su razón, debe estar alerta; debe estar atento de las cosas que ocurren alrededor; debe ser balanceado en su evaluación.[45]

Prudente (sōphrōn)

Implica alguien disciplinado, serio, no una persona que es vista como un «payaso»; no alguien de mentalidad frívola, sino alguien con cierta profundidad de pensamiento. En una ocasión estuve en un país de Sudamérica en un evento de unas 4500 personas. Antes de mi predicación subió a la plataforma alguien que dirige una iglesia grande en Estados Unidos. Este pastor subió al púlpito y se comportó con mucha ligereza. Se pasó todo el tiempo haciendo reír a la audiencia joven. En esa ocasión, ni Dios ni su Palabra fueron honrados. Este expositor pecó grandemente contra Dios porque no expuso su Palabra y cambió la revelación de Dios por chistes ligeros. Mi corazón se sintió afligido y consternado por lo que pasó allí. Dudo que una persona con ese tipo de comportamiento y trato en el púlpito conozca al Dios de la Biblia que es tres veces santo. Es una contradicción conocer a Dios y ser un tipo de payaso en el púlpito. Este no era un individuo sensato.

45. Towner, Philip H., *The Letters to Timothy and Titus* [Las cartas a Timoteo y a Tito] (Grand Rapids: William B. Eerdmans Publishing Company), 251.

Cuando Pablo escribió a Timoteo: «sé ejemplo de[a] los creyentes en palabra, conducta, amor, fe y pureza» (1 Tim. 4:12), estaba pensando en una persona prudente y no frívola. En ese momento, Timoteo era un individuo joven porque al inicio del versículo, Pablo le advierte y le indica que no debe permitir que nadie menosprecie su juventud. Muchas veces usamos la juventud como excusa. Lo que tiene relevancia no es si es joven o viejo, sino que el pastor representa a Dios y eso le da sobriedad a su vida. Si no quiere hacer cambios en su comportamiento y prefiere comportarse como joven antes que comportarse como representante de Dios, entonces no debe ser pastor todavía.

Otro texto bíblico que nos ayuda a entender lo que es un individuo sensato, es Filipenses 4:8 «por último, hermanos, consideren bien todo lo verdadero, todo lo respetable, todo lo justo, todo lo puro, todo lo amable, todo lo digno de admiración, en fin, todo lo que sea excelente o merezca elogio». Una persona sensata es aquella que piensa en lo verdadero y justo; si algo no cumple con estas características, evita pensar en ello.

De conducta decorosa (kosmios)

En 1 Timoteo 4:12 tenemos un buen ejemplo de lo que implica una conducta decorosa: «sé ejemplo de los creyentes en palabra, conducta, amor, fe y pureza».

¿En qué debía Timoteo ser ejemplo?

- En la manera de hablar: sé ejemplo cuando hablas; cuida tus palabras.
- En la conducta: cuida lo que haces.
- En amor: cuida tus sentimientos.
- En fe: cuida lo que crees.
- En pureza: cuida lo que piensas.

Por tanto, una persona respetable es:

- Disciplinado
- Cumplido en sus responsabilidades
- Buen administrador de su tiempo
- No iracundo

Hospitalario (philazenos)

Cuando nosotros aún éramos extraños a los pactos (Ef. 2:12), fuimos recibidos por Cristo. En esa misma medida debemos ser hospitalarios con otros. La palabra hospitalario es una palabra compuesta en el original. «Xenos», que significa «extraño»; y «fileo» que significa «ama». En resumen, implica amar a los extraños o extranjeros.[46]

En el Antiguo Testamento, por razones obvias, era más fácil ser hospitalario que hoy en día. En el pasado, al ir de viaje y llegar a otro pueblo, la costumbre era detenerse en un lugar, tocar la puerta y pedir posada. Hoy día, no podemos hacer esto, pero debemos mostrar hospitalidad con nuestros hermanos cuando visiten nuestra iglesia o nuestros hogares. Creo que las iglesias deben hacer un mejor trabajo al cultivar la hospitalidad como un valor bíblico; no podemos excusarnos en la cultura, porque nosotros somos primero cristianos y luego latinoamericanos. Esto debe ser una característica del cristiano transformado. Cuando llegaba un invitado a Israel en los tiempos de Jesús, la comunidad entera consideraba a ese invitado como su invitado.

En la parábola de Lucas 11:5-8, Cristo presenta una situación que nos da una idea de cómo pensaba la gente de aquel entonces:

> *Supongamos que uno de vosotros tiene un amigo, y va a él a medianoche y le dice: «Amigo, préstame tres panes, porque un amigo mío ha llegado de viaje a mi casa, y no tengo nada que ofrecerle»; y aquél, respondiendo desde adentro, le dice: «No me molestes; la puerta ya está cerrada, y mis hijos y yo estamos*

46. Hughes, R. Kent y Chapell, Bryan, *1-2 Timothy and Titus* [1-2 Timoteo y Tito] (Wheaton: Crossway, 2012), 81.

> *acostados; no puedo levantarme para darte nada». Os digo que aunque no se levante a darle algo por ser su amigo, no obstante, por su importunidad se levantará y le dará cuanto necesite.*

¿Por qué se atrevió a hacer esto? Porque el vecino entendería que en su contexto, ese invitado era considerado como invitado de la comunidad. Si no tengo pan, como tu hermano (vecino) que soy, debo proveerte, para tu invitado. De modo que, cuando una persona llega a tu iglesia, la iglesia debe considerar a esa persona como un invitado de toda la iglesia. La iglesia entera debe asumir el compromiso de brindarle comodidad, amor, servicio y un buen recibimiento.

En una ocasión, estaba esperando a las 3:00 a.m. a un profesor de consejería que venía de los Estados Unidos. Él me escribió que iba a tomar un taxi y le respondí: «¿Un taxi? ¡Jamás! No, nosotros iremos por ti y te llevaremos al hotel porque eso es parte de lo que Cristo haría». El profesor llegaba a un país extranjero que no conocía, a una hora peligrosa y yo era la única cara conocida para él. El líder tiene que ser el primero en dar el ejemplo de hospitalidad. Esto tiene que ser una disposición del corazón y tiene que verse de manera práctica y visible en el día a día.

Apto para enseñar (didaktikon)

De los requisitos anteriormente mencionados, este es un aspecto clave. Si el pastor no es apto para enseñar, entonces, esa persona no puede desempeñar el oficio pastoral. La función principal del púlpito es la exposición de la Palabra con el propósito de enseñarla. La idea es completada en otra epístola pastoral: «reteniendo la palabra fiel que es conforme a la enseñanza, para que sea capaz también de exhortar con sana doctrina y refutar a los que contradicen» (Tito 1:9). «Esto exige que el anciano sea un estudiante de la Palabra, un hombre que compara la Escritura con la Escritura, la comunica y, cuando es necesario, defiende la fe».[47]

47. Ibid., 82.

Alguien que es capaz de enseñar debe comunicar la verdad de Dios con claridad. Jay Adams lo expresó de esta forma: «Ahora bien, capaz de enseñar implica que tiene claridad al hablar, que para predicar efectivamente adopta un estilo simple que es entendido por aquellos que escuchan».[48] La expectativa es que el anciano esté bien equipado para enseñar, que sea un poderoso comunicador de la verdad. Imaginemos lo que representaría la verdad de Dios mal comunicada. Por otro lado, imaginemos la verdad de Dios tergiversada o debilitada por una mala comunicación. El anciano debe ser conocedor de la Palabra; hablar la verdad con convicción y comunicarla con poder.

La enseñanza es tan vital que Pablo escribió a Timoteo lo siguiente:

> *Procura con diligencia presentarte a Dios aprobado, como obrero que no tiene de qué avergonzarse, que maneja con precisión la palabra de verdad* (2 Tim. 2:15).

Este texto es el lema del *Instituto integridad y sabiduría* de nuestro ministerio. La palabra «precisión» en el original es *ortotomeo*, que implica «cortar derecho; que no se desvía para la derecha o para la izquierda; que no tergiversa el contenido del texto y que al enseñarlo lo hace tan apegado al texto como sea posible». Cuando prediques, recuerda que te encuentras ante un texto que representa la mente de Dios, el deseo de Dios, la voluntad de Dios y el carácter de Dios. Dios no quiere que su revelación sea manejada a la ligera. «Un anciano debe ser un maestro con gran habilidad que trabaja arduamente en sus estudios y la proclamación de la Palabra».[49]

Imaginemos un cirujano al que le pasan los instrumentos más o menos estériles en la sala de cirugía. Les aseguro que él no va a permitir que esto ocurra. En una cirugía todo debe estar estéril. Cuando el

---

48. Adams, Jay E., *Theology of Powerful Preaching* [La teología de una predicación poderosa] en *The Art of Biblical Preaching* [El arte de la predicación bíblica], Haddon Robinson y Craig Brian Larson, editores generales (Grand Rapids: Zondervan, 2005), 35.
49. MacArthur, John, *New Testament Commentary, 1 Timothy* [Comentario del Nuevo Testamento, 1 Timoteo] (Chicago: Moody Publishers), 108.

cirujano exclama «pinza por favor» y la enfermera toma una pinza y esta hace contacto con algo no estéril, el cirujano pedirá que la desechen. ¿Por qué? Porque tocó algo no estéril. Ese instrumento no puede tocar nada antes de insertarlo en el cuerpo humano. Si un cirujano no permite que se manejen las cosas a la ligera, mucho menos Dios.

La palabra estéril significa sin contaminación o impurezas. La palabra predicada tiene que ser así: sin contaminación. La habilidad de no avergonzarte a la que Pablo hace referencia en 2 Timoteo 2:15, está relacionada a no manejar la palabra inapropiadamente. Por lo que, si la manejo sin cuidado, debo de avergonzarme.

Esto nos obliga a que empleemos todas las horas necesarias con el fin de garantizar que prediquemos lo que el texto bíblico señala. Creo que a todos nos ha ocurrido que hemos creído que un texto enseña una cosa y, cuando lo estudiamos con más detenimiento, nos percatamos de que el texto no está hablando de lo que creíamos. Esto hace que tengamos que esforzarnos para estudiar con más profundidad y cuidado.

Permítanme detenerme en este punto y abordar un tema relacionado: la mujer y el ministerio de enseñanza. Este es un tema altamente controversial. Se relaciona a si la mujer puede o no ser pastora. Para hablar de este tema comencemos viendo el texto de 1 Timoteo 2:12:

> *Yo no permito que la mujer enseñe ni que ejerza autoridad sobre el hombre, sino que permanezca callada.*

El texto es claro, pero a pesar de la claridad del mismo, muchos son los que hacen caso omiso de esta enseñanza. Si podemos ignorar lo que dice el versículo 12 de este texto, podríamos ignorar lo que dice el versículo anterior y el versículo siguiente. Y si podemos hacer eso, podemos ignorar el capítulo entero. Y luego ignorar la epístola completa y de ahí ignorar el Nuevo Testamento por completo y luego el Antiguo Testamento. Creamos más problemas desechando el versículo, que creyendo el versículo. Este versículo es controversial porque, por un lado, vivimos en una sociedad que no ha llegado a entender los roles del hombre y de la mujer y, por otro lado, nuestra generación tampoco ha llegado a entender la autoridad de Dios, investida en su

Palabra. Muchos aceptan esta autoridad en las áreas convenientes y la rechazan o minimizan en las demás. Esto es utilizar la Palabra como si fuera un buffet. Además, no olvidemos que el texto de 1 Timoteo 3 nos habla de que el obispo, anciano, pastor debe ser marido de una sola esposa. No dice cónyuge de un solo cónyuge. La palabra traducida como marido, en el original se refiere al sexo masculino también.

No dado a la bebida (paroinos)

El anciano no debe ser dado a la bebida ni asociarse con bebedores. No estamos insinuando con esto que el pastor no puede tomarse una copa de vino o algo similar. A lo que el texto se refiere es que el anciano no es alguien que toma alcohol hasta quedar bajo la influencia del mismo en vez de estar bajo la influencia del Espíritu Santo. Por algo Pablo señala: «Y no os embriaguéis con vino, en lo cual hay disolución, sino sed llenos del Espíritu» (Ef. 5:18). El Pastor o anciano debe estar todo el tiempo controlado por el Espíritu y no por sustancias intoxicantes.

Amable y apacible

El texto de 1 Timoteo 3:1-7 señala que el pastor debe poseer estas dos cualidades. Debe ser amable, caballeroso y debe ser un pacificador y no alguien dado a las polémicas. Pablo enfatiza esta idea en su segunda epístola a Timoteo: «Y el siervo del Señor no debe ser rencilloso, sino amable para con todos, apto para enseñar, sufrido» (2 Tim. 2:24).

El pastor no puede ser violento, ni verbalmente abusivo; más bien debe ser alguien que perdona con facilidad. Recordemos que Jesús declaró que los pacificadores son bienaventurados porque ellos serán llamados hijos de Dios (Mat. 5:9).

En ocasiones nos gusta insistir y tratar de esclarecer quién inició un problema. La Palabra no declara que son bienaventurados los «esclarecedores», sino los pacificadores. A veces hay que pasar por alto algunas de las ofensas porque el amor cubre multitud de pecados (1 Ped. 4:8).

Si necesitamos conversar, lo hacemos; si tenemos que perdonar sin aun haber aclarado bien las cosas, perdonamos. Cuando le pides perdón a Dios porque le hablaste mal a tu esposa, Dios te perdona sin pedirte muchas aclaraciones. ¿Por qué nosotros necesitamos tantas aclaraciones? Porque nosotros no somos pacificadores de corazón y porque en nuestro orgullo quisiéramos tener la razón y salir como ganadores. Pero el texto nos llama a no ser contenciosos, ni violentos, ni verbalmente abusivos. En cuanto dependa de mí, quiero estar reconciliado con todo el mundo pues ese es el llamado de Dios (Rom. 12:18-19).

No avaricioso

El mejor texto bíblico para interpretar el no ser avaricioso es 1 Timoteo 6:6-10:

> *Pero la piedad, en efecto, es un medio de gran ganancia cuando va acompañada de contentamiento. Porque nada hemos traído al mundo, así que nada podemos sacar de él. Y si tenemos qué comer y con qué cubrirnos, con eso estaremos contentos. Pero los que quieren enriquecerse caen en tentación y lazo y en muchos deseos necios y dañosos que hunden a los hombres en la ruina y en la perdición. Porque la raíz de todos los males es el amor al dinero, por el cual, codiciándolo algunos, se extraviaron de la fe y se torturaron con muchos dolores.*

Creo que no hace falta agregar ningún otro comentario a esto que Pablo explica de manera formidable.

Que gobierne bien su casa, teniendo a sus hijos sujetos en toda dignidad

Lo que este texto implica es que si el anciano no gobierna bien su casa, ¿cómo va a gobernar la iglesia? Es decir, su familia es su ejemplo.

Esto incluye:

- Que sus hijos no sean rebeldes
- Que sus hijos tengan un buen testimonio
- Que sus hijos sean obedientes y respetuosos

Cuando Pablo le escribió a Tito, utilizó una palabra que ha sido traducida de una forma que ha creado cierta controversia, ya que el texto habla de hijos creyentes en las versiones LBLA, RV1960 y en NVI. De igual modo, dos de las mejores traducciones al inglés (ESV y la NASB), traducen la palabra «pistos»[50] que aparece en Tito 1:6 como «creyentes», mientras que otras traducciones la traducen como hijos fieles.

En el texto de 1 Timoteo 3 habla de hijos obedientes y en el texto de Tito menciona hijos creyentes. Obviamente la palabra tiene una variedad de posibles interpretaciones. Algunos piensan que todos los hijos tienen que ser creyentes. En lo personal, no creo que debe ser así y más bien lo entiendo de esta manera: imagínate que tenemos un pastor con cuatro hijos, tiene tres hijos creyentes y un hijo no creyente. Este pastor tiene evidencia de que él pasó la fe a tres de sus hijos y esa evidencia es parte del crédito a su favor. Por otro lado, imagínate el mismo pastor con una familia de cuatro hijos, todos incrédulos. Eso no sería un buen ejemplo para la iglesia.

En 1 Samuel 2:22-25 se nos habla del juicio de Dios por el comportamiento irreverente, rebelde y pecaminoso de los hijos del sacerdote Elí y observamos algunas consecuencias de tener hijos rebeldes y de apoyar su comportamiento:

> *Elí era ya muy anciano; oyó todo lo que sus hijos estaban haciendo a todo Israel, y cómo se acostaban con las mujeres que servían a la entrada de la tienda de reunión, y les dijo: ¿Por qué hacéis estas cosas, las cosas malas de que oigo hablar a todo este pueblo? No, hijos míos; porque no es bueno el*

50. *Concordancia Strong*, #4103.

> *informe que oigo circular por el pueblo del Señor. Si un hombre peca contra otro, Dios mediará por él; pero si un hombre peca contra el Señor, ¿quién intercederá por él? Pero ellos no escucharon la voz de su padre, porque el Señor quería que murieran.*

Más adelante, el texto continúa:

> *Sin embargo, a algunos de los tuyos no cortaré de mi altar para que tus ojos se consuman llorando y tu alma sufra; pero todos los nacidos en tu casa morirán en la flor de la juventud. Y para ti, ésta será la señal que vendrá en cuanto a tus dos hijos, Ofni y Finees: en el mismo día morirán los dos* (v. 33-34).

En ocasiones conocemos a pastores con hijos incrédulos y que ya están fuera de la casa. Al considerar que ese no es su núcleo familiar, el pastor no es responsable por su comportamiento. Ahora bien, si el pastor tiene hijos en casa, ellos deben ser ejemplo. Por consiguiente, el estándar mínimo es que tenga hijos obedientes, que vivan una vida moral. No se justifica que un pastor tenga un hijo con una vida inmoral y que ese hijo viva en su casa, porque estaría tolerando el pecado dentro de su hogar. Quiero enfatizar que el pastor necesita hacer un esfuerzo para transmitir la fe a la próxima generación para que esto sea de ejemplo a la iglesia. Esto muchas veces está ausente en la vida de muchos pastores porque han dedicado tanto tiempo a la iglesia que han descuidado a la familia. Otras veces, los hijos han visto que ostentamos un estándar para la iglesia y uno distinto dentro de su hogar. Nuestra preocupación debe ser pasar la enseñanza de la Palabra a las próximas generaciones, no solo en palabra, sino también en conducta y ejemplo. Todo el capítulo 6 lo he dedicado al tema del pastor y su familia.

No un recién convertido (neuphutos)

El pastor no debe ser un neófito, es decir, un recién convertido; alguien con poco tiempo en la fe. Esto ha sido un grave problema en el crecimiento de la iglesia en nuestros tiempos. He enfatizado la necesidad de ser pacientes a la hora de promover a alguien a la posición de pastor. En algún momento, hemos incurrido en el error de colocar personas en diferentes posiciones en destiempo, por lo que debemos esperar a que la persona madure, crezca y muestre su carácter. El pastor debe ser más maduro emocional y espiritualmente que el resto de la congregación (sobre todo el pastor principal), porque tiene que enseñar a la congregación, no solo con palabras, sino con su ejemplo. Su carácter tiene que corregir el carácter de la congregación cuando esta se comporta de manera inmadura.

El texto que estamos analizando nos especifica que colocar a un recién convertido en posición de anciano o pastor conlleva el riesgo de que la persona se envanezca pensando que merecía esa posición o piense que ahora tiene más privilegios. Recordemos que puedo hacer una maestría en dos años; pero no puedo tener un carácter transformado en un corto período de tiempo. La transformación que el Espíritu Santo lleva a cabo toma años. El apóstol Pablo salió en su primer viaje misionero unos 7 a 10 años después de su conversión. Desconocemos qué hizo en ese tiempo, pero por lo menos sabemos que tres de esos años fueron usados para instrucción de parte del Señor mismo (Gál. 1:15-20).

Buena reputación con los de afuera de la iglesia

Notemos que el estándar no solo te habla de tener una buena reputación en la iglesia, sino también con los que no pertenecen a la iglesia. Si el anciano o pastor trabaja fuera de la iglesia y visitas su lugar de trabajo, en ese lugar deben pensar bien de él, deben pensar que es un hombre piadoso, íntegro, honesto, un hombre de una sola palabra; de manera que la buena reputación debe ser dentro y fuera de la iglesia, porque lo que está en juego es el nombre del Señor. Una mala reputación afuera desacredita la fe cristiana.

La importancia del carácter moral del pastor frente a su congregación

Permíteme ilustrar esto con lo que vemos en la historia bíblica. Seguro has leído la historia bíblica de cómo Moisés quedó descalificado para entrar en la tierra prometida. En un momento dado, Dios instruyó a Moisés para que le hablara a la roca para que de ella brotara agua. En su lugar, Moisés golpeó la roca dos veces y le habló al pueblo.

> *Tomó Moisés la vara de la presencia del Señor, tal como El se lo había ordenado; y Moisés y Aarón reunieron al pueblo ante la peña. Y él les dijo: Oíd, ahora, rebeldes. ¿Sacaremos agua de esta peña para vosotros? Entonces Moisés levantó su mano y golpeó la peña dos veces con su vara, y brotó agua en abundancia, y bebió el pueblo y sus animales. Y el Señor dijo a Moisés y a Aarón: Porque vosotros no me creísteis a fin de tratarme como santo ante los ojos de los hijos de Israel, por tanto no conduciréis a este pueblo a la tierra que les he dado. Aquellas fueron las aguas de Meriba porque los hijos de Israel contendieron con el Señor, y El manifestó su santidad entre ellos* (Núm. 20:9-13).

En Deuteronomio 32:51-52, Dios vuelve a explicar la razón por la que Él no permitió la entrada de Moisés a la tierra prometida. En Deuteronomio 3:23-27, leemos cómo Moisés suplicó a Dios que lo dejara entrar y esta fue la respuesta del Señor: «¡Basta! No me hables más de esto» (v. 26).

¿Cuál fue la razón, por la que Moisés no entró a la tierra prometida? «Porque vosotros no me creísteis a fin de tratarme como santo ante los ojos de los hijos de Israel» (Núm. 20:12). Permíteme ilustrar la importancia de esto. Cinco minutos antes de que Moisés le pegara a la roca, él no estaba descalificado, porque el hecho no había acontecido. Pero cuando Moisés llevó a cabo esta acción, lo que ocurrió en ese momento estaba relacionado a algo que ya estaba en su corazón y que Dios conocía con anterioridad. Dios conocía el corazón de Moisés antes de que hiciera lo que hizo, pero Dios no descalificó a Moisés hasta que este le pegó a la roca. El problema no era solamente el corazón de Moisés; era el ejemplo delante del pueblo. Porque si delante del pueblo Dios dejaba pasar por alto esta acción, ¿cómo se iría a comportar el pueblo con relación a Dios posteriormente? Dios pudo haberlo pasado por alto porque es lento para la ira. Pero si Dios no hubiese hecho lo que hizo con Moisés, el pueblo hubiese aprendido a trivializar a Dios.

Una de las peores cosas que podría ocurrirnos como pastores y ministros de la Palabra es que Dios quiera utilizar nuestras vidas como escarmiento y dejar un ejemplo para que su pueblo aprenda a tratarlo como santo. También observamos esto en el Nuevo Testamento cuando Ananías y Safira perdieron la vida (Hech. 5:1-11). ¿Por qué murieron? Porque mintieron al Espíritu Santo. ¿Quién de nosotros no ha mentido? Si respondes que nunca has mentido, ya has probado el punto, eres un mentiroso. Aun así, permanecemos vivos. ¿Por qué no nos mató Dios en el momento de nuestra primera mentira y sí lo hizo con Ananías y Safira? Porque en ese tiempo del Libro de los Hechos, la iglesia estaba comenzando. Era un momento crucial en la historia de la iglesia. Una buena ilustración sería que un ingeniero permitiera una grieta estructural en el fundamento de un edificio. Tarde o temprano, el edificio colapsará. En cualquier construcción puede haber grietas en el mortero (pañete, en otros países); pero a nivel de la cimentación o fundación del edificio no pueden ser permitidas.

Cuando Moisés golpeó la roca era un momento fundamental para la vida y la formación del pueblo de Israel. De igual forma, cuando Ananías y Safira mintieron, era un momento fundamental en el establecimiento de la Iglesia. Dios muchas veces ha actuado de esta manera en momentos cruciales. Aquellos eventos que ocurren delante del pueblo, muchas veces no pueden ser ignorados o sus consecuencias no pueden ser quitadas con tanta facilidad.

De la misma manera, cuando un pastor, anciano u obispo peca, necesita ser confrontado. Si él no responde con arrepentimiento, la Palabra instruye lo siguiente:

> *No admitas acusación contra un anciano, a menos de que haya[a] dos o tres testigos. A los que continúan en pecado, repréndelos en presencia de todos para que los demás tengan temor de pecar* (1 Tim. 5:19–20).

Esto implica que, si confrontas al anciano con su pecado y él responde favorablemente, quizás todo termine ahí. Ese es el primer paso conforme al proceso de disciplina en Mateo 18:15-20. Pero al que continúe en pecado, repréndelo en presencia de todos para que los demás tengan temor de pecar. Esto es lo que enseña el apóstol Pablo. Esto sirve para dar un ejemplo a todos. Ahora, en ocasiones hay pecados de tanta relevancia y de tantas implicaciones para el pueblo de Dios, que a la primera falta de parte del anciano, este necesita ser removido de su posición.

Reflexión final: la disciplina eclesiástica en el caso de los ancianos

La persona que desempeña la función de pastor ha sido llamada a vivir bajo un estándar más alto que el resto de la congregación. Cuando un pastor necesita ser confrontado o disciplinado es un asunto de suma seriedad. Notemos el orden de este proceso de confrontación. Primero, si tenemos una acusación contra un anciano, necesitamos dos o tres testigos de lo ocurrido (1 Tim. 5:19), porque si esa acusación es falsa no solo le hace daño al anciano, sino también le hace daño a la iglesia. Por tanto, antes de considerarla tienes que contar con testigos. Habiendo presentado testigos, si el anciano se detiene o cambia su comportamiento, esto queda en privado. En algunos casos, dada la severidad del pecado o lo público del mismo, quizás no sea posible dejar el pecado en privado, sobre todo cuando se trata de un pastor. Usualmente, estos casos llevan a la remoción del pastor de su posición, como ya mencionamos arriba. En cuanto a aquellos ancianos que continúan en pecado, la instrucción es reprenderlos en presencia de todos para que los demás tengan temor de pecar (1 Tim. 5:20). Es un proceso doloroso que nos debe llevar a llorar junto con el hermano que pecó. Estas cosas son necesarias porque Dios honra a aquellos que honran su santidad. Lo que no puedes hacer es practicar una disciplina que sea punitiva para que el hermano pague por su pecado, sino que la disciplina debe ser restauradora. No olvidemos que Cristo pagó por sus pecados.

Mi dolor por el hermano que peca no remueve la disciplina; podemos disciplinar mientras lloramos con los disciplinados. Cuando hacemos esto último, honramos el nombre de Dios y honramos la gracia de Dios al perdonar. La gracia estuvo en el dolor por el pecado del otro y en el perdón. Y la honra de su santidad queda reflejada en el proceso disciplinario y restaurador. Dios bendice las iglesias que llevan a cabo la disciplina eclesiástica como una muestra de amor (Heb. 12) y esta es a veces una de las razones por las que muchas de iglesias no están siendo bendecidas y otras cierran, porque toleran el pecado. Esto lo observamos en cinco de las siete iglesias de Apocalipsis. Al no arrepentirse, sus puertas fueron cerradas. Estas iglesias fueron plantadas en el territorio que hoy es Turquía. Actualmente, allí hay menos de un 1 % de cristianos.[51] Para Dios la santidad de su iglesia y de sus líderes es innegociable.

Recordemos que hay pecados más escandalosos que otros, pero todo lo que empaña la santidad de Dios será juzgado; en ocasiones, el juicio será más severo para nosotros que estamos al frente de la enseñanza del pueblo de Dios. Cuando un anciano peca sexualmente, profanando a la mujer de su prójimo en el ejercicio de su vocación, se hace imposible su restauración al pastorado, aunque sabemos que algunas iglesias tienen estándares menos rigurosos.

---

51. Bulut, Uzay, *El Cristianismo en vía de extinción*, Gatestone Institute, International Policy Council, 19 de abril, 2015; https://es.gatestoneinstitute.org/5603/turquia-iglesias. Consultado el 22 de agosto, 2018.

Capítulo 4

El pastor y el uso de su tiempo, el orden de sus prioridades y sus metas

Por tanto, tened cuidado cómo andáis; no como insensatos, sino como sabios, aprovechando bien el tiempo, porque los días son malos. Así pues, no seáis necios, sino entended cuál es la voluntad del Señor (Ef. 5:15-17).

Introducción

En este capítulo trataremos el tema del pastor y el uso de su tiempo, la organización de sus prioridades y sus metas. Creo que existe gran cantidad de tiempo que el ser humano desperdicia y nosotros como líderes podemos desperdiciarlo de igual manera. Gran parte del tiempo que se pierde se debe a prioridades fuera de orden y, cuando esto ocurre, tanto el mundo interior del hombre como el exterior terminan desorganizados.

La gente me pregunta de manera frecuente: ¿cómo haces para que te rinda tanto el tiempo y cómo puedes hacer tantas cosas? Mi respuesta siempre ha sido: no tengo más horas que nadie, pero me gusta invertir el tiempo en las cosas que serán productivas. El tiempo que se perdió ayer ya no se recobra. Puedes perder mil dólares y recobrarlos el día de mañana, en una semana o en un mes, pero el tiempo que no invertiste en tu formación no lo puedes recobrar. Puedes hacer hoy lo que no hiciste ayer; pero si lo hubieras hecho ayer, hoy estarías construyendo sobre lo que hiciste ayer. Si piensas, por ejemplo, en la crianza de tus hijos, el tiempo que no invertimos en ellos a cierta edad, ya no lo puedes recobrar.

En el pasaje de Efesios 5 existen cuatro ideas que quiero resaltar:

1. «Tened cuidado cómo andáis». Cuando no aprovechamos bien el tiempo estamos siendo descuidados en nuestro caminar; caminamos a tientas como dando golpes al aire, que es precisamente lo que Pablo trató de evitar y enseñó en 1 Corintios 9:26. Hacia el final de este capítulo regresaremos a este pasaje. Por ahora, continuemos analizando los versículos de Efesios 5:15-17.
2. «No como insensatos [...] no seáis necios». El apóstol Pablo relaciona el uso del tiempo con la palabra insensatez y nos exhorta a no ser necios ni insensatos; "no actúen sin pensar" (v. 17, NTV). Existen formas de utilizar el tiempo que nos hacen lucir como un necio. Como pastores no es aceptable actuar de esta manera.
3. «Aprovechando bien el tiempo, porque los días son malos». La palabra «aprovechando» en el original es *exagorazo,* que puede significar comprar algo de este mundo para sacarlo de su condición; como el que compraba un esclavo. Por consiguiente, Pablo está pensando que este tiempo presente está esclavizado a la iniquidad de los poderes de las tinieblas.[52] Necesitamos redimir ese tiempo para sacarlo de su esclavitud a la maldad. Con esto, Pablo está comunicando cierto sentido de urgencia y esa urgencia es necesaria en vista de los «días malos» en que vivimos.[53]

---

52. Thielman, Frank, *Ephesians* [Efesios], (Grand Rapids: Baker Academic, 2010), 356-57.
53. Klein, William, *Ephesians* [Efesios] en *The Expositor's Bible Commentary* [Comentario bíblico expositivo] (Grand Rapids: Zondervan, 2006), 142.

4. La palabra traducida como «tiempo», en el original es *kairos*. En el griego existen dos palabras distintas traducidas al español como «tiempo»:[54]
   (a) *Cronos*, que tiene que ver con el reloj, el calendario, el tiempo medible.[55]
   (b) *Kairos*, que representa como una ventana de oportunidad.[56]

Lo que Pablo quiere comunicar puede ser parafraseado de esta manera: «aprovecha bien la ventana de oportunidad que Dios te está poniendo delante». Por ejemplo, con tus hijos tienes una ventana de oportunidad; pasado ese tiempo, no vas a poder influenciarlos de la misma manera. Cuando los hijos tienen dieciocho años, no tienes la misma influencia sobre ellos que cuando tenían tres años de edad. Cuando se van a la universidad y salen del hogar, no sabes lo que pasa día a día con ellos. Aunque les puedes llamar y escribir, no los tienes bajo tu techo y bajo tu autoridad.

En el ministerio hay ventanas de oportunidades. En el presente, Dios me ha abierto una ventana de oportunidad o un período durante el cual puedo escribir, viajar, participar en conferencias... puedo hacer todo lo que estoy haciendo. Llegará un momento en el que mi ventana se cerrará por edad, salud, tiempo de retiro u otras razones. Pablo me enseña: «esa ventana, aprovéchala». Napoleón Bonaparte declaró: «en el medio de cada gran batalla hay un periodo de 10 a 15 minutos que representa el momento crucial. Toma control de ese periodo y ganarás la batalla; si pierdes ese momento, serás derrotado».[57] Esa es la ventana de oportunidad.

---

54. Chapel, Bryan, *Ephesians* [Efesios] (Phillipsburg: P & R Publishing, 2009), 259.
55. *Strong's Concordance*, #5550.
56. Ibid., #2540.
57. Citado en John MacArthur, *Ephesians* [Efesios] (Chicago: The Moody Bible Institute, 1986), 222.

La organización de las prioridades

Para aprovechar bien el tiempo, lo primero que necesitamos es tener nuestras prioridades en orden. La mayoría de las personas no tienen sus prioridades en el orden correcto y se hace imposible obtener el mejor beneficio del tiempo.

- El joven rico no tenía sus prioridades en orden (Mar. 10:17-31).
- El hombre rico de la parábola que tenía grandes graneros tampoco tenía sus prioridades en el orden apropiado (Mat. 12:16-21).
- Pedro también puso de manifiesto que tenía sus prioridades invertidas, como observamos en el siguiente pasaje:

Desde entonces Jesucristo comenzó a declarar a sus discípulos que debía ir a Jerusalén y sufrir muchas cosas de parte de los ancianos, de los principales sacerdotes y de los escribas, y ser muerto, y resucitar al tercer día. Y tomándole aparte, Pedro comenzó a reprenderle, diciendo: ¡No lo permita Dios, Señor! Eso nunca te acontecerá. Pero volviéndose El, dijo a Pedro: ¡Quítate de delante de mí, Satanás! Me eres piedra de tropiezo; porque no estás pensando en las cosas de Dios, sino en las de los hombres (Mat 16:21-23).

El vivir conforme a los valores de este mundo, en contraste con los valores del reino de los cielos, nos desenfoca y nos hace tener las prioridades invertidas. Eso resulta en un mundo interior y exterior desorganizado.

Prioridades invertidas

De manera frecuente, la gente vive con este orden de prioridades:

1. Yo: todo es medido en función de cómo afecta al individuo. Otra vez tenemos que volver a Pedro a manera de ilustración: «He aquí, nosotros lo hemos dejado todo y te hemos seguido;

¿qué, pues, recibiremos?» (Mat. 19:27). Pedro quería saber cuáles serían los beneficios para ellos que habían hechos tanto sacrificios.

2. Trabajo: este consume no solo la mayor parte del tiempo, sino que también es la actividad que acapara en el hombre, la mayor parte de la pasión, medible en horas y esfuerzos. Pero ese trabajo no satisface porque no está ocupando el lugar que Dios quiere que le otorgue (Ecl. 1:3, 8; 2:18-23). Esto ocurre tanto en pastores como en profesores de seminarios.
3. Relaciones: al llegar exhaustos del trabajo, muchos hombres no quieren hablar con sus hijos o sus esposas porque están cansados.
4. Dios: Muchos no tienen energías para hacer un devocional, ni tampoco para escudriñar la Palabra, rumiarla, meditarla y aplicarla.

Todo está invertido y esto trae malas consecuencias.

Si hiciéramos un examen, nadie escribiría el orden de la manera que aparece más arriba. Una gran mayoría respondería que Dios está en primer lugar. Sin embargo, al ver el tiempo que le dedicamos a Dios, el tiempo que le dedicamos a la oración, el tiempo que le dedicamos a la lectura de la Palabra, es obvio que Dios está en el último lugar, solo que no lo admitimos. Esto genera la mayoría de los problemas en la vida de muchos. La mayoría de los problemas, o las consecuencias de las decisiones, están relacionados al orden de las prioridades con las que vive el hombre. Prioridades fuera de lugar, dan lugar a los problemas más comunes. De manera lamentable, con mucha regularidad permitimos que lo urgente del día a día tome el lugar de lo prioritario.

El siguiente diagrama puede ayudarnos a entenderlo de forma más clara.

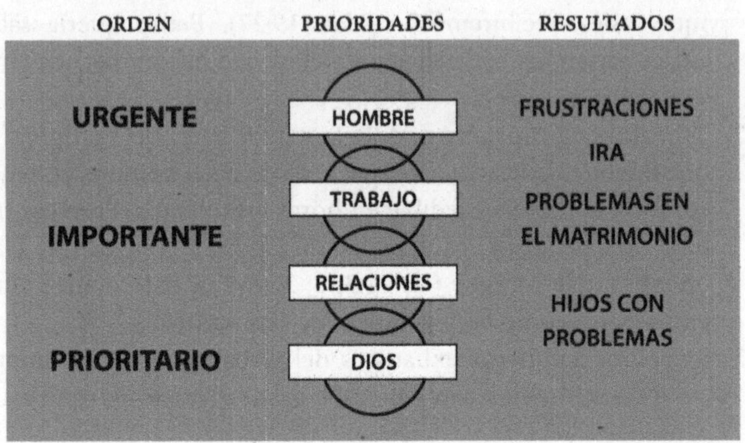

Prioridades en el orden correcto

En realidad, debiéramos tener un mundo organizado más o menos de esta manera:

Dios ocupando el primer lugar; yo, en segundo lugar (porque todo lo que ocurre, fluye de mí hacia fuera). En tercer lugar vienen las relaciones: esposa, hijos (si los tienes) y, por último, el trabajo. Esta es la manera como deberíamos tener nuestro mundo organizado:

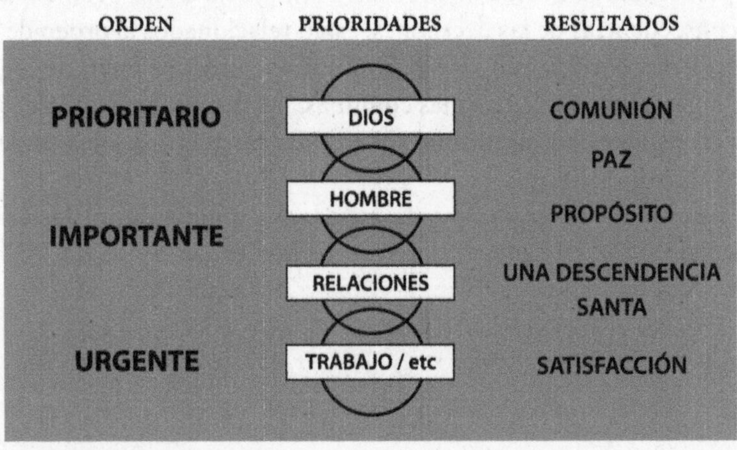

Ordenado así, Dios representa lo prioritario. Todo el mundo sabe que Dios es prioridad, pero en la práctica, Dios no es tratado como primario. Incluso, algunos o muchos pastores no tratan a Dios como prioridad porque, erróneamente, creen que el ministerio equivale a tener a Dios en primer lugar. Dios y el ministerio no son la misma cosa. El ministerio con frecuencia está en primer lugar y Dios no lo está. El ministerio debe fluir naturalmente de una estrecha relación con Dios.

A algunos les podría sorprender que haya colocado el «yo» en segundo lugar en vez de a «los demás». Jesús declaró que el segundo gran mandamiento es amar al prójimo como a ti mismo (Mar. 12:30-31). No puedo amar al otro, si no sé de qué manera bíblica puedo y debo amarme a mí mismo. Si no extraemos de nosotros el egoísmo, los celos, la envidia, la ira, los complejos de inferioridad y superioridad, jamás podremos amar a los demás y tampoco sabremos cómo enseñar a otros a hacer lo mismo.

Como hemos insinuado más arriba, con cierta frecuencia permitimos que lo urgente tome el lugar de lo prioritario. Un ejemplo sencillo: muchas mañanas nos levantamos, salimos corriendo porque tenemos que estar en el trabajo temprano y el trabajo se constituye en lo urgente. Entonces llegamos al trabajo sin haber orado y sin haber pasado ningún tiempo con Dios o sin habernos despedido de la esposa y de los hijos. Así que, lo urgente tomó el lugar de lo prioritario. Así viven la mayoría de los cristianos y aun muchos pastores viven de igual manera. Esta es la causa del resto de nuestros problemas generados por decisiones tomadas.

Diferenciar lo urgente, lo prioritario y lo importante

¿Cómo determino lo que es urgente, prioritario o importante? Solo hay una manera: preguntar, reflexionar y comparar. Tengo que hacerme preguntas y responderlas con honestidad:

- ¿Cómo está mi relación con Dios?
- ¿Cómo es la calidad de mi relación con mi esposa y mis hijos?
- ¿Cuál es el propósito de Dios para mi vida?
- ¿Cuál es mi plan de vida?
- ¿Cuánto del carácter de Cristo se ha formado en mi?

Estas preguntas son importantes para todo el mundo, pero en especial para nosotros los pastores y predicadores. Al examinar mi corazón y situación, empiezo a identificar dónde están mis prioridades y el orden al que verdaderamente responden en mi vida.

Piensa en Dios y su revelación. ¿Cuánto tiempo dedicas a orar, a leer la Palabra, a leer otros libros cristianos para crecer tú y no solo para predicar, a analizar tu crecimiento, a descubrir áreas pecaminosas de tu forma de pensar y de vivir que necesitan salir de una vida de un pastor de ovejas?

Piensa en tu esposa y tal vez respondas con prontitud: «bueno, no estamos muy bien». Si es así, ¿cómo lo sabes? Tal vez piensas: «nosotros casi no hablamos y nos limitamos a intercambiar conversaciones triviales:

«¿Cómo estás?».
«Bien».
«¿A qué hora es el culto especial?».
«A la 8:00 p.m.».
«Y mañana, ¿a qué hora es la reunión del colegio?».
«A las 5:00 p.m.».

Esto es intercambio de clichés y datos. Algunos autores hablan de cinco niveles de comunicación. Los clichés y los datos corresponden a los niveles 1 y 2. Y el intercambio de sentimientos y el llenar las necesidades mutuas, a los niveles 4 y 5. El nivel tres está representado por el intercambio de opiniones.

Nosotros los pastores necesitamos enseñar a los padres de nuestras iglesias a cómo llegar a los niveles más profundos de comunicación y tener esa meta como una prioridad. Debe llegar un momento donde intercambiamos emociones y llenamos necesidades espirituales del uno y del otro; un momento donde puedas decirle a tu esposa: «estoy ansioso, ¿podrías orar por mí?». Debe existir un espacio donde puedas decirle a tu esposa: «Hoy no tengo inspiración para el mensaje [...] necesito que ores por mí». Cuando tú y tu esposa puedan comenzar a llenar sus necesidades a un nivel más profundo y puedas preguntarle «¿cómo puedo orar por ti?» o «¿cómo puedo ayudarte?», entonces estaremos llegando al lugar correcto. Si no podemos hacer esto en nuestros matrimonios, no estamos reflejando el evangelio en el matrimonio y si no lo hacemos nosotros, los pastores, no sabremos cómo enseñarlo a las ovejas.

Si no tienes un devocional con tus hijos, si no existe una buena relación con ellos, si no puedes recordar cuándo fue la última vez que hablaste y sostuviste una conversación de calidad con tu esposa, entonces ellos no son prioridad para ti y no podrás dar un buen ejemplo a la congregación. Como pastor, necesitas revisar tus relaciones de forma regular porque un requisito para ser pastor es que la persona debe gobernar bien su casa (1 Tim. 3). No te descalifiques a ti mismo. Esto es vital.

Nuestro mundo interior y exterior

El mundo exterior está compuesto por todo lo que se ve: trabajo, compromisos sociales, lo que la gente piensa de nosotros, la reputación, los amigos, etc. Pero el mundo interior tiene que ver con nuestro carácter, nuestros valores, quiénes somos, nuestro compromiso con Dios y todo lo relacionado a la vida espiritual. Rara vez las personas prestan atención a estos detalles.

Lo más común es que el ser humano viva con una inversión de valores. Nuestros valores determinan nuestras prioridades. Necesitamos adoptar valores que gobiernen nuestras vidas. Estos son los valores que eventualmente pasaremos y modelaremos a las ovejas en el proceso de discipulado.

Lamentablemente, hemos sido entrenados para que el mundo exterior ocupe nuestra mente, de manera que vivimos más preocupados con la apariencia del mundo exterior que con el orden de nuestro mundo interior. El hombre hace esto porque con frecuencia, le preocupa la reputación y se olvida de que la reputación más bien tiene que ver con el orgullo. «Cosas como la apreciación, la reputación, el éxito, el poder, la comodidad y el control llegan a ser demasiado importantes. Debido a ello, estas cosas comienzan a darle forma a la manera de pensar sobre el ministerio, a las cosas que quisiera obtener del ministerio y a las cosas que hago en el ministerio».[58] Continuamente nos peinamos y vestimos para impresionar a los demás. Muchos gastan enormes cantidades de dinero en la apariencia externa y hacen poca inversión económica o de tiempo para cultivar su mundo interior. La preocupación e inversión en la apariencia, es casi enfermiza.

La razón por la que hacemos tanto énfasis en el carácter de la persona antes que en la tarea, es porque si no ordenamos primero el mundo interior, no podremos hacer bien nuestros deberes. Mucho de lo que podemos hacer en el discipulado es enseñar al discípulo a organizar su mundo interior, como Dios nos ha enseñado a organizar el nuestro. Si mi mundo interior y exterior no están organizados apropiadamente, no tengo la experiencia o el aval para enseñar a nadie a organizar su mundo. Lo que nos puede ayudar a organizarnos de buena manera es la Palabra de Dios que nos da los valores necesarios.

A manera de ilustración, comparto la siguiente historia que leí en una ocasión y que usé en otro de mis libros.

Una niña llegó a su casa y quería jugar con su padre; su padre, que estaba cansado, no tenía deseos ni disposición para jugar. Él le entregó papel y lápiz, y le dijo: «hijita, vete a jugar y a pintar. Cuando termines, regresas». La niña regresó unos minutos más tarde, cansada, y dijo: «no papi, yo quiero jugar contigo». El padre miró hacia

58. Tripp, Paul David, *Dangerous Calling*, edición Kindle (Wheaton: Crossway, 2012), Loc 98 of 225.

un lado y accidentalmente vio un periódico que tenía el mapa del mundo; rompió la hoja en múltiples pedazos, buscó un recipiente, los puso ahí y buscó una cinta de pegar y le indicó: «hija, vete a jugar, arma esto y cuando tengas el mundo armado, regresa». Unos quince minutos más tarde él estaba pensando: «¡Qué alivio! Tengo como dos horas para ver televisión; sin embargo, al poco tiempo la niña regresó, y dijo: «¡papi, papi ya lo armé!». El padre de la niña, sorprendido y un poco incrédulo, le preguntó: «¿Cómo que lo armaste? ¿Cómo lo hiciste tan rápido?». A esto la niña respondió: «¡Sí, sí! Mira, detrás de la hoja estaba la figura de un hombre y cuando armas al hombre, el mundo queda armado».

Esta es una realidad. Cuando armas al hombre en su mundo interior, su mundo exterior queda armado. Llevamos demasiado tiempo tratando de armar las congregaciones con discipulados, con evangelismo, con ministerios, cuando el mundo interior de muchos líderes y ovejas se encuentra aún desarmado; eso jamás funcionará. Esto aplica de manera especial para nosotros los hombres. La mayoría de nosotros estamos orientados hacia las tareas más que hacia las relaciones; los hombres preferimos hacer, pero no nos gusta SER. El problema es que no puedo hacer, si no soy primero.[59] Las consecuencias de esto no se hacen esperar. Muchos son eficientes en el trabajo y un desastre en la familia; esto no debiera ser así. Más adelante trataremos el tema de la familia pastoral.

La parte más importante en la vida de un hombre, y sobre todo de un pastor, es su relación con Dios. Nuestra predicación debe ser el resultado, no solo de las horas que empleamos en hacer la exégesis de un texto, sino el resultado de vidas bien vividas. Frecuentemente cuando leemos y aplicamos el texto a nuestras propias vidas, pensamos cómo estas verdades nos han confrontado; y esas aplicaciones o ejemplos las llevamos al sermón. Desafortunadamente, el mundo interior es un aspecto descuidado que la mayoría de los creyentes (incluyendo pastores) no cultivan. Dios declaró: «Amarás

---

59. Núñez, Miguel, «*Ser antes de hacer*» en *Siervos para su gloria*, cap. 1 (Nashville: B&H, 2018).

al Señor tu Dios con todo tu corazón, y con toda tu alma, y con toda tu mente» (Mat. 22:37). Ahí comienza la organización de nuestro mundo interior.

¿Cómo sé cuáles son las cosas que en verdad amo? A. W. Tozer lo expresó así: «Piensa en las cosas hacia donde tu mente se dirige cuando no tienes en qué pensar». Por ejemplo, si vas de viaje de dos horas en un automóvil y no tienes nada en qué pensar, la mente piensa en algo de manera natural. Estas cosas son las que tiendes a amar y eso es importante. Dios nos dio diez mandamientos establecidos en un orden: los primeros cuatro se relacionan con Él y los seis subsiguientes con los seres humanos. Las bienaventuranzas del Evangelio de Mateo están estructuradas de igual manera: las primeras cuatro se relacionan con Él y las próximas cuatro con el ser humano. Tanto los 10 mandamientos como las bienaventuranzas nos fueron dados para organizar nuestra relación con Dios y con los demás. Esto le dará orden a nuestro mundo interior y exterior.

Consecuencias de la inversión de prioridades

Hemos tratado algunos de los efectos y consecuencias de la inversión de prioridades, pero ahora quisiera entrar en los detalles de algunas de estas consecuencias.

Conflictos personales. En ocasiones vivimos con conflictos internos (no interpersonales) como: envidia, orgullo, inseguridades y temores, que nadie conoce. A los hombres en particular, no nos gusta dar a conocer nuestras luchas internas. En la mayoría de los casos esto también es el resultado de prioridades invertidas porque damos valor a las cosas que este mundo valora en lugar de valorar el mundo venidero.

Luchas interpersonales. Nuestras luchas interpersonales pueden ser con nuestro cónyuge, con los hijos, con los compañeros de trabajo o, peor aún, con las ovejas del redil. Muchos pastores han sido despedidos por conflictos con la congregación. La Palabra nos enseña que el pastor, obispo o anciano, no debe ser contencioso

(1 Tim. 3:3). Estos conflictos interpersonales solo ponen de manifiesto nuestros conflictos personales.

La importancia del núcleo familiar

El próximo capítulo está dedicado al pastor y su familia; pero por ahora deseo dar una breve introducción a este tema.

Existe una relación directa entre las horas de trabajo, la calidad de vida familiar y el futuro de tus hijos. Muchos hijos, terminan de ciertas formas porque sus padres no les dedicaron tiempo; si los padres no invirtieron tiempo, entonces nadie los nutrió emocional y espiritualmente.

Todos necesitamos héroes. La realidad es que, en la vida de los hijos, los primeros héroes son sus padres. Cuando los padres dejan de ser héroes no podemos decir que es porque los hijos se alejaron; más bien la razón es que los padres no cultivaron lo requerido para continuar siendo el héroe de sus hijos. En sus inicios, los hijos admiran de manera natural a sus padres. A medida que van avanzando en su crecimiento físico y emocional, paulatinamente dejan de apreciarlos como lo hacían antes, con frecuencia porque los padres ya no están allí. La manera como les hablan, o si los abrazan o no, hace la diferencia. Es triste que el exceso de trabajo en nuestros días produzca hijos espiritualmente huérfanos. Dejamos la corrección de los hijos a las esposas o que ellas hagan el devocional familiar. En realidad, Dios nos dio a nosotros la responsabilidad del liderazgo de la familia y como cabezas de nuestras familias debemos estar involucrados en la disciplina y en el devocional familiar. Ver que el padre dirige la vida espiritual de la familia es preferible para los hijos. Al final del camino, cosecharás una relación más profunda, tanto emocional como espiritualmente hablando. Esto es aún de mayor importancia en el hogar pastoral.

En muchas ocasiones, esto no es más que la consecuencia de un mundo interior desorganizado. De forma lamentable, esta desorganización tendrá consecuencias dolorosas para los hijos del pastor y la congregación.

La responsabilidad de la iglesia ante el núcleo familiar

La Iglesia no es la principal responsable de educar a los hijos de la congregación y mucho menos a los hijos de los pastores. Como pastores y predicadores, debemos ser ejemplo a la congregación. Muchos miembros de las congregaciones culpan a las iglesias cuando los hijos no caminan bien. En otros casos acusan al pastor de no tener sus hijos bajo sujeción.

El papel de la iglesia es ser de ayuda en la provisión de instrucción bíblica, ser de guía en valores bíblicos, proveer líderes espirituales, ayudar a las ovejas a entender lo que Dios espera y requiere de los creyentes, ayudar en el entendimiento de cuáles son las prioridades bíblicas y la renovación de la mente. La responsabilidad número uno de la crianza de los hijos la tienen los padres, no la Iglesia. Nunca la Iglesia ha sido responsable de la educación de los hijos. Y si eso es así para los miembros, es también cierto para la familia del pastor.

Decisiones

La premisa es que toda decisión tiene una dimensión espiritual. Un ejemplo sencillo: soy diabético desde hace 48 años. Hay días en los que debo cuidar mi dieta de forma más cuidadosa porque mi glicemia está fuera de control. Esta decisión tiene un componente espiritual, porque si soy irresponsable con mi salud, luego no debo ir a pedirle a Dios que me libre de complicaciones, porque yo no he hecho la parte que me corresponde. Y si acudo a Dios, debo primero arrepentirme por mi irresponsabilidad.

Por simple que parezca, todas las decisiones tienen un componente espiritual. Cuando vamos de compras, existe un componente espiritual. La compra de un carro puede tener un componente prioritario, pero tiene también un componente que ya no es prioritario, sino moral. Si por ejemplo, eres un vendedor y necesitas un automóvil para trabajar, comprar un carro es prioritario. Sin embargo, el tipo de carro que compras y la deuda en la que incurres, es una decisión que posee un aspecto moral. Si compras un carro y no lo puedes comprar sin adquirir un préstamo, es entendible, porque esta inversión será usada como instrumento de transporte y para realizar tu trabajo. Este trabajo generará un sustento. Sin embargo, si el monto de la deuda en la que tienes que incurrir, compromete la estabilidad económica de tu familia, esta deuda tiene un componente moral pecaminoso porque pone en riesgo a tu familia. De esta forma, toda decisión tiene un componente espiritual. Menciono esto porque más de un estudio ha señalado el desorden financiero de algunos pastores como una de las causas más frecuentes de por qué pastores son despedido de sus congregaciones.

Elecciones

Puedes elegir el camino que desees, pero Dios va a elegir tus consecuencias. Por tanto, a la hora de tomar decisiones, ellas revelan lo que eres, pero también revelan lo que llegarás a ser, como otros han dicho. Puedes decidir lo que quieras, pero cuando tomes tu decisión, revelarás tu mundo interior, tus ídolos y lo que llegarás a ser. Malas decisiones me conducirán a hacer cosas que no se suponía que hiciera. Buenas decisiones me formarán en la dirección del carácter de Cristo.

De nuevo, quiero reiterar que la razón por la que hago énfasis en estas cosas es porque tienes que enseñar a los que vas a discipular cómo formar su carácter. Lo que impacta a las ovejas es el carácter y no el conocimiento como hemos dicho tantas veces en artículos, libros y conferencias.

Pérdida de tiempo

Las malas decisiones también hacen que desperdiciemos mucho tiempo. Cuando la gente me pregunta «¿cómo aprovechas tanto el tiempo?», respondo: «trato de orar, reflexionar, y esperar todo el tiempo necesario para tomar decisiones, porque cuando tomas una mala decisión, corregirla representa pérdida de tiempo». Es como ir por un camino y llegar a una bifurcación. Tienes la posibilidad de dirigirte a la izquierda o a la derecha. Al tomar una mala decisión y percatarte de ello más adelante, tendrás que regresar e iniciar de nuevo. Esto representa tiempo perdido. Gran parte del tiempo mal utilizado se debe a malas decisiones. En ocasiones, puedes ver la televisión y, aunque esto en sí no es pecaminoso, quizás esas horas pudieron haberse empleado en estudiar, en preparar un examen o en estar con la familia; has perdido el tiempo. Quizás solo viste un partido de tu deporte favorito. Lo que hiciste no tiene nada de «malo», pero por esta razón el autor de Hebreos nos declara:

> *Por tanto, puesto que tenemos en derredor nuestro tan gran nube de testigos, despojémonos también de todo peso y del pecado que tan fácilmente nos envuelve, y corramos con paciencia la carrera que tenemos por delante* (Heb. 12:1).

Este pasaje nos exhorta a despojarnos de algunas cosas; a unas llama pecado y a otras «peso». Pienso que se refiere a cosas que no son intrínsecamente pecaminosas, pero sí representan un peso.

El mal uso del tiempo, frente a la televisión en detrimento de tu familia o del mensaje que vas a predicar el domingo, se convierte en pecaminoso porque alguien sufrió las consecuencias de ese tiempo perdido. Las decisiones tienen un componente de prioridad, pero también tienen un componente moral y espiritual.

Agendas saturadas

En ocasiones pienso que tengo más cosas en la agenda de las que puedo hacer. Podría ser que he usado mal el tiempo o que estoy haciendo cosas que Dios no me llamó hacer, porque Dios nunca me va a pedir que haga en 24 horas lo que requiere 30 horas. Necesito reconocer qué pasó. Cualquiera que sea la razón, el mal uso del tiempo o el asumir más cosas de las que Dios me ha pedido, necesita ser corregida.

No necesitamos saciar cada necesidad. La respuesta para un mejor uso del tiempo no es empaquetar más cosas en menos tiempo; este es uno de los problemas, no la solución. Nuestra generación es extremadamente pragmática y con frecuencia el pastor hace lo mismo: quiere hacer más cosas en menos tiempo, queremos ser multitareas (realizar varias cosas al mismo tiempo). Hablamos por teléfono y al mismo tiempo realizamos otras cosas. Escuchamos un sermón y al mismo tiempo respondemos correos o escribimos un texto. De esta manera, no le prestamos atención a ninguna de las dos cosas. Estos hábitos no ayudan a hacer el mejor uso del tiempo que Dios nos ha dado. Las agendas saturadas nos llevan al cansancio físico y emocional y llegamos a ser menos eficientes con la subsecuente pérdida de tiempo.

Las metas: tu necesidad y sus peligros

Todos nos hemos fijado metas que deseamos alcanzar. Las metas son importantes, pero también lo es la manera como pensamos alcanzarlas. El apóstol Pablo nos ayuda a entender la importancia de tener objetivos que alcanzar. En 1 Corintios 9:26-27, él escribió:

> *Por tanto, yo de esta manera corro, no como sin tener meta; de esta manera peleo, no como dando golpes al aire, sino que golpeo mi cuerpo y lo hago mi esclavo, no sea que habiendo predicado a otros, yo mismo sea descalificado.*

Pablo enfatiza que corre con una meta clara en mente; no corre sin rumbo o sin saber lo que persigue. Pablo entendió que tenía que disciplinar su cuerpo de forma tal que sus deseos de la carne no lo desviaran de la meta que él se había propuesto alcanzar. Un pastor indisciplinado con su tiempo o que no sea disciplinado en sus deseos, nunca alcanzará lo que se ha propuesto. En esta vida, el alma es regenerada en los creyentes, pero no su carne. Por tanto, los deseos de la carne necesitan ser disciplinados a través del poder del Espíritu de Dios.

El ministerio debe tener una meta. El desarrollo de la vida de tu familia debe tener una meta. No podemos correr sin sentido de dirección; no puedes levantarte el lunes en la mañana y solo tener en mente que el próximo domingo debes predicar. Necesitas tener metas y que estas sean conforme a la dirección de Dios. Si tu meta no tiene un marco de referencia ético, vas a llenarte de metas que en un número de ocasiones serán pecaminosas. Podrías hacer crecer la iglesia por métodos pragmáticos, que no complazcan a Dios, comprometiendo el estándar bíblico para que más personas asistan. Quizás incluyes más entretenimiento en el púlpito para atraer a más personas, pero aunque hayas logrado la meta, no lo hiciste bajo un marco de referencia apropiado. Las metas no determinadas por Dios u obtenidas de formas incorrectas han destruido a mucha gente, incluso dentro del ministerio. Muchos se han propuesto plantar 10, 20 o más iglesias en un periodo de tiempo particular. Pero, eso en un gran número de casos no obedece a una dirección de Dios dada en oración con la ayuda del Espíritu y la Palabra y luego confirmada por un liderazgo espiritual. Los planes de Dios pudieran ser otros. Por esto es necesario cuidar que no tengas una meta que te conduzca a hacer lo indecible para llevarla a cabo, porque quizás destruyas la iglesia o a tu familia en el proceso.

Por otro lado, las metas no te pueden definir. Tú debes definir las metas. Cuando llegas al punto de sentirte bien por cumplir ciertas metas y fracasado si no lo haces, quiere decir que las metas te están definiendo. Las metas no pueden definirte, ni debes estar al servicio de ellas; más bien ellas tienen que estar a tu servicio. El líder no puede servir a las metas, las metas tienen que servirle a él.

Cumplir las metas es importante, pero ese no debe ser el único propósito. Para Dios es tan importante la forma como cumplimos la meta, como la meta en sí misma. Cuidemos de no hacer algo legítimo mediante una metodología ilegítima. Hacer discípulos es legítimo, pero puedo hacerlo de forma ilegítima de diferentes maneras: puedo buscar la transferencia de miembros de otra iglesia a mi iglesia. Puedo pensar en lograr el crecimiento de la iglesia al discipular más gente, pero bajando el estándar, cosa que no sería legítima. Tampoco lo es el usar líderes que no están preparados, para dirigir grupos pequeños. Cuando llenamos las metas que anunciamos a la iglesia, quizás lucimos bien, pero debemos considerar si hemos complacido a Dios o no.

Uno de los aspectos más penosos y dolorosos de todo esto es que tú y yo podemos cumplir las metas y estar fuera de la voluntad de Dios. ¿Te imaginas? Pensar que podemos hacer un retiro pastoral durante tres días de meditación y reflexión y estar satisfechos con el cumplimiento de todas las metas planificadas del año anterior, y descubrir posteriormente que estuvimos fuera de la voluntad de Dios porque no nos dejamos dirigir por su Espíritu. Esto ocurre cuando nos dejamos dirigir por los números, logros y alcances, pero no por Dios. Si actuamos así, destruiremos a mucha gente, destruiremos familias y fracasaremos en medio del «éxito» que estamos experimentando.

En una ocasión, en un seminario reconocido, un estudiante ganó el premio al estudiante más destacado y le dieron la oportunidad de predicar el sermón de cierre. Al regresar a su casa se sentó en la sala y su esposa fue a él con sus manos llenas de libros. La esposa tiró los libros en la mesa y exclamó: «ahora que tienes tu título, puedes quedarte con él y tus libros. Yo me voy». Esto ocurrió porque durante su preparación, él prácticamente la abandonó. Cumplió con todas las metas del seminario; pero fracasó en ser Cristo para su esposa. Hermanos, que esto no nos ocurra a nosotros.

Hoy en día existe un afán por hacer crecer la iglesia, cuando en realidad, Dios hace crecer la iglesia y no nosotros. Nuestra iglesia IBI (Iglesia bautista internacional) ha crecido y muchas personas nos preguntan: «¿siempre soñaron con esta iglesia?». Honestamente, nunca he soñado con ninguna iglesia de un número específico de miembros. No sé hasta dónde creceremos... hasta donde Dios nos lleve. Si Dios reduce nuestra iglesia de tamaño, ¡amén! Él es soberano; la iglesia es de Él. No tenemos ese tipo de metas, pues estas cosas nos engañan y nos llevan a caminar por senderos ilegítimos.

En ocasiones existe un afán de más ministerios y más plantaciones y necesitamos tener cuidado de caer ante las motivaciones entretejidas en nuestros corazones.

Un aprendizaje temprano en nuestro caminar ministerial fue el reconocer que las muchedumbres no impresionaron a Cristo, ni impresionan a Dios hoy. Cuando leemos los evangelios, de manera frecuente observamos las multitudes detrás de Cristo y al terminar de leer los evangelios vemos el resultado: una multitud clamando «¡crucifícale, crucifícale!». Las multitudes no impresionan a Dios y no deberían impresionarnos a nosotros.

Henry Blackaby y su hijo Richard escribieron un libro llamado Liderazgo Espiritual, que en mi opinión es uno de los mejores libros sobre liderazgo que he leído. Una de las observaciones que el autor hace es la siguiente:

> «Las iglesias frecuentemente usan los métodos del mundo para atraer una muchedumbre; una gran producción hecha con excelencia, usando equipos de sonido de alta tecnología, luces profesionales, folletos llamativos, liderazgo carismático puede atraer a la muchedumbre, pero no construirá una iglesia».[60]

Las cosas que mencionan no son pecaminosas en sí mismas. Nuestra iglesia trabaja para tener una producción excelente; hace uso de equipos de sonido de alta tecnología y luces profesionales. En la medida de lo posible tratamos de elaborar folletos diseñados e impresos con buena calidad. El problema radica en creer que esa es la clave para el crecimiento y el éxito como iglesia local. Cuando alguien nos pregunta a qué es atribuido nuestro crecimiento como iglesia local, no vemos ninguno de los aspectos antes mencionados como la respuesta; ninguna de esas cosas son símbolos o medidas de éxito. Es posible tener

60. Blackaby, Henry; Blackaby, Richard, *Liderazgo Espiritual* (Nashville: B&H, Publishing 2001), 126.

una excelente iglesia sin muchas de las cosas mencionadas; como también es posible tener una iglesia horrible con todas estas cosas.

Reflexión final

Para finalizar, examinaremos siete principios que debemos recordar con relación al uso del tiempo; el orden de las prioridades y el cumplimiento de las metas.

1. La actividad más importante del líder es la oración. Jesús dijo: «separados de mí nada podéis hacer» (Juan 15:5); todo comienza allí. Si Cristo pasó, en ocasiones, noches enteras orando (Luc. 6:12), siendo la segunda persona de la Trinidad, es inconcebible que seamos negligentes en cuanto al tiempo dedicado a la oración.
2. Sin la intervención del Espíritu Santo podemos ser líderes, pero no líderes espirituales. Existen líderes naturales, pero no todos son líderes espirituales. Sin la intervención del Espíritu, no puedes liderar espiritualmente (Juan 3:16-17; 4:1).
3. Ocasionalmente lo único que el líder puede y debe hacer es retirarse, orar y esperar que Dios trabaje. Hay asuntos y problemas de la vida de la iglesia y sus miembros donde podemos preguntarnos: «¿qué hago?». La respuesta a veces es solo ir donde Dios en oración. No importa cuán trivial parezcan las cosas, no hay nada grande para Dios; todas las cosas, decisiones, eventos, problemas son pequeños para Él.
4. Ser líder no significa llegar a la meta y ya no tener que esforzarnos en nuestra santificación (Fil. 3:12).
5. El líder debe preguntarse: «Si los demás trabajaran al ritmo al cual yo trabajo, ¿mejoraría o empeoraría la situación?» (1 Cor. 15:10). Esta pregunta es importante porque realmente hay líderes perezosos o vagos. Por otro lado, también hay líderes adictos al trabajo. La diferencia entre un adicto al trabajo y alguien que no lo es, no es solo el número de horas de trabajo,

sino si su trabajo representa su fuente de identidad, sentido y propósito. En estos casos, las vacaciones son consideradas un estorbo y los recesos una molestia. Eso es ser un adicto al trabajo. Pero un pastor tampoco debe ser holgazán. Ambos pueden destruir sus familias o sus ministerios. Uno por llevar a cabo trabajos que descuidan lo más importante y otros porque no realizan las tareas que le corresponden en el tiempo apropiado.

6. La posición de liderazgo no promueve inmunidad para el sacrificio, sino oportunidades para el servicio. Un pastor que imita el ejemplo del apóstol Pablo es un hombre esforzado y trabajador; cansado muchas veces y exhausto en ocasiones (1 Tes. 2:9). En una ocasión en los evangelios, leemos que los discípulos que estaban con Cristo no tenían tiempo ni para comer (Mar. 6:31). Eso requiere un balance, porque no puedes vivir así todos los días. Sin embargo, el ministerio requiere esfuerzo. .
7. La razón por la que no hay más hombres y mujeres con liderazgo espiritual, es porque no están dispuestos a pagar el precio. Hay un precio a pagar, todo el tiempo. Mientras más avanzas en la vida espiritual y en el ministerio, más alto es el precio. Cristo es el mejor ejemplo de qué tan alto puede ser el precio.

Capítulo 5

El pastor y su familia

Un obispo debe ser, pues, irreprochable, marido de una sola mujer, sobrio, prudente, de conducta decorosa, hospitalario, apto para enseñar [...]. Que gobierne bien su casa, teniendo a sus hijos sujetos con toda dignidad (pues si un hombre no sabe cómo gobernar su propia casa, ¿cómo podrá cuidar de la iglesia de Dios?) (1 Tim. 3:2, 4-5).

Introducción: el problema real

El pasaje que aparece arriba forma parte del texto que revisamos en el capítulo cuatro, donde abordamos el carácter moral de un pastor. La razón por la que he dedicado todo un capítulo a este tema es porque «muchos aspirantes a pastores comienzan en el ministerio con un gran celo por el trabajo que Dios les ha llamado a hacer, pero las demandas difíciles y las presiones del ministerio los abruman, colapsan y se consumen con una fe maltrecha y una familia quebrantada».[61]

Los problemas en la familia pastoral «no surgen producto de las demandas que el pastor enfrenta en el ejercicio de su

61. Brian Croft en Brian & Cara Croft, *The Pastor's Family: Shepherding Your Family through the Challenges of Pastoral Ministry* [La familia del pastor: Pastoreando a tu familia a través de los desafíos del ministerio pastoral], versión Kindle (Grand Rapids: Zondervan, 2013), Loc 61 0f 2044.

llamado, sino debido a la forma en que él y su esposa eligen lidiar con las demandas del ministerio».[62] Al igual que otras vocaciones y profesiones, el pastorado tiene muchas demandas. Cómo elegimos enfrentar y cumplir estas demandas nos creará o nos evitará problemas. Recuerdo una época de nuestra historia como iglesia en la que si alguien enfermaba, yo estaba en la clínica visitándole tan pronto como fuera posible. Aunque siempre lo hacía, no necesariamente tenía que ser yo la persona que le visitara, pues no hay ninguna designación sobre el pastor, titular o no, que le nombre como el visitante oficial de los enfermos en la congregación. Sin embargo, hoy en día tenemos un diácono que trabaja con nosotros a tiempo completo para estos fines, junto a una multitud de personas que de manera voluntaria ejercen esta labor. Pero tomó mucho tiempo para que la congregación se acostumbrara al cambio.

Como líderes, debemos educar a la iglesia en este sentido porque el pastor no puede ejercer todas las funciones al mismo tiempo. Es como si un jugador de futbol jugara en todas las posiciones al mismo tiempo. No debe, ni puede intentar hacerlo.

Dentro de la congregación hay otras personas que pueden ayudarnos a llevar la carga del ministerio. El pastor debe evaluar cuáles son las necesidades y cómo deben ser saciadas; debe aprender a delegar. La iglesia primitiva se vio en la obligación de hacer lo mismo, como observamos en Hechos 6:1-4:

> *Por aquellos días, al multiplicarse el número de los discípulos, surgió una queja de parte de los judíos helenistas en contra de los judíos nativos, porque sus viudas eran desatendidas en la distribución diaria de los alimentos. Entonces los doce convocaron a la congregación de los discípulos, y dijeron: No es conveniente que nosotros descuidemos la palabra de Dios para servir mesas. Por tanto, hermanos, escoged de entre vosotros siete hombres de buena reputación, llenos del Espíritu Santo y de sabiduría, a quienes podamos encargar esta*

62. Ibid., Loc 411 de 2044.

> *tarea. Y nosotros nos entregaremos a la oración y al ministerio de la palabra.*

El crecimiento de la iglesia obligó a esta división de funciones para el beneficio tanto de las ovejas como de los líderes. Esa decisión no solo fue necesaria, sino sabia. Considero que Dios la dejó plasmada en la historia de la iglesia primitiva para enseñanza de todas las demás iglesias que se levantarían en el futuro.

Cuando somos negligentes con nuestras familias podemos ser tentados a justificar nuestra falta con la excusa de que hemos tenido un día o una semana difícil, pero al final las presiones y demandas del ministerio no son la causa real. La verdadera causa de nuestra negligencia es un corazón pecaminoso que no tiene las prioridades en orden; o quizás las tiene, pero las demandas de la vida laboral (pastoral o no), nos van doblegando a llenar las responsabilidades fuera de la casa, al mismo tiempo que descuidamos aquellas que deberían estar en primer lugar. Los desafíos del ministerio revelan el pecado de nuestro corazón más que ser la causa del mismo. Una semana difícil simplemente revelará dónde está nuestro corazón y si hemos amado a nuestra familia lo suficiente.

Un corazón pecaminoso es un corazón egocéntrico. Por tanto, este procura llenar su necesidad de significado, éxito, aceptación, aprobación y reconocimiento antes que velar por las necesidades de los demás. En el caso de un pastor, esto muchas veces ocurre a través del servicio a los demás, ya sea de manera consciente o inconsciente. El pastor puede estar siempre con la congregación, siempre ministrando y siempre recibiendo aplausos, mientras que su esposa y su familia están abandonadas. Por este motivo, necesitamos velar por la condición de nuestros corazones para poder atender a nuestras familias de una mejor manera. Pastores, cuidemos de que nuestras esposas y nuestros hijos no se sequen espiritual o emocionalmente.

Como muchos saben, los hombres no necesitamos mucho cuidado relacional o emocional, pero nuestras esposas e hijos sí lo requieren. Esto es así por diseño divino. Hace algunos años, mi esposa sufría de depresión. Fueron siete años muy difíciles para ambos. Lamentablemente, frente a la depresión de un ser amado no siempre reaccionamos de buena manera. Aunque creo que fui paciente con mi esposa durante ese tiempo, hoy entiendo que no fui un buen pastor. Ser paciente no es lo mismo que cuidar. Ser paciente es simplemente esperar porque entiendes que Dios está en medio de una situación y la misma pasará eventualmente cooperando para bien. En el caso de mi esposa, no dudo que hice eso, pero no fui un buen cuidador para ella. Cuando eventualmente desperté a esa realidad, sentí arrepentimiento y dolor por mi negligencia; lloré porque entendí que había un cuidado especial que debía brindar y no lo hice. Hoy día, esta historia es parte de nuestro testimonio y en ocasiones la compartimos para la gloria de Dios y edificación de otros.

Uno de los problemas de las figuras pastorales es que con frecuencia pasamos por dificultades y cuando Dios nos ayuda a conquistarlas, no las compartimos con otros. Así que, nadie sabe que los pastores también pasamos por dificultades; nadie se entera de cómo el Señor nos ayudó en medio de la tribulación y cómo ganamos las batallas. Si no compartimos con otros nuestras dificultades, luchas y victorias, nadie sabrá que los buenos matrimonios son el resultado de grandes luchas libradas de manera constante. Si conoces un buen matrimonio, ten por seguro que ahí ha habido luchas. Nadie puede tener un matrimonio saludable sin haberse esforzado por alcanzarlo. El éxito matrimonial no se da por sí solo, pues la pareja no llega al altar con una relación perfecta. Un buen matrimonio se forja con esfuerzo y con la ayuda de Dios. Por tanto, cuando Dios obra en nosotros o en nuestro cónyuge, Él espera que contemos las maravillas que ha hecho en nuestro matrimonio a fin de que esto le sirva de incentivo a la congregación y puedan creer que para ellos también hay esperanza.

La redención de la familia

La mejor manera de saber si hemos descuidado o no a nuestra familia es haciendo un inventario. Así fue como yo lo descubrí: evaluando mi vida y mi matrimonio. Ahora, cuando como pastor me toca oficiar una ceremonia de bodas, con cierta frecuencia le digo al esposo: «Dios hoy te entrega una esposa, ella es para ti una flor. No hagas lo que yo hice muchos años atrás; no permitas que se marchite. Si ella se marchita es tu culpa». Ante este comentario, algunos pueden preguntar si no es responsabilidad también de la esposa el que esto no suceda. ¡Por supuesto que lo es! Pero como líder y sacerdote del hogar, Dios espera que el esposo irrigue la flor que Él le ha otorgado, la exponga al sol, la pode y la ayude a crecer. Si no hacemos esto y nuestro cónyuge se seca, en gran parte es responsabilidad nuestra. Por consiguiente, necesitamos hacernos cargo de esta tarea.

Cuando comiences a hacer inventario y te percates de algún problema en tu matrimonio, acepta tu parte de la culpa. Sin duda, la esposa ha contribuido también al conflicto o al problema, pues siempre hay una dosis de culpa compartida, pero como cabeza del hogar debemos ser diligentes en aceptar la parte que nos corresponde para poder entonces pedir perdón y arrepentirnos.

Todo cambio comienza por aceptación de la responsabilidad personal, seguido de arrepentimiento. En nuestro caso, ahí fue donde todo comenzó. Primero acudí a Dios y me arrepentí; luego fui con mi esposa y le pedí perdón. Me entristecí por cerca de tres meses, situación que me marcó positivamente para de ahí en adelante hacer las cosas de otra manera. Y si tienes hijos, pídeles perdón también. En ocasiones, nos ha tocado decirles a las parejas que deben regresar a sus hogares, sentarse con sus hijos y pedirles perdón. Un corazón genuinamente arrepentido no teme decir: «Hijo, perdóname porque debí haber hecho esto y no lo hice. Perdóname porque cuando debí haber hecho esto, hice esto otro y eso empeoró la situación. Perdóname, yo quiero hacer las cosas de manera diferente de ahora en adelante». Dios honra la humildad y Dios honra el arrepentimiento cuando lo sabemos manejar apropiadamente.

Observa lo que una esposa de pastor, Cara Croft, escribió: «La esposa del pastor puede sentir competencia por los afectos de su esposo como otras esposas no lo sienten».[63] Este sentir es muy común e incluso razonable porque toda la congregación se vierte frecuentemente en halagos hacia el pastor. Pero, con frecuencia, detrás de cada buen pastor hay una buena esposa que se ha sacrificado y que está llenando su rol de ayuda idónea. Solo se ve lo que el pastor hace en público; pero aquello que la esposa lleva a cabo en privado, queda en el anonimato. Nosotros mismos con frecuencia perdemos de vista la importancia de aquello que la esposa hace en la sombra debido a que es tan frecuente y tan cotidiano que lo damos por sentado. Lo que nuestras esposas hacen detrás del telón, lo hacen en la «oscuridad». Mientras tanto, nosotros los pastores estamos siempre rodeados de personas y esto puede hacer que nuestras esposas se sientan en una constante competencia por los afectos de su esposo.

Como pastores, una forma en la que podemos ayudar a nuestras esposas es exhortándolas a cultivar amistades sólidas con otras mujeres de la congregación. En más de una ocasión he hablado con personas afines a mi esposa y les he pedido que traten de acercarse a ella, no porque esté en grandes problemas, sino porque ella necesita de alguien más con quien identificarse, relacionarse y conversar cualquier tema que tenga en mente.

Los riesgos de un matrimonio pastoral

Entre los requisitos que Pablo enumera a Timoteo para calificar para el pastorado se menciona que el pastor debe tener a sus hijos en sujeción (ver 1 Tim. 3:2a, 4-5). Y la idea es esta: «porque el que no sabe gobernar su propia familia, ¿cómo podrá cuidar de la iglesia de Dios?». Tener la casa en orden requiere de ciertos principios de liderazgo que si no funcionan en el hogar, tampoco funcionarán en la iglesia. El hogar es como una pequeña iglesia. Los hijos requieren padres que los animen y les admiren de buena forma y no padres

63. Ibid, Loc 571 of 2044.

que exasperan a sus hijos por la rigidez de su disciplina. De ahí la recomendación de Efesios 6:4: «Y ustedes, padres, no hagan enojar a sus hijos, sino críenlos según la disciplina e instrucción del Señor».

La tentación es a priorizar el ministerio por encima de la familia debido a las demandas. Entendemos que nuestro llamado es hacer grandes cosas para Dios y eso puede ser cierto, pero no a expensas de la familia. La desconexión entre el ministerio público y el ministerio privado de la familia no da credibilidad a la figura pastoral.

La historia de la iglesia revela algunos ejemplos de grandes héroes de la fe, cuyos matrimonios no adornaron el evangelio que ellos predicaron. Entre otros podemos citar los siguientes:

- **Juan Wesley** tuvo una esposa que se llenó de resentimiento contra él y su ministerio y terminó separándose de él hacia el final de sus días. Poco tiempo después de casarse, la pareja enfrentó graves conflictos. Wesley estaba cada vez más distante de su esposa debido a su itinerario de predicación... John Hampson de Manchester escribió que una vez entró en una habitación sin previo aviso para encontrar a Molly arrastrando a su marido del pelo. Pero John, que podía ser violento con sus palabras, una vez escribió: «Si fueras enterrada en este momento, o si nunca hubieras vivido, ¿qué pérdida serías tú para la causa de Dios?». Después de años de conflicto, Molly finalmente dejó a su marido y no regresó.[64] John Wesley, no podía creer que un ministro metodista pudiera predicar un sermón menos o viajar un día menos por estar casado.
- **Jorge Whitefield** prefirió permanecer soltero por un largo tiempo; pero luego de casarse entendió que su matrimonio con Elizabeth James no debía interferir con su ministerio en lo más mínimo. «Whitefield había jurado que no predicaría un sermón menos estando casado que si hubiese estado soltero. Durante

---

64. Christianity Today Staff Writer, *The sad story of Methodist founder John Wesley's marriage* [La triste historia del fundador metodista John Wesley], 24 de mayo, 2018

la semana de luna de miel en la casa de Elizabeth, predicó dos veces al día. A partir de ese momento, ella usualmente permaneció en Londres durante sus viajes. Una vez Whitefield se ausentó por dos años»,[65] algo impensable hoy en día.

- **Guillermo Carey**, el padre de las misiones modernas, pensó que la causa de Cristo tenía prioridad sobre su matrimonio. Inicialmente, Dorothy, su esposa, no quería viajar a la India, pero fue eventualmente convencida. Lamentablemente, las condiciones del país, la pérdida de su primer hijo de 5 años de edad y la inestabilidad de su matrimonio contribuyeron a que Dorothy perdiera la razón hasta el punto que, en ocasiones, William Carey supo encerrarla en una habitación y dejarla allí.[66]

Obviamente, estos matrimonios no exhibieron el evangelio y muestran cuán errados podemos estar, metidos en medio del pecado al mismo tiempo que estamos tratando de predicar el evangelio de salvación. Cuídese de la necesidad de aprobación.

Entender el llamado

Cara Croft, en el libro donde es co-autora con su esposo y que cité anteriormente, también comenta que las esposas deben ayudar a sus hijos a entender el llamado de sus esposos. El problema es que muchas veces ellas han condenado a sus esposos y a las iglesias porque sienten que el ministerio les roba el tiempo y la atención de sus cónyuges y les roba también a los padres de sus hijos. La mujer que es esposa de un pastor necesita comprender y hacerle ver a sus hijos que el llamado de su esposo, si bien tiene grandes responsabilidades, tiene además grandes bendiciones. Por ejemplo, una de las

65. Galli, Mark, *Whitefield's Curious Love Life* [La curiosa vida amorosa de Whitefield], Christian History, número 38, 1993.
66. Tucker, Ruth A., *William Carey's Less-than-Perfect Family Life* [La familia imperfecta de William Carey], Christian History Institute (publicado de forma original en Christian History, número #36, 1992].

bendiciones es que la esposa tiene un asiento en primera fila para ver, como en una película, a Dios obrar en la vida de la iglesia. La esposa muchas veces es la primera que se entera de lo que se va a hacer, de lo que se está haciendo, de los resultados, de los beneficios y de las bendiciones. Por tanto, la familia pastoral debe reconocer y aprender a disfrutar en humildad de ese gran privilegio.

A los esposos, Cara Croft nos exhorta a no olvidar que llegará el día en que tendremos que dar cuenta a Dios de todo lo que hemos hecho. ¿Recuerdas las palabras de Pablo en 2 Corintios 5:10? ¿Por qué debemos comparecer ante el tribunal de Cristo? Para que cada uno sea recompensado por sus hechos estando en el cuerpo, de acuerdo con lo que hizo, sea bueno o sea malo. El autor de Hebreos (13:17), por otro lado, nos recuerda que nosotros, los pastores velamos por las almas de las ovejas, «como quienes han de dar cuenta». Pero las primeras ovejas por las que tendremos que rendir cuentas a nuestro Dios, son aquellas que viven en nuestro propio hogar. Ese día ciertamente llegará; el Pastor de los pastores se reunirá con cada pastor y nos mostrará qué tan bien o qué tan mal hicimos las cosas.

A las esposas, Cara Croft les recuerda que ser pasadas por alto y sentirse sin importancia van de la mano. Con frecuencia, la esposa del pastor es pasada por alto en la congregación debido al lugar protagónico que su esposo ocupa y, como resultado, ella se siente poco importante. Si la esposa no entiende que esa falta de reconocimiento no es intencional, ella constantemente se sentirá ofendida y herida por los demás.

Nosotros, como buenos esposos y líderes, debemos estar conscientes de esto y de manera intencional tratar de incluir a nuestras esposas a fin de que ellas no se sientan ignoradas por aquellos a nuestro alrededor. A manera de ilustración, puedo compartir que en ocasiones mi esposa y yo hemos cenado con una o dos parejas más y he notado que la persona sentada frente a nosotros, sin darse cuenta, dirige su mirada exclusivamente hacia mí cuando está hablando, como si mi esposa, que está justo al lado mío, no estuviera en la mesa. Entonces, mientras conversamos, comienzo a acercarme a mi esposa y ocasionalmente dirigir mi mirada hacia ella con la intención de hacer dos cosas: primero, recordarle al otro que en la mesa hay otras personas además del pastor y, en segundo lugar, afirmar a mi esposa para que entienda que ella también es parte de esa conversación. Al hacer esto he notado cómo eventualmente la persona comienza a involucrar a mi esposa en la conversación. El pastor tiene que estar preparado para saber cómo actuar aun ante situaciones triviales como esta, pues ninguna esposa se sentirá cómoda al ser ignorada.

La esposa del pastor, sobre todo del pastor titular, vive una paradoja; ella es vista por todos y frecuentemente pasa desapercibida por la mayoría. Esto es muy cierto ya que el pastor está constantemente ocupado en las labores ministeriales, ya sea predicando, aconsejando o visitando enfermos y la esposa no siempre es testigo de muchas de estas cosas. Una forma en la que el pastor puede evitar que ella se sienta al margen de su vida es involucrando a su esposa en su día a día, siempre y cuando sea prudente. Luego de visitar a una oveja que está enferma, por ejemplo, el pastor puede contarle a su esposa sobre la experiencia, cómo se sintió y cómo Dios lo usó. Por experiencia puedo decir que el solo hecho de compartir la vivencia hace que la esposa cobre vida porque ahora ella se siente parte de la historia. Pero si ella solo es testigo de cuando las ovejas vienen a agradecerte por haberlas visitado y ministrado, sin saber nada sobre esa visita a la clínica, ella no se sentirá parte del momento. Entonces, en la medida de lo posible, trata de hacerla parte de tu vida ministerial, pues hay cosas como esta que se pueden compartir y les ayudarán a fomentar el vínculo con tu esposa. Hermano pastor, anima a tu esposa a involucrarse en el ministerio de la iglesia, ya sea enseñando a mujeres y niños, aconsejando, escribiendo, participando en el ministerio de hospitalidad o cualquier otra actividad ministerial.

Manejar las críticas

Cuando recibas alguna crítica, trata de no comentarla con tu esposa porque, por lo general, la mujer es herida de manera más fácil que el hombre y la herida tarda más tiempo en sanar en ella. Al hombre lo critican y al siguiente día quizás ni se acuerde del asunto. Pero si ese hombre le cuenta a su esposa sobre la crítica recibida, al próximo mes ella todavía recuerda lo sucedido, pues la memoria de la mujer está atada a sentimientos y emociones muy fuertes. La memoria del hombre es de índole cerebral, con menos participación de sus emociones; por ende, puede olvidar con cierta facilidad cosas como estas. Además, los hombres piensan muy diferente a las mujeres. Nosotros compartimentamos nuestros pensamientos. Por ejemplo, mientras imparto una clase en el seminario estoy en una caja o compartimento que se llama «docencia». Si tuviera un hijo enfermo en casa, no me acordaría de él mientras enseño. Sucede así porque esto representa otra caja y yo no estoy en esa caja. Por el contrario, si es una mujer la que está impartiendo la clase, ella estaría apresurada por terminar dicha clase para llamar a casa, pues recuerda de manera constante a su hijo mientras enseña. Los pensamientos de la mujer fluyen como las corrientes de un río y en ese torrente de agua todos los acontecimientos corren juntos. Esto provoca entonces que las críticas al esposo sean parte de su río. Por tanto, no arrojes esas críticas al río emocional de tu esposa, quédate con ellas por el bien de tu esposa.

No obstante, es recomendable que busques a otro pastor con quien hablar. Tú y yo necesitamos hombres sabios con quienes podamos ventilar las cosas que nos inquietan. Nuestra esposa no necesita escuchar de cada crítica que recibimos porque terminaríamos dañando su corazón. La mujer se siente sumamente dolida cuando su esposo es criticado y es nuestra responsabilidad protegerla de eso.

Por otro lado, la esposa de un pastor necesita oración. Una vez más, quisiera compartir como ejemplo algunas cosas prácticas que he ido aprendiendo con el tiempo para que entiendas que también puedes crecer en esta área como yo lo hice. Debo admitir que por naturaleza no soy muy afectivo, sino que tiendo a ser más racional. Un día, mi esposa y yo estábamos hablando por teléfono sobre una persona de nuestra congregación que estaba muy enferma. Ella, afligiéndose mucho, comenzó a llorar. Al notar esto, le dije: «Vamos a orar antes de colgar. Oremos juntos por él y por su esposa». Entonces oramos por ambos. Esto nos tomó dos o tres minutos, pero tuvo un gran efecto en la vida y en el corazón de mi esposa. En esa ocasión, lo que me hizo detener fue percibir las lágrimas de mi esposa durante la conversación. Por eso, te exhorto a que estés más pendiente de tu esposa; te aseguro que no te costará mucho esfuerzo. Son cosas pequeñas que hacen grandes diferencias.

Hacer compromisos con tu esposa y tus hijos

Tu tiempo tiene que ser planeado. El tiempo que no se planea, alguien más lo llena. Cuando una oveja me declara: «Pastor, yo no le llamo porque sé que usted tiene muchas cosas», usualmente le respondo: «Llama y haz una cita, porque la cita que tú no haces la va a hacer otro. No creas que si tú no llamas voy a estar descansando; eso no va a suceder. Así que, haz la cita». De igual manera, tú puedes hacer una cita con tu familia. Aprendí esto de un misionero norteamericano. En una ocasión, acordamos reunirnos un lunes por la noche, pero luego él me llamó para excusarse porque no iba a poder reunirse conmigo como habíamos acordado, pues recordó que tenía un compromiso previo de cenar con su esposa el lunes en la noche y no podía violentar su palabra. Le dije que no se preocupara y aplaudí su decisión. Esa decisión me dio una buena lección. Muchas veces pensamos que los compromisos que hacemos con la esposa, con los hijos o con la familia no tienen tanto peso como aquellos que hacemos con los demás y que podemos faltar a ellos cuando un «verdadero» compromiso llega. ¡No! Un compromiso es un compromiso independientemente de con quién lo hagamos. Con toda probabilidad, habrá gente en tu congregación que no lo entenderá así, pero al final respetarán tu decisión cuando vean que honras los compromisos hechos con tu familia.

Ahora bien, por más organizado que esté tu tiempo, ten por seguro que en algún momento alguien te va a interrumpir. Las interrupciones son oportunidades en la agenda de Dios. ¿Recuerdas la ocasión cuando Jesús estaba enseñando y a unos hombres se les ocurrió la idea de colarse entre la multitud, subir a la azotea, abrir un agujero en el techo de la casa y bajar por ahí a un hombre que estaba paralítico? (Luc. 5:17-26). Esto sugiere una conducta completamente egoísta, pero Cristo aun así los atendió. Sin duda interrumpieron a Jesús y, por lo que ocurrió después, podemos deducir que formaba parte del plan de Dios. Muchas veces las interrupciones a nuestra agenda son oportunidades orquestadas por Dios para que podamos bendecir a otros, aunque no siempre nos percatemos de ello.

Mantener la confidencialidad

Ya he mencionado que es importante que el pastor involucre a su esposa en su día a día como una manera de afirmarla y hacerla sentir parte importante de su vida y ministerio. Sin duda, la esposa del pastor tiene el derecho de saber todo lo relacionado a su esposo. Sin embargo, ella no necesita saber todo lo relacionado a las ovejas, porque hay asuntos que son confidenciales. Por más honesto y transparente que quieras ser con tu esposa, tienes que respetar la confidencialidad de otros. En ese sentido, el pastor deber ser discreto y manejar con prudencia los asuntos tratados en la sala de consejería. No pierdas la confianza de tus ovejas por contarle a tu esposa sobre asuntos que ella no necesita saber y para los que no tiene la solución.

Expectativas reales sobre la familia pastoral

Otro de los tantos errores que a veces se cometen dentro de la iglesia es asumir que la esposa y los hijos del pastor conocen mucho de teología. Por ende, cuando el pastor no está disponible, algunos se acercan a la esposa con sus inquietudes teológicas esperando una respuesta acertada. Pero la realidad es que la esposa de un pastor no tiene que ser experta en teología y los hijos tampoco. Puede suceder que los hijos sepan tan poco de teología como el resto de los adolescentes de la iglesia y que la esposa conozca tan poco de teología como el resto de las mujeres de la congregación. No pienses que tu esposa, por ser tu esposa, debe ser teóloga.

Asimismo, nunca debemos asumir que la esposa de un pastor debe llenar determinados roles en la congregación o estar dotada de dones y talentos específicos. En las iglesias tradicionales del pasado, especialmente en la cultura norteamericana, muchas veces el rol principal de la esposa del pastor era tocar el piano. No sé si esos pastores intencionalmente buscaban una pianista con quien casarse o si la mujer, conociendo que esa era la expectativa común de la época, aprendía a tocarlo; pero la realidad es que con frecuencia muchas de ellas tocaban el piano. Gracias a Dios que ese no es un requisito bíblico, porque mi esposa no sabe tocar el piano ni ningún otro instrumento, ni yo tampoco.

Lo cierto es que esta expectativa, al igual que muchas otras, no debe estar presente en las iglesias. Cathy, por el simple hecho de ser mi esposa, no tiene que ejercer una función en particular en la congregación. De acuerdo a las Escrituras, ella debe ser una mujer piadosa, pero no tiene que fungir necesariamente como líder del ministerio de mujeres en la iglesia que su esposo pastorea, aunque en mi caso, sí lo es. Al presente, ella desempeña esa función dentro de nuestra iglesia, pero no debe de esperarse que ese sea el rol de cada esposa de pastor, como tampoco lo es el ser pianista. El hecho de que una mujer sea esposa de un pastor no hace que automáticamente tenga ese llamado y esos dones. De la misma manera, mi esposa no tiene que ser consejera. Si ella tiene habilidades, dones y un llamado a la consejería, ¡gloria a Dios por ello!, pues sería de gran ayuda para el ministerio. Pero si no los tiene, entonces no debe formar parte del ministerio de consejería de la iglesia.

Es más, en ocasiones la iglesia contrata un pastor, pero quiere conseguir dos empleados por el precio de uno. Entonces, aunque es el pastor quien trabaja formalmente para la iglesia, sobre su esposa hay ciertas expectativas que la hacen sentir obligada a hacer una serie de cosas por el solo hecho de estar casada con el pastor. Si esa esposa quiere ayudar a su esposo a hacer mil cosas, que las haga, pero ella no tiene esa obligación con la iglesia, porque a quien contrataron fue a su esposo. Ahora bien, bíblicamente ella tiene una responsabilidad de servicio hacia su iglesia local y hacia su prójimo. Si me preguntan en qué área debe servir la esposa de un pastor, mi respuesta sería: en todas aquellas áreas en que sus dones y talentos sean de mayor utilidad y edificación para el cuerpo de Cristo, sin descuidar su hogar. Las tareas que ella no pueda realizar, que no las haga. En la congregación, probablemente Dios haya puesto otras personas que las pueden hacer mejor.

Pastores, sus esposas no tienen que estar presentes en cada reunión de la iglesia. Ellas deben participar en los eventos y actividades que requieran de la presencia de las esposas o de los miembros en general, pero no están obligadas a asistir a las reuniones que no requieran su presencia. En ocasiones, será más importante que la esposa se quede en casa cuidando de sus hijos que asistir a cualquier reunión donde su presencia no sea particularmente necesaria o importante para modelar lo que implica ser un miembro comprometido. La iglesia necesita entender y apoyar esto porque la prioridad es la familia.

El trato hacia la esposa y nuestra vida de oración

Antes de concluir este capítulo quisiera mencionar que la manera como tratamos a nuestras esposas tiene un efecto en nuestra vida de oración. Observa lo que Dios dice a los esposos a través de la primera carta del apóstol Pedro:

> *Y vosotros, maridos, igualmente, convivid de manera comprensiva con vuestras mujeres, como con un vaso más frágil, puesto que es mujer, dándole honor como a coheredera de la gracia de la vida, para que vuestras oraciones no sean estorbadas* (1 Ped. 3:7).

Esto es algo muy serio y debería llenarnos de sobriedad. Las palabras del apóstol nos dejan ver que hay oraciones que Dios decide no responder porque no estamos tratando a nuestras esposas como lo que ellas son: «vasos frágiles» y «coherederas de la gracia de la vida». Que Dios decida guardar silencio ante nuestras oraciones debería llamar nuestra atención sobre la importancia que Dios le da a la manera en cómo tratamos a nuestras esposas y debe ser suficiente para que cambiemos radicalmente y comencemos a vivir de otra manera.

La esposa del pastor es llamada a una vida de piedad

El apóstol Pedro exhorta a las esposas en general a una vida piadosa:

> *Asimismo vosotras, mujeres, estad sujetas a vuestros maridos, de modo que si algunos de ellos son desobedientes a la palabra, puedan ser ganados sin palabra alguna por la conducta de sus mujeres al observar vuestra conducta casta y respetuosa. Y que vuestro adorno no sea externo: peinados ostentosos, joyas de oro o vestidos lujosos, sino que sea el yo interno, con el adorno incorruptible de un espíritu tierno y sereno, lo cual es precioso delante de Dios* (1 Ped. 3:1-4).

Este es un llamado a las esposas a ser piadosas, prudentes y a estar sujetas a sus maridos. La esposa del pastor debe conocer y vivir esto más que cualquier otra mujer de la congregación. Ella es considerada un ejemplo. Si por alguna razón ella no conoce que ese es su llamado o no lo está viviendo, como líder espiritual de tu esposa debes velar por ella y ayudarla a crecer. Por ejemplo, quizás eres un pastor joven de 35 años y tu esposa tiene 31 años y resulta que en la iglesia hay parejas de esposos que tienen más de treinta años en el evangelio. Una forma en la que pudieras ayudar a tu esposa en esa área es hablar con una de las mujeres piadosas que le llevan años de experiencia a tu esposa para pedirles que se reúnan con ella y le enseñen a que ame a su marido, a que ame a sus hijos, a ser prudente, pura, hacendosa en el hogar, amable y sujeta a su marido, para que la Palabra de Dios no sea blasfemada (Tito 2:4-5). Sin duda, la edad hace una diferencia por la madurez adquirida a través de años en el evangelio.

Ahora bien, el acercarse a una de estas mujeres quizás no sea iniciativa de tu esposa precisamente por las expectativas que hay sobre las esposas de pastores. Como mencionamos antes, muchos asumen que la esposa del pastor debe saber todas estas cosas y ser más piadosa que todas las demás mujeres en la congregación. Esto no debe suceder. A veces hay mujeres en la iglesia que tienen más años de convertidas que lo que la esposa del pastor tiene de edad. ¿Te imaginas esto? Ellas han vivido más tiempo en el evangelio que lo que tu esposa ha vivido sobre la tierra. Entonces, como pastor y líder de la congregación, puedes ir donde esa hermana, hablar con ella y decirle: «Dada la diferencia de edad y el tiempo que tienes en la fe, me gustaría que pudieras servir de mentora a mi esposa». De hecho, quizás ambos pueden hacer amistad con esta pareja mayor y juntos ser bendecidos por los frutos de su largo caminar en el Señor. Aprovecha el ejemplo que matrimonios maduros en la fe pueden darte para levantar una familia que glorifique al Señor.

El pastor y su tiempo de descanso

La necesidad de tener un día libre a la semana o tiempo de descanso pudiera variar de pastor a pastor, dependiendo de su carga de trabajo. Con esto me refiero a que los pastores que de manera frecuente trabajan en la preparación de su mensaje día tras día e invierten una buena parte del fin de semana en la iglesia, tienen una gran necesidad de tomarse un día libre en la semana durante el cual puedan no solo descansar, sino también pasar más tiempo con sus familias. Pero recordemos que la vida no tiene un patrón regular y, por consiguiente, la selección de ese día quizás necesite variar de una semana a otra dependiendo de emergencias ministeriales que hayan ocurrido y otros eventos del diario vivir. Por otro lado, muchas veces aquellas situaciones que nosotros llamamos interrupciones, desde el punto de vista de Dios son oportunidades para ministrar como ocurrió en el caso de Cristo, quien se preparaba para descansar con sus discípulos, pero se percató de que había una gran multitud que le seguía y ordenó a sus discípulos alimentarlos. Marcos 6:30-44 nos relata este suceso:

> *Los apóstoles se reunieron con Jesús, y le informaron sobre todo lo que habían hecho y enseñado. Y Él les dijo: Venid, apartaos de los demás a un lugar solitario y descansad un poco. (Porque había muchos que iban y venían, y ellos no tenían tiempo ni siquiera para comer). Y se fueron en la barca a un lugar solitario, apartado. Pero la gente los vio partir, y muchos los reconocieron y juntos corrieron allá a pie de todas las ciudades, y llegaron antes que ellos. Al desembarcar, Él vio una gran multitud, y tuvo compasión de ellos, porque eran como ovejas sin pastor; y comenzó a enseñarles muchas cosas. Y cuando era ya muy tarde, sus discípulos se le acercaron, diciendo: El lugar está desierto y ya es muy tarde; despídelos para que vayan a los campos y aldeas de alrededor, y se compren algo de comer. Pero respondiendo Él, les dijo: Dadles vosotros de comer. Y ellos le dijeron: ¿Quieres que vayamos y compremos doscientos denarios de pan y les demos de comer? Y Él les dijo: ¿Cuántos panes tenéis? Id y ved. Y cuando se cercioraron le dijeron: Cinco, y dos peces. Y les mandó que todos se recostaran por grupos sobre la hierba verde. Y se recostaron por grupos de cien y de cincuenta. Entonces Él tomó los cinco panes y los dos peces, y levantando los ojos al cielo, los bendijo, y partió los panes y los iba dando a los discípulos para que se los sirvieran; también repartió los dos peces entre todos. Todos comieron y se saciaron. Y recogieron doce cestas llenas de los pedazos, y también de los peces. Los que comieron los panes eran cinco mil hombres.*

Los discípulos no tenían tiempo ni para comer, dice este pasaje, y justo cuando Jesús se preparaba para llevarlos a descansar, fueron interumpidos por la multitud que vino tras ellos. El Maestro, en vez de despedirlos, los hizo sentar para darles de comer.

En el ejercicio del ministerio podemos elegir la rebelión cuando somos interrumpidos o podemos elegir la aceptación y tomarlo como algo que quizás viene de parte de Dios. La pareja pastoral necesita entender que el llamado al ministerio no le fue dado a uno solo, sino a ambos y, por lo tanto, la esposa tendrá que hacer sacrificios que otras esposas no requerirán hacer. Los pastores necesitamos por todos los medios evitar que se produzca el síndrome de *la familia pastoral contra la congregación*. Cuando esto ocurre, el pastor y su familia con frecuencia pueden ver a la congregación como contrarios y la congregación puede sentir al pastor y a su esposa a la defensiva todo el tiempo, tratando de reclamar un territorio que a ellos le pertenece. En esos casos, con frecuencia se habla o se percibe una división de nosotros y ellos. Se requiere de un entendimiento piadoso para saber cómo desarrollar esa relación.

Reflexión final

Para terminar, cierro este capítulo con una serie de enunciados importantes y que he resumido para facilitar su memorización:

1. Nuestras demandas son mayores que las que podemos cumplir.
2. Nunca trates de llenar demandas y exigencias que requieran que tu familia sea descuidada.
3. Si no tienes tiempo para ministrar a la familia estás haciendo cosas que Dios no te pidió que hicieras.
4. Nuestra necesidad de aprobación frecuentemente nos lleva a hacer más de lo que necesitamos hacer.
5. La necesidad de aprobación nos lleva a ser manipulables, a evitar a las personas que sentimos nos rechazan. Además, nos vuelve hipersensibles a la crítica, alimentan nuestros deseos de controlar y en muchas ocasiones nos lleva a la depresión.

6. El ministerio es difícil. Por tanto, el sacrificio siempre será necesario.
7. No rechaces cada oportunidad porque «no puedo pedirle eso a mi familia». Todas las familias tendrán que hacer ajustes conforme a las demandas de la profesión del esposo y, en muchos casos, aun de la esposa.
8. Las dificultades son muchas, pero temporales; las recompensas serán eternas y más valiosas.

CAPÍTULO 6

EL PASTOR Y SU FUNCIÓN PROFÉTICA

Cuando Jesús terminó estas palabras, las multitudes se admiraban de su enseñanza; porque les enseñaba como uno que tiene autoridad, y no como sus escribas (Mat. 7:28-29).

Introducción

El pastor tiene tres funciones distintas que debe realizar en términos de cómo ha de cuidar de sus ovejas. Si miramos hacia atrás, en el Antiguo Testamento había tres figuras principales que estaban a cargo del pueblo: **el profeta, el sacerdote y el rey**. En esencia, **el profeta** le hablaba al pueblo de parte de Dios (Deut. 18:20-22). Sobre sus hombros recaía la responsabilidad de exponer la voluntad de Dios a su pueblo. Hoy en día, muchos tienen la idea equivocada de que profetizar es predecir el futuro. Podemos ver claramente en 1 Corintios 14:3, que el apóstol Pablo tenía una idea más amplia de lo que implica profetizar: «el que profetiza habla a los demás para edificarlos, animarlos y consolarlos».

Predecir el futuro era una de las funciones que el profeta realizaba, pero si piensas en alguien como Isaías, quien pasó cincuenta años ministrando al pueblo de Dios, te percatas de que él no estuvo prediciendo el futuro diariamente por cincuenta años consecutivos. La mayor parte de lo que Isaías hizo fue exponer la voluntad de Dios como un predicador lo hace cada domingo. Dentro de las cosas que Isaías compartió con el pueblo, había profecías sobre acontecimientos porvenir que, por lo general, tuvieron carácter nacional (Israel), pero había otras que estaban relacionadas con el Mesías y/o el reino de Dios venidero.

Por otro lado, estaba **el sacerdote**, quien le hablaba a Dios de parte del pueblo. Él ofrecía sacrificios y adoración a Dios en nombre de ellos para el perdón de sus pecados. Asimismo, el sacerdote era la persona que de manera frecuente estaba a cargo de inspeccionar a aquellos que aparentemente habían tenido lepra y que luego decían que habían sanado. Él los revisaba para ver si verdaderamente estaban sanos y de esa forma actuaba como el cuidador, por así decirlo, de las ovejas (Lev. 13:1-6).

Por su parte, **el rey** era el líder de la nación, así como lo fueron David y Salomón. El rey proveía visión al pueblo y recibía dirección de Dios, usualmente vía un profeta, ya que el periodo de la teocracia había terminado. Sin embargo, Dios habló de forma directa a ciertos reyes en algunas ocasiones. La teocracia fue ese periodo durante el cual el pueblo era dirigido por instrucción directa de Dios. Esta etapa terminó con la elección de Saúl como rey (1 Sam. 8). Dios estableció a Saúl como rey cuando Israel rechazó a Dios como rey y prefirió reyes humanos (1 Sam. 8:4-9). De ahí en adelante, los reyes no recibían de manera continua inspiración y dirección audible de parte de Dios, sino vía el consejo de profetas que ellos escuchaban o no, según su voluntad o caprichos.

Estos tres roles que observamos representados a lo largo del Antiguo Testamento ahora están fusionados en la persona de Jesús. Jesús es el profeta por excelencia que reemplaza a Moisés (Deut. 18:18-19); el Sumo Sacerdote que sustituye a Aarón y sus descendientes (Heb. 7); y el Rey de reyes hacia el cual David señalaba (Mat. 22:41-45; Hech. 13:35-37).

De esa misma manera, el pastor hoy en día tiene funciones proféticas, pero no un oficio profético. Él no es un profeta *per se*, pero tiene funciones proféticas que ejerce cuando expone la voluntad de

Dios revelada en la Palabra. El pastor no es un sacerdote a la manera del Antiguo Testamento, pero tiene funciones sacerdotales que lleva a cabo cuando cuida del rebaño. Él no es un rey como lo fue David, pero es el líder de un pequeño pueblo, de una comunidad de creyentes que Dios ha puesto en sus manos para que la dirija.

A lo largo de los próximos capítulos hablaremos del pastor como profeta, como sacerdote y como líder para entonces ver cuáles son sus funciones en cada uno de esos roles que representa. Después, en un capítulo aparte, hablaremos del pastor como consejero. En este capítulo hablaremos del pastor como profeta y nos concentraremos en lo que es su función como predicador.

Sobre el rol de un pastor, Robert W. Evans ha dicho que el pastor fiel «procura alimentar, conocer, amar, liderar y proteger a través de la instrucción, exhortación, apoyo y ejemplo, siempre con miras a la restauración y reconciliación, a aquellos que son parte del redil, para que crezcan en la gracia del evangelio y se puedan relacionar apropiadamente al Padre y a otros».[67]

Esta sola cita nos permite ver la responsabilidad que tiene un pastor de alimentar, conocer, liderar y proteger a las ovejas. Ahora bien, el pastor hace esto de varias maneras.

Por un lado, él instruye y exhorta a través de la predicación de las Escrituras, pero al mismo tiempo tiene que apoyar a sus ovejas y ser un ejemplo para la congregación que pastorea. En este capítulo no pretendo hablar de predicación como tal, pues eso probablemente requeriría todo un libro por separado, pero sí del personaje que predica la Palabra de Dios. Un libro sobre ministerio pastoral que no dedique una sección al pastor como predicador se quedaría corto porque esa es la función que él más ejerce durante su vida ministerial.

67. Evans, Robert W., en Ken Hughes, *The Pastor's Book* [El libro del pastor] (Wheaton: Crossway, 2015), 472.

La condición del púlpito en nuestros días

Por décadas, la condición del púlpito ha ido en declive; de manera lamentable, la predicación fiel de la Palabra es algo que va en decadencia desde hace mucho tiempo. En una ocasión, el reconocido pastor Charles Swindoll declaró en una de sus predicaciones que la mejor evidencia de que la Biblia es la Palabra de Dios es que ha sobrevivido dos mil años de mala predicación. Como predicadores debemos procurar ser cada día mejores y más fieles expositores de las verdades del evangelio. Siempre habrá gente a nuestro alrededor que predique mejor que nosotros. Estos hombres nos pueden servir de maestros y podemos aprender mucho de ellos, pero esto no impide que el pastor haga un esfuerzo por aprender a predicar más efectivamente y más apegado al texto que tiene por delante. En la medida en la que tú creces en el conocimiento de Dios, tu entendimiento de la Palabra aumentará y conocerás mejor cómo comunicarla fielmente a otros. Ojalá Dios nos conceda esta bendición a todos aquellos que hemos sido llamados al pastorado.

En 1955, Merrill F. Hunger expresó que «la gloria del púlpito cristiano es un brillo prestado [...] la gloria se está marchando del púlpito del siglo XX de forma alarmante [...] a la Palabra de Dios se le ha negado el trono y se le ha dado un lugar que no merece».[68]

Por otro lado, otra cita de la misma época nos señala algo similar: «es cierto que cualesquiera que sean las señales del púlpito contemporáneo, la centralidad de la predicación bíblica no es una de ellas».[69]

Estas citas nos ayudan a entender varias cosas: que el empobrecimiento de la predicación tiene décadas ocurriendo y, en segundo lugar, que la manera como la oveja pierde el respeto a la autoridad y el deseo de someterse a la Palabra de Dios está relacionada a la forma tan irreverente como escucha la Palabra ser predicada desde el púlpito.

---

68. Hunger, Merrill F., *Principles of Expository Preaching* [Principios de predicación expositiva] (Grand Rapids: Zondervan, 1955) 11-15.
69. Howington, Nolan, *Expository Preaching* [Predicación expositiva], Review and Expositor 56, enero 1959, p56

¡Cuán triste es ver a predicadores excusando la Palabra de Dios ante las demandas radicales de la Palabra! En nuestra generación, el pastor con frecuencia debilita el mensaje de la Palabra con frases como esta: «Bueno, sabemos que todos somos humanos y todos fallamos». Eso es muy cierto, pero esa frase nunca debe ser utilizada en el contexto de debilitar el estándar que Dios nos ha dado. Como pastores, no queremos acusar a nadie, pero si la Palabra nos acusa, si la Palabra nos ofende, es Dios mismo quien lo hace y el problema no está en Dios ni en su Palabra, sino en la condición pecaminosa de nuestros corazones. Entonces, como fieles predicadores de la verdad, no debemos nunca pretender excusar a Dios por las exigencias de su Palabra.

Otra manera como la Palabra de Dios es relegada a un segundo plano es cuando, en lugar de predicar la Palabra y darle la centralidad que ella se merece durante lo que sería el curso normal de un culto dominical, llenamos ese tiempo no solo con canciones, sino que lo llenamos con dramas, con entretenimiento, con testimonios de personas y tantas otras cosas más. Se nos olvida que nuestro testimonio personal no es el testimonio del evangelio. El testimonio del evangelio es el testimonio de Cristo. Nuestro testimonio es simplemente una evidencia del poder del testimonio de Cristo. Los testimonios personales tienen su lugar en la congregación de los santos, pero no pueden reemplazar la exposición del testimonio del evangelio que es el testimonio de nuestro Señor.

Los reformadores promovieron que el púlpito fuera colocado en el centro, contrario a la costumbre de la época que era tenerlos a un lado, como recordatorio visual de la centralidad de las Escrituras en la predicación y en la vida de la Iglesia.

De hecho, una muestra de que los recordatorios visuales son importantes son las catedrales de antaño. Esos majestuosos e impresionantes templos no fueron construidos de esa forma solo porque alguien pensó que se verían hermosos, sino que las catedrales tienen el tamaño que tienen porque los arquitectos y líderes eclesiásticos de la época entendieron que las mismas debían representar de alguna manera la majestuosidad de Dios. Y aunque no estemos de acuerdo con lo ostentoso de esos lugares ni con lo que requirió su construcción, debemos reconocer que nadie puede entrar a una de estas grandes catedrales sin percibir de cierta manera la majestuosidad de aquel lugar que nos recuerda la majestad y supremacía de Dios.

De igual manera, la forma como nos presentamos delante del pueblo de Dios es importante. Cuando el pastor decide vestir de manera especial (con saco y corbata en algunas culturas, o de otra forma especial en otras) el domingo en la mañana, lo hace (o debiera hacerlo) como recordatorio visual de que la predicación de la Palabra de Dios es algo especial y sagrado. Si te invitaran al palacio presidencial, puedo asegurarte que irías vestido con tus mejores ropas, pues entiendes que la dignidad de aquel lugar requiere cierta manera de vestir. Estos son ejemplos sencillos que nos dejan ver que algunas de estas «formas» no son tan simples como parecen. De igual manera, el púlpito puede ser un mueble de madera o de otro material, pero representa más que el material de lo que está hecho. El púlpito es el lugar desde donde se predica la Palabra infalible, inerrante, autoritativa y todo suficiente de nuestro Dios. De forma lamentable, nuestra generación minimalista ha querido reducir todo a su mínima expresión y de esa forma no cuida hoy lo que ocurre en el púlpito.

La importancia que el púlpito tiene es porque desde él se exalta o se deshonra la Palabra de Dios. En otras palabras, al predicar, el pastor puede proclamar y exaltar el evangelio o puede esconderlo y distorsionarlo. Desde el púlpito, el pastor puede presentar a un Dios grande que despierta el sentido de adoración o a un Dios tan ordinario que acepta todo tipo de adoración. Lamentablemente, esto último representa la condición de muchos de los púlpitos hoy en día.

Dios ha sido reducido por algunos a tal punto que hay un predicador, muy reconocido por los múltiples libros que ha escrito, que frecuentemente sube al púlpito en chancletas, con una taza de café en la mano, se sienta en una mesita y desde allí predica. Es decir, él tiene una actitud o disposición hacia el momento de la predicación similar a la que tenemos cuando vamos a una cafetería a tomarnos un café con un amigo. Esa congregación que necesita un recordatorio visual de la importancia de ese momento, no está recibiendo la idea de que ese tiempo y el Dios de quien ese pastor está hablando es extraordinariamente sagrado, sino que más bien se va a la casa con la impresión de que el Dios de quien se habla en la predicación es totalmente ordinario. De ahí la necesidad de que como pastores cuidemos la manera en que presentamos el evangelio al predicar, tomando en cuenta no solo la forma en que hablamos, sino también nuestra postura y vestimenta a fin de que la congregación pueda ver cuán especial es nuestro Dios.

Recientemente, el pastor John MacArthur escribió: «En todos mis años de estudio no había visto una sociedad occidental donde los bancos estuvieran tan llenos y los sermones tan vacíos».[70] En el estado de Texas se encuentra la iglesia más grande en Estados Unidos, con un promedio de 52000 asistentes por semana, pastoreada por un predicador motivacional que ha escrito un libro titulado *Tu mejor vida ahora.* Si nuestra mejor vida es ahora, estamos en problemas porque entonces qué nos espera después. Esta manera de pensar llevará a una forma de predicar; pero representa toda una falsedad, a lo que se refiere el pastor MacArthur: grandes congregaciones llenas de sermones vacíos.

La necesidad de un pastor expositivo

En Latinoamérica podemos testificar que muchas veces los pastores predican sermones temáticos cargados de emociones que llevan a la congregación a aplaudir y exclamar «¡gloria a Dios, aleluya!», pero al final nadie sabe qué fue lo que Dios dijo porque la revelación de Dios no fue expuesta en ningún momento. Es por esto que necesitamos sermones expositivos. La predicación expositiva se caracteriza porque el predicador abre las Escrituras y se sumerge en el texto. El

70. MacArthur, John, *The Mandate of Biblical Inerrancy: Expository Preaching* [El mandato de la inerrancia bíblica: Predicación expositiva] (The Master's Seminary, número 1, primavera 1990), 4.

pastor procura que sea el texto que lo gobierne y no sus emociones. «Deseo que el mensaje de Dios tenga un firme control sobre mí, que me apriete el corazón».[71]

Luego de introducirse en el pasaje bíblico, de estudiarlo y rumiarlo, él expone a la congregación lo que el texto declara. Dios quiere que se hable de esto: de cómo piensa Él, cómo siente y cómo ha obrado en la historia redentora y cómo sigue obrando. Por el contrario, la predicación temática frecuentemente viene acompañada de ideas preconcebidas en la mente del predicador que le llevan a buscar en la Biblia versículos que apoyen lo que él quiere decir en cada ocasión. Como resultado, muchos versos son sacados fuera de contexto tratando de avalar aquello que se quiere comunicar. El problema es que estas ideas no representan la revelación de Dios. De ahí la necesidad de que la predicación sea expositiva. En este tipo de predicación, el texto controla al predicador y así debe ser porque Dios gobierna su iglesia por medio de su Palabra.

Quisiera hacer un breve comentario acerca de la predicación temática en este punto. Creo que la gran mayoría de los pastores—si no es que todos—hemos predicado sermones temáticos. De manera que no queremos decir que los sermones temáticos no existen, pues eso sería una mentira. Sin embargo, procura que tu sermón temático sea en gran medida un sermón expositivo. Dicho de otra forma, procura que los versículos bíblicos leídos en el mensaje sean interpretados en su contexto para extraer de ellos lo que Dios dijo y no lo que el predicador quiso que ellos dijeran.

La función profética del pastor

Recuerda que al referirnos a la función profética del pastor no estamos hablando de hacer profecías, sino de la exposición de la voluntad de Dios revelada en su Palabra. Por tanto, la forma principal en

71. McKeever, Joe, *I Prayed for my Preaching* [Oré por mi predicación], en *The Art of Biblical Preaching* [El arte de la predicación bíblica], Haddon Robinson and Craig Brian Larson, General editors (Grand Rapids: Zondervan, 2005), 80

que un pastor lleva a cabo su función profética es predicando y enseñando la Palabra. En ese sentido, el predicador debe estar consciente de que la mayor necesidad de las ovejas es alimentarse de la Palabra de Dios. Esto lo podemos observar de distintas maneras tanto en el Antiguo como en el Nuevo Testamento.

El libro de Deuteronomio registra las palabras del profeta Moisés a los israelitas uno o dos meses antes de cruzar el Jordán y entrar a la Tierra Prometida, después de cuarenta años vagando por el desierto. El pueblo acampó en la tierra de Moab y allí Dios, a través del profeta, hizo una serie de exhortaciones y advertencias al pueblo. En el capítulo 8, Moisés declara a los israelitas:

> *Y te acordarás de todo el camino por donde el Señor tu Dios te ha traído por el desierto durante estos cuarenta años, para humillarte, probándote, a fin de saber lo que había en tu corazón, si guardarías o no sus mandamientos. Y te humilló, y te dejó tener hambre, y te alimentó con el maná que no conocías, ni tus padres habían conocido, para hacerte entender que el hombre no sólo vive de pan, sino que vive de todo lo que procede de la boca del Señor* (Deut. 8:2-3).

En ocasiones, el Señor orquesta que pasemos por dificultades para que en medio de la adversidad podamos percatarnos de nuestra dependencia de Él y regresemos a sus pies reconociendo nuestra necesidad de ser sustentados por Él y por su Palabra. La mayor necesidad del pueblo de Dios no es pan físico. El Señor Jesús estuvo tres años haciendo ministerio y solo en dos ocasiones alimentó a sus seguidores con pan. El resto de los días, Cristo les proveyó pan espiritual. Esa es la mayor necesidad del pueblo y muchas veces las iglesias se han involucrado tanto en obras sociales que han descuidado la mayor necesidad de hoy y siempre: el alimento espiritual provisto a través de la predicación de la Palabra de Dios.

En el Nuevo Testamento se puede observar cómo los apóstoles entendieron la prioridad de esta gran encomienda de nutrir a la Iglesia con la Palabra. Cuando la iglesia primitiva comenzó a crecer, entre los judíos helenistas surgió una queja en contra de los judíos nativos porque sus viudas eran desatendidas en la distribución diaria de los alimentos (Hech. 6:1). Frente a esta situación, los apóstoles entendieron cuál era su prioridad: «No es conveniente que nosotros descuidemos la palabra de Dios para servir mesas» (Hech. 6:2). Entonces, la iglesia escogió siete hombres de buena reputación, llenos del Espíritu Santo y de sabiduría para que se encargaran de esa tarea mientras los apóstoles se dedicaban a lo que ellos consideraron prioritario: la oración y la predicación de la Palabra (Hech. 6:3-4). Los apóstoles hicieron lo que el Maestro les enseñó.

Si la predicación de la Palabra es prioridad para el pastor y también para las ovejas, entonces es natural deducir que necesitamos conocer muy bien las Escrituras. No sé cuánto tiempo dedicas a preparar un mensaje, pero si le preguntas a cualquiera de los grandes predicadores de hoy en día, ellos probablemente dirían que invierten de 15 a 20 horas de estudio y preparación. En algunos casos, dependiendo de la complejidad, pudieran tomar hasta 30 horas. Ahora bien, esos mismos hombres pueden afirmar que en la medida en que los años avanzan, preparar un sermón se hace un poco más fácil porque hay muchas cosas que ya conocen y que no tienen que volver a investigar y comprobar cada vez que preparan un mensaje.

Pero definitivamente, elaborar un sermón sencillo puede tomar de 10 a 15 horas de estudio y preparación de manera muy natural. Como alguien señaló en una ocasión, no podemos vivir consumiendo leche durante la semana y el domingo predicar crema. El pastor necesita estudiar, conocer y manejar con precisión la Palabra de Dios (2 Tim. 2:15).

A la hora de ejercer su función profética, una de las responsabilidades principales del predicador es confrontar el pecado en la congregación, porque el pecado que es tolerado corrompe al resto de las ovejas. Esto fue lo que Pablo hizo en Corinto. Y esto mismo faltó en las iglesias de Apocalipsis disciplinadas por el Señor (cinco de siete). Sin embargo, el primer pecador que debe ser confrontado por la Palabra de Dios es el predicador mismo. Todo pastor debe anhelar ser confrontado por las Escrituras mientras prepara el mensaje que llevará a sus ovejas cada semana, pues esto implica que realmente la Palabra ha surtido efecto en él y ha logrado el propósito para el que Dios la envió. No somos Jesucristo para que en cualquier momento que estemos estudiando la Palabra no tengamos nada que cambiar en nosotros mismos en relación al texto que estamos estudiando y sobre el que vamos a predicar. Entonces, el primer confrontado debe ser el predicador. Si el texto no desafía al pastor, es poco probable que desafíe a las ovejas.

Por otro lado, el pastor en su función profética necesita «molestar» a los que están cómodos y consolar a los que sufren. Hay cristianos que viven un cristianismo muy cómodo y que necesitan ser exhortados a vivir de una manera más digna del Dios que los ha llamado. No es que el pastor intencionalmente se proponga molestarlos lanzando indirectas desde el púlpito, sino que la forma en que él fielmente exponga las Sagradas Escrituras, sin diluir ni rebajar las demandas del evangelio, provoque que ellos se sientan confrontados por la Palabra. Al mismo tiempo, dentro de la iglesia hay ovejas experimentando gran dolor y sufrimiento porque están pasando por circunstancias muy difíciles y necesitan ser consoladas y alentadas por la Palabra. Entonces, la predicación necesita hacer ambas cosas: reprender y consolar; quizás a unos primero y a otros después; a unos un día y a otros en otro momento.

En muchas iglesias de hoy en día, los predicadores son contratados y despedidos como cualquier otro profesional en el ámbito laboral. Por esta razón, algunos pastores siempre están pendientes de los rostros en la congregación para ver cómo la gente está reaccionando a sus sermones. Sin embargo, el predicador no es responsable de las reacciones de los oyentes, sino de su fidelidad a la Palabra y del amor con el que haya entregado el texto. De hecho, en una ocasión, Cristo estaba predicando y al concluir, sus discípulos se acercaron a Él para decirle que los fariseos se habían escandalizado al oír sus palabras. Pero Él no se sorprendió ni se excusó por haberles ofendido, sino que respondió: «Dejadlos; son ciegos guías de ciegos» (Mat. 15:14).

La meta del predicador no debe ser pararse detrás del púlpito cada domingo con el objetivo de ofender a tanta gente como le sea posible, sino más bien predicar la Palabra de Dios de forma tan fiel como su humanidad se lo permita, de manera que él no sea un obstáculo para que esta cumpla el propósito para el que Dios la reveló y la envió. Y si como resultado alguien se ofende, pues que acuda al Dios que inspiró la Palabra. En ocasiones se me han acercado personas con quejas de este tipo y les respondo: «Hermano, si yo te ofendí, perdóname; pero si la Palabra te ofendió, entonces habla con Dios porque yo no soy responsable, sino Dios que inspiró su Palabra de esa manera». Pastores, no se preocupen por cómo el otro va a reaccionar. Su responsabilidad primaria es ser fieles al texto y entregar esa revelación llena de gracia y de verdad. La verdad de Dios debe ir siempre revestida de la gracia de Dios. El resto depende de Él.

George Swinnock, uno de los autores puritanos del pasado, señaló: «si tengo miedo de hablar a las personas sobre su pecado, cometo un asesinato contra ellas».[72] Otra manera de verlo es que cuando no confrontamos al pecador, no lo estamos amando, sino que atentamos contra su alma al dejarlo perdido en su pecado. Recuerda que Dios nos ha dado su Palabra para enseñar, para reprender, para corregir, para instruir en justicia (2 Tim. 3:16) y es nuestro deber velar por las almas de esas ovejas, pues por ellas hemos de dar cuentas.

Swinnock fue aún más allá y, refiriéndose al predicador, declaró: «Es una cosa terrible irse al infierno desde los bancos de una iglesia; pero es una cosa horrenda irse al infierno desde el púlpito».[73] Lamentablemente, esto ha ocurrido múltiples ocasiones. Años atrás hubo una conferencia para misioneros, evangelistas y líderes; entre los expositores había un pastor bautista que antes de comenzar a predicar expresó a sus oyentes: «Voy a decir algo que les va a sonar un tanto extraño. Quiero decirles que para predicar la Palabra a otros hay que ser cristiano». Enseguida comenzó a predicar y al terminar

72. Swinnock, George, citado por J. Stephen Yuille en *A Labor of Love* [Labor de amor], Puritan Pastoral Priorities, 27.

73. Ibid, 12

hizo un llamado a la salvación en un auditorio que estaba lleno de pastores, evangelistas y líderes cristianos que trabajaban activamente en el campo misionero. Entre ese grupo de líderes, más de treinta de ellos respondieron al llamado y pasaron adelante a recibir al Señor. Hay mucha gente predicando la Palabra que ni siquiera se ha convertido verdaderamente. A ellos se refería Swinnock cuando señaló que no hay cosa más horrenda que irse al infierno desde el púlpito.

A los pastores se nos ha encomendado predicar la Palabra sin añadirle ni quitarle nada. Sin embargo, cada vez que predicamos corremos el riesgo de malinterpretar el texto bíblico que estamos usando, ya sea diciendo más de lo que el texto realmente dice o quedándonos cortos respecto a las verdades contenidas en determinado pasaje de la Escritura. Como resultado, podemos predicar errores o herejías. Un error no es lo mismo que una herejía. Obviamente, todos nosotros en algún momento hemos predicado errores, pues somos entes falibles. En otras palabras, hay un sinnúmero de cosas que nosotros no entendemos a plenitud y eso puede provocar que cometamos errores en la predicación, pero Dios sabe si hemos hecho nuestro mejor esfuerzo y todo lo que está a nuestro alcance para no cometer este error. Luego, cuando entremos en la gloria, Dios se encargará de aclararnos muchas de estas cosas. O quizás nos suceda como a Apolos, a quien la Biblia describe como un hombre elocuente y poderoso en las Escrituras, pero que tenía la necesidad de que Priscila y Aquila lo llevaran aparte y le explicaran con mayor exactitud el camino de Dios (Hech. 18:24-26). El evangelio que Apolos predicaba tenía algunas deficiencias y Dios orquestó que estos hermanos pudieran explicarle el evangelio de una mejor manera. ¡Gloria a Dios por la oportunidad de ver nuestros errores y corregirlos a tiempo!

Ahora bien, una herejía es una enseñanza errónea que el falso maestro usa voluntariamente con el propósito de desviar a los que están en el camino de la verdad y conducirlos por el camino del error. En estos casos, no se trata de que el predicador está frente a textos difíciles de entender y en su humanidad se equivoca al interpretarlos, sino que conscientemente tuerce las Escrituras para su propio beneficio. Lo triste es que esto resulta en su perdición y la de aquellos que lo escuchan. Pedro describe a los falsos maestros de esta manera:

> *Sino santificad a Cristo como Señor en vuestros corazones, estando siempre preparados para presentar defensa ante todo el que os demande razón de la esperanza que hay en vosotros, pero hacedlo con mansedumbre y reverencia; teniendo buena conciencia, para que en aquello en que sois calumniados, sean avergonzados los que difaman vuestra buena conducta en Cristo. Pues es mejor padecer por hacer el bien, si así es la voluntad de Dios, que por hacer el mal* (1 Ped. 3:15-17).

Si vamos a asumir el papel del pastor, tendremos no solamente que predicar y enseñar la Palabra, sino también modelar lo predicado. Por esta razón, John MacArthur escribió en su libro, *El poder de la integridad*, lo siguiente: «de William Arnot, predicador del siglo XIX, se ha dicho: "Su predicación es buena. Sus obras son mejores. Pero lo mejor de todo es su vida"».[74]

Predica con autoridad y no con autoritarismo

La autoridad del predicador está arraigada en la Palabra de Dios. Fuera de la Palabra, él no tiene autoridad. Ahora, la congregación puede desarrollar respeto hacia la autoridad pastoral cuando este predica la revelación de Dios sin adulterar y luego la vive. Cuando el predicador es «respetado» sin ser un predicador de la Palabra, lo que usualmente esa congregación experimenta es temor más que respeto digno. El autoritarismo trata de imponer el respeto. La autoridad la da Dios y depende de su endoso y el dominio de la Palabra. La autoridad es reconocida y está relacionada al carácter del predicador hecho a la imagen de Cristo. El autoritarismo busca ejercer un

74. MacArthur, John; *El poder de la integridad* (Gran Rapids, Michigan. Editorial Portavoz, 1999), 111.

dominio sobre las ovejas como hacen los falsos maestros y profetas. Nuestra labor no es solo la de un expositor con una gran oratoria, sino la de un hombre de Dios, forjado a la imagen de Cristo que pueda modelar para sus ovejas lo que es vivir una vida de santidad y entrega a la causa de Cristo.

Desde la época de Aristóteles, se han reconocido tres elementos en la oratoria clásica, el logos, el pathos y el ethos:

- **El logos** es el contenido del mensaje. Esta es una parte vital, ya que si el contenido es pobre, o en el caso del predicador si el contenido es antibíblico, ya no hay nada más que hablar; solo queda desecharlo.
- **El pathos** está relacionado a las emociones y la pasión del predicador. El entusiasmo por la verdad enunciada debe ser acorde con el peso de la verdad predicada. El predicador necesita una unción fresca de parte de Dios cada vez que va a predicar. «La unción implica un endoso del Espíritu sobre el mensaje de manera que algo santo y poderoso es agregado al mensaje que ningún predicador puede generar, independientemente de que tan extraordinarias sean sus habilidades».[75]
- **El ethos** es el carácter del predicador percibido por aquellos que le escuchan. Lo creas o no, de alguna forma muchas veces hay un sentido de autoridad que es notado como que viene del predicador que está siendo empoderado por el poder del Espíritu Santo, como veremos más adelante al examinar cómo las multitudes reaccionaban a la predicación de Cristo. «El ethos del predicador requiere piedad. Cada predicador debe acercarse al púlpito con un corazón que ha sido probado por Dios y limpiado por sangre».[76]

---

75. Eclov, Lee, *How Does Unction Function?* [¿Cómo funciona la unción?], en *The Art of Biblical Preaching*, Haddon Robinson y Craig Brian Larson, editores generales (Grand Rapids: Zondervan, 2005), 81.
76. Ibid., 83.

La verdadera predicación instruye, pero hace más que eso:

- apela a la mente,
- apela a las emociones después que la mente ha sido informada con la verdad,
- apela a la voluntad y
- pronuncia un veredicto que tendrá consecuencias.

«El predicar para un veredicto es una de las cosas que distingue la prédica de la enseñanza. La enseñanza apunta a la mente. La predicación apunta al corazón [...] Claro que una buena enseñanza apunta a transformar y la buena predicación es enseñanza sólida».[77] Para continuar citando a personas valiosas, escudriñemos esta otra cita de A.W. Tozer: «No somos diplomáticos; sino profetas y nuestro mensaje no es un arreglo al que hemos llegado, sino un ultimátum».[78] Tozer no estaba hablando de profetas como en el Antiguo Testamento, sino del predicador que ejerce su función profética. A lo que Tozer se refería es que no negociamos el mensaje como muchas veces hacen los diplomáticos; sino que lo entregamos con la idea de que el otro se someta a él porque el mensaje mismo es el ultimátum de Dios. Después de esto no hay nada que podamos hacer. El rechazo del mensaje de Dios traerá consecuencias.

Esto es lo que Pedro hizo en el siguiente texto:

> *Por tanto, arrepentíos y convertíos, para que vuestros pecados sean borrados, a fin de que tiempos de refrigerio vengan de la presencia del Señor* (Hech. 3:19).

---

77. McQuilkin, Robertson, *Spiritual Formation Through Preaching* [Formación espiritual a través de la predicación]en *The Art of Biblical Preaching*, Haddon Robinson y Craig Brian Larson, editores generales (Grand Rapids: Zondervan, 2005), 48.
78. Tozer, A.W., *Man: the dwelling place of God* [El hombre: La morada de Dios] (CreateSpace Independent Publishing Platform, 2017), 28.

La predicación es un gran privilegio y una gran responsabilidad. Pablo le recuerda a su discípulo más joven, Timoteo, sobre esta gran responsabilidad:

> *Te encargo solemnemente, en la presencia de Dios y de Cristo Jesús, que ha de juzgar a los vivos y a los muertos, por su manifestación y por su reino: Predica la palabra; insiste a tiempo y fuera de tiempo; redarguye, reprende, exhorta con mucha paciencia e instrucción* (2 Tim. 4:1-2).

Notemos la sobriedad en las palabras de Pablo. Él da una encomienda a Timoteo que califica de solemne y le recuerda que lo hace en la presencia de Dios y de Cristo Jesús, el juez de toda la humanidad (de vivos y muertos). El encargo no es otro que predicar la Palabra cada vez que sea posible y que lo haga con paciencia. Pablo estaba consciente de que la gente no cambia fácilmente, ni acepta los veredictos de Dios de forma absoluta la primera vez que los escucha.

Cristo como modelo de predicador

Continuando con la importancia de la predicación en la vida del pastor, ahora quiero llamar la atención sobre la manera en que comienza y termina la narración bíblica de lo que hoy conocemos como el Sermón del Monte. En Mateo 5:1-2 leemos:

> *Y cuando [Jesús] vio las multitudes, subió al monte; y después de sentarse, sus discípulos se acercaron a El. Y abriendo su boca, les enseñaba...*

Al ver la multitud, lo primero que Jesús hizo fue percatarse de su necesidad. Cristo conoce que la mayor necesidad de la oveja es la Palabra de Dios, pues ese es el sustento de su alma. Por tanto, Él abrió su boca y les predicó.

Si continuamos leyendo, más adelante encontramos la reacción de las multitudes luego de escuchar todo lo que Cristo les enseñó. Mateo 7:28-29 relata que las multitudes se admiraban de su enseñanza porque les enseñaba como uno que tiene autoridad y no como los escribas. Cristo enseña y la multitud queda asombrada por la forma en que Él les habla. Ahora bien, lo que causó admiración en aquellas personas no fue que Jesús levantó sus emociones como muchas veces hace el predicador de hoy en día; tampoco fue la calidad de su oratoria ni su aspecto físico, porque Isaías 53:2 revela que no había hermosura ni atractivo en Él. Lo que causó el asombro de las multitudes fue la autoridad con la que Cristo les habló. Más adelante abundaremos sobre lo que implica predicar con autoridad; por el momento podemos adelantar que lo que le da autoridad a un predicador es el ser respaldado por Dios.

Justo antes de dar inicio a su ministerio público, Jesús recibió el endoso del Padre al momento de ser bautizado por Juan el Bautista en el Jordán. El evangelio de Mateo lo relata de esta manera:

> *Después de ser bautizado, Jesús salió del agua inmediatamente; y he aquí, los cielos se abrieron, y él vio al Espíritu de Dios que descendía como una paloma y venía sobre El. Y he aquí, se oyó una voz de los cielos que decía: Este es mi Hijo amado en quien me he complacido* (Mat. 3:16-17).

Las cosas que Cristo hizo en la tierra entendemos teológicamente que no las hizo de manera primaria porque era Dios, pues Él vino a representarnos como hombre y restringió su poder como segunda persona de la Trinidad en la mayoría de los casos. Jesús hizo las obras que hizo porque el Espíritu Santo descendió sobre Él (Dios hecho hombre), libre de pecado y lo llenó totalmente. Sabemos que esto es así porque en una ocasión Jesús mismo testificó que las obras que Él hacía eran llevadas a cabo exclusivamente por el poder del Espíritu Santo (Mat. 12:22-32). El ministerio de Cristo en la tierra necesitó el endoso del Padre y del Espíritu. Si eso fue cierto de nuestro Señor, cuánto más necesita el predicador ser endosado por Dios antes de subir al púlpito. Pastores, si Dios no endosa nuestra predicación, esta no será eficaz.

Además del endoso de Dios, el predicador necesita conocer las Escrituras. El pastor que no maneja la Palabra con precisión (2 Tim. 2:15) está continuamente inseguro mientras predica y con toda probabilidad su predicación estará llena de errores o de incertidumbres o imprecisiones. Igualmente, el pastor necesita cultivar un carácter santo que permita que el poder y la gracia de Dios fluyan a través de él, justamente porque él es un vaso preparado para toda buena obra, tal como Pablo indicó a Timoteo (2 Tim. 2:21).

Ahora, imagina al Hijo del Hombre, Dios encarnado, endosado por el Espíritu de Dios y predicando a través de un carácter completamente sin pecado y con conocimiento absoluto de las Escrituras. Con razón las multitudes quedaron asombradas por la autoridad con que Cristo les predicaba.

Recuerda que Cristo nunca predicó con el objetivo de quedar bien con todo el mundo ni con la intención de evitar que la gente se ofendiera o de una manera que fuera políticamente correcta. Al leer los evangelios es evidente que Jesús nunca diluyó el mensaje que el Padre le encomendó. Juan 6 relata que en una ocasión muchos de sus discípulos, luego de escucharle, exclamaron: «Esta enseñanza es muy difícil; ¿quién puede aceptarla?» (Juan 6:60). En vez de suavizar el mensaje, Cristo continuó sacando a la luz su incredulidad. Como resultado de esto muchos de sus discípulos se apartaron y ya no lo siguieron (6:66). ¿Qué crees que hizo el Señor Jesucristo ante esta reacción? ¿Acaso se sorprendió por la incredulidad de su audiencia? ¿Les pidió excusas por lo duro de sus palabras? ¡No! Él inmediatamente se dirigió a sus apóstoles y les declaró: «¿Acaso queréis vosotros iros también?» (6:67). Entonces, Pedro le respondió: «Señor, ¿a quién iremos? Tú tienes palabras de vida eterna» (6:68). La razón por la que los apóstoles permanecieron con Él no fue porque ellos eran mejores discípulos que aquellos que se apartaron ese día, sino porque fue Jesús quien los escogió a ellos y no ellos al Maestro (Juan 15:16). Esto es algo contrario a la costumbre de la época donde los discípulos escogían a sus rabinos y si luego entendían que las enseñanzas de ese rabino no les convenían, entonces lo abandonaban. Esto fue lo que ocurrió ese día. Si los apóstoles hubiesen sido de aquellos discípulos comunes y corrientes que escogían a sus rabinos, entonces se habrían ido en ese mismo momento. Fue el llamado de Dios lo que los mantuvo junto al Maestro y los hizo perseverar. Nosotros perseveramos porque Dios nos preserva y ellos no se fueron debido a este llamado especial de Cristo.

Reflexión final: predicar fielmente

Antes de concluir esta sección, quiero hacer algunas observaciones finales. Como señalé, Jesús es nuestro mejor modelo de predicación. Y después de Él, los apóstoles en el Libro de los Hechos. Cuando revisamos sus predicaciones podemos ver con claridad que la predicación fiel,

- Es una predicación centrada en Dios.
- Es una predicación sin «fuego extraño».
- Es una predicación que no exalta al hombre.
- Es una predicación doctrinal.
- Es una predicación con poder y con autoridad.

John MacArthur, ha declarado que el predicador debe recordar que la Palabra de Dios no es la palabra del predicador. Más bien…

- él es un mensajero y no la «fuente».
- él es un sembrador y no el segador (Mat. 13:3, 19).
- él es un heraldo y no la autoridad.
- él es un mayordomo y no el propietario (Col. 1:25).
- él es un guía y no el autor (Hech. 8:31).
- él es el que sirve la comida espiritual y no el cocinero.[79]

En pocas palabras, el pastor como predicador tiene que confiar en la Palabra de Dios independientemente de la audiencia y de los

---

79. MacArthur, John, *Rediscovering Expository Preaching* [Redescubriendo la predicación expositiva] (Nashville: Nelson Reference & Electronic Pub., 1992), 26

resultados. Por esta razón, Dios le indicó a Ezequiel: «Les hablarás mis palabras, escuchen o dejen de escuchar, porque son rebeldes» (2:7). La verdad de Cristo no deja de ser menos cierta o menos efectiva porque el hombre no quiera escucharla. «Las palabras que yo os he hablado son espíritu y son vida» (Juan 6:63) y nada cambia esta realidad. El predicador necesita manejar la Palabra con extremo cuidado por lo que ella representa. Lutero comparaba la Palabra a un bisturí. De la manera en que un buen cirujano maneja cuidadosamente su bisturí, de esta misma manera debe hacerlo el predicador.[80] Amado pastor y hermano, nunca olvides que eres un siervo de la Palabra de Dios.[81]

80. Willimon, William H., *Pastor, The Theology and Practice of Ordained Ministry* [Pastor: La teología y práctica del ministro ordenado] (Nashville: Abingdon, 2016), 137.

81. Ibid., 138.

CAPÍTULO 7

EL PASTOR Y SU FUNCIÓN SACERDOTAL

Tened cuidado de vosotros y de toda la grey, en medio de la cual el Espíritu Santo os ha hecho obispos para pastorear la iglesia de Dios, la cual El compró con su propia sangre (Hech. 20:28).

Introducción

En el capítulo anterior mencionamos que en el Antiguo Testamento había tres figuras que estaban a cargo del pueblo: el profeta, el sacerdote y el rey. También observamos cómo estos tres roles están fusionados en la persona de Jesús y cómo de una manera similar el pastor de hoy en día tiene funciones proféticas, sacerdotales y de liderazgo relacionadas al cuidado de sus ovejas. Hasta ahora, hemos revisado la función que el pastor ejerce como profeta al predicar y enseñar la Palabra de Dios. Pero él tiene además la responsabilidad de cuidar de las almas que le han sido entregadas; esta es una función sacerdotal y la abordaremos a lo largo de este capítulo. Ahora bien, antes de continuar deseo aclarar que cuando hablamos del rol del pastor como sacerdote y cuidador de las ovejas me refiero al cuidado del rebaño completo, pues en un capítulo más adelante revisaremos el rol del pastor como consejero, es decir, cuando exhorta, corrige y alienta a una oveja en específico sobre un asunto en particular.

La necesidad primaria de hoy es poder contar con mejores predicadores, pero también con mejores cuidadores del alma de las ovejas. La predicación fiel de la Palabra es de vital importancia, pues la fe viene por oír las buenas nuevas de Cristo, pero como pastores debemos además cuidar de las ovejas; este es el llamado sacerdotal.

Cuando recibes un nuevo creyente en tu congregación debes velar porque esa persona sea instruida en las doctrinas básicas del evangelio. Cada nuevo creyente necesita pasar por un proceso de discipulado en el que alguien más maduro en la fe pueda ayudarle a conocer a Dios de forma más íntima y a caminar de una manera piadosa a lo largo de su proceso de santificación.

En su función sacerdotal, el pastor necesita proveer cuidado para el alma de la oveja y ayudarla a desarrollar una relación con Dios. Para este fin, tendrá que enseñar a esa oveja a:

- orar
- adorar
- confesar
- arrepentirse
- estudiar la Palabra de Dios
- madurar

Todas estas cosas se enseñan de distintas maneras. Puede ser desde el púlpito a través de un sermón o en un estudio bíblico de grupo pequeño. En otras ocasiones, puede ser adorando junto al rebaño durante los tiempos de adoración corporativa o teniendo conversaciones uno a uno con las ovejas. Este cuidado e interés por la madurez espiritual del discípulo es parte de la función sacerdotal del pastor.

Ahora bien, la percepción que la oveja tenga del pastor en el púlpito hará que ella se acerque o se aleje de él. Si cuando está parado en el púlpito, las ovejas no perciben que tienes un corazón sacerdotal, en términos de tu interés en cuidar de la grey, ellas no van a pedir consejería contigo porque no tendrán la confianza de acercarse y compartir sus inquietudes. Si las ovejas continuamente te perciben como un juez acusador, ellas no se atreverán a confesar sus pecados por temor a que las juzgues. Pero si las ovejas sienten tu corazón sacerdotal cuidando del rebaño cada domingo desde el púlpito, entonces ellas van a desear acudir a ti para que cuides de ellas en consejería.

El pastor como sacerdote

> «Por muchos siglos, los pastores fueron llamados "curates", derivado del latín *cura animarum*, la cura o cuidado de las almas».[82]

Para revisar la función sacerdotal del pastor como el cuidador del rebaño, citaremos parcialmente un texto que aparece en el capítulo 20 del Libro de los Hechos; citamos este texto parcialmente en el capítulo dos. Es uno de mis textos preferidos, al que he regresado múltiples veces porque es como una brújula que me reorienta cuando he olvidado algunas cosas. Este texto relata la conversación del apóstol Pablo con los ancianos de la iglesia de Éfeso mientras se encontraba en la ciudad de Mileto. En esa ocasión, el apóstol les recordó de qué manera él cuidó del rebaño mientras estuvo entre ellos:

> Cuando vinieron a él, les dijo: Vosotros bien sabéis cómo he sido con vosotros todo el tiempo, desde el primer día que estuve en Asia, sirviendo al Señor con toda humildad, y con lágrimas y con pruebas que vinieron sobre mí por causa de las intrigas de los judíos; cómo no rehuí declarar a vosotros nada que fuera útil, y de enseñaros públicamente y de casa en casa, testificando solemnemente, tanto a judíos como

82. Willimon, William H., *Pastor, The Theology and Practice of Ordained Ministry* (Nashville: Abingdon, 2016), 91.

> a griegos, del arrepentimiento para con Dios y de la fe en nuestro Señor Jesucristo [...]. Pues no rehuí declarar a vosotros todo el propósito de Dios. Tened cuidado de vosotros y de toda la grey, en medio de la cual el Espíritu Santo os ha hecho obispos para pastorear la iglesia de Dios, la cual El compró con su propia sangre. Sé que después de mi partida, vendrán lobos feroces entre vosotros que no perdonarán el rebaño, y que de entre vosotros mismos se levantarán algunos hablando cosas perversas para arrastrar a los discípulos tras ellos. Por tanto, estad alerta, recordando que por tres años, de noche y de día, no cesé de amonestar a cada uno con lágrimas (Hech. 20:18-21; 27-31).

En este texto:

- Pablo afirma que los ancianos de la iglesia de Éfeso son testigos de las cosas que él está a punto de compartirles (v. 18). En otras palabras, este comentario sobre de sí mismo cuenta con el aval de aquellos ancianos que fueron testigos de su labor entre ellos.
- Su conciencia estaba tranquila porque estaba convencido de que había servido al Señor sinceramente y con toda humildad (v. 19a).
- El ministerio del apóstol estuvo lleno de lágrimas y de pruebas producto de las intrigas en su contra (v. 19b).
- Pablo dio lo mejor de sí mismo al enseñar y proclamó todo el propósito de Dios (v. 27).

Menciono lo anterior porque creo que es importante recordar que no importa cuál función esté cumpliendo el pastor, necesita ciertas condiciones en su carácter y necesita estar preparado para todo tipo de adversidad.

En el libro titulado *Hermanos, no somos profesionales*, que ya citamos anteriormente, el pastor John Piper expresa su sentir en cuanto a que los pastores no somos profesionales, porque hay cosas intrínsecas de la labor pastoral que no son aprendidas en un seminario. Por eso, Piper pregunta:

> ¿Hay una forma profesional de orar? ¿Una manera profesional de confiar en las promesas de Dios? ¿Llanto profesional sobre las almas? ¿Meditación profesional sobre las profundidades de la revelación? ¿Regocijo profesional en la verdad? ¿Alabanza profesional del nombre de Dios? ¿Una forma profesional de atesorar las riquezas de Cristo? ¿Un caminar profesional en el Espíritu? ¿Un ejercicio profesional de los dones espirituales? ¿Una forma profesional de tratar con demonios? ¿Un ruego profesional de los que se han desviado? ¿Una manera profesional de perseverar en un matrimonio complicado? ¿Una manera profesional de jugar con niños? ¿Coraje profesional frente a la persecución? ¿Paciencia profesional con todos?[83]

La respuesta a cada una de esas preguntas es un rotundo *¡NO!* No podemos perder de vista esta realidad.

Lo que observamos en la vida del apóstol Pablo es exactamente lo que el pastor Piper señala en la cita anterior. Pablo cuidó del rebaño con lágrimas (v. 19); no hay una forma profesional de hacer esto. Pablo no escatimó confrontarlos cuando fue necesario, de noche y de día (v. 31); no hay una forma profesional de hacer esto. Él cuidó del rebaño y les advirtió sobre los lobos feroces que vendrían después de su partida (v. 29); no hay una forma profesional de hacer esto. Cuidar del rebaño es una vocación que requiere un corazón pastoral.

Los ancianos de la iglesia de Éfeso fueron testigos del cuidado pastoral y sacerdotal que Pablo desarrolló con humildad y lágrimas. Humildad y lágrimas frecuentemente van de la mano. El orgullo no llora. Es la humildad la que se duele con el otro; la que llora por el otro; la que ora con gozo por el otro; y la que piensa en el otro y se preocupa por llenar sus necesidades.

Dios Padre está transformando a cada creyente a la imagen de su Hijo. Como sacerdotes y pastores del rebaño estamos cuidando de

83. Piper, John, ***Brothers, We Are Not Professionals*** [Hermanos, no somos profesionales] (Nashville: Broadman & Holman Publishing Group, 2013), IX- X.

esas personas en las que Dios está obrando, pero al mismo tiempo el Señor está utilizando a las ovejas para formar en nosotros un corazón sacerdotal.

Cuando observamos a Pablo, notamos que él tipifica al pastor que tiene un corazón grande con una piel muy gruesa. Como pastor del rebaño, necesitas esto. En más de una ocasión he pedido al Señor que me dé un corazón grande para amar a las ovejas y una piel muy gruesa para poder resistir las intrigas, los embates y las acusaciones. Si nuestro Señor Jesucristo y el gran apóstol Pablo no fueron librados de las calumnias ni las intrigas, nosotros tampoco lo seremos. Por tanto, los pastores necesitamos hacer nuestro trabajo en total dependencia del Espíritu de Dios, no solo porque mediante el poder del Espíritu recibimos el don de ser pastores (Ef. 4:11; Hech. 20:28), sino porque ninguno de nosotros tiene la fortaleza para permanecer en este trabajo sin la ayuda sobrenatural del Espíritu de Dios.

Cada uno de los Evangelios pone de manifiesto el corazón sacerdotal de nuestro Señor. Observa lo que el texto de Mateo 9 relata:

> *Y viendo las multitudes, tuvo compasión de ellas, porque estaban angustiadas y abatidas como ovejas que no tienen pastor. Entonces dijo a sus discípulos: La mies es mucha, pero los obreros pocos. Por tanto, rogad al Señor de la mies que envíe obreros a su mies* (Mat. 9:36-38).

En esta ocasión, al ver las multitudes, Jesús sintió compasión por ellas, pues las vio angustiadas como ovejas que no tienen quién cuide de ellas. Esta compasión brotó de un corazón sacerdotal.

Las ovejas son animales temerosos, entrenadas desde pequeñas a seguir a un líder. A diferencia de las vacas que necesitan ser arreadas con un fuete o látigo para que caminen o aviven el paso, no sucede así con las ovejas, sino que usualmente las vemos, sobre todo en el Medio Oriente, marchando detrás de su pastor. De hecho, en ocasiones hay rediles que se juntan en el camino cuando pastan y las ovejas se mezclan entre sí, pero cuando los pastores comienzan a llamar a sus ovejas, las ovejas conocen la voz de su pastor y le siguen. Esto es precisamente lo que Cristo afirma sobre aquellos que son suyos: «Mis ovejas oyen mi voz, y yo las conozco y me siguen» (Juan 10:27). Asimismo, cuando llega la noche y el pastor se dispone a recogerlas para llevarlas a dormir, porque las ovejas tienden a atemorizarse en la oscuridad, él ahora no va delante de ellas, sino que él va en medio del rebaño de manera que todas las ovejas sientan su presencia y no tengan miedo. Ahora, imagina cómo luce un rebaño de ovejas sin pastor.

El texto no señala que Jesús las vio como ovejas sin un predicador, sino como ovejas sin pastor: sin alguien que las entendiera, las confortara, les diera descanso, las sanara y les diera esperanza.

Las ovejas sin pastor caminan sin un rumbo definido, lucen ansiosas, intimidadas y tristes, no tienen quién las escuche, necesitan de un corazón que se duela con ellas y carecen de esperanza y consuelo. Así es como vive la mayoría de la humanidad y muchos de los hijos de Dios. Esas multitudes movían el corazón de Cristo.

¿Somos nosotros movidos a compasión hasta el punto que nos duela la necesidad del otro y nos conduzca a involucrarnos? Nosotros somos más dados a encontrar razones «bíblicas» de por qué no nos involucramos.

Por esta razón, el corazón de pastor tiene que ser formado en nosotros para llevar a cabo la función sacerdotal de nuestro llamado. Necesitamos orar por nuestras ovejas, pero no solo de una forma teológicamente correcta, aunque la oración debe ser bíblica; tenemos que orar por nuestras ovejas porque nuestros corazones se han entristecido por sus pecados, por sus heridas y por sus necesidades.

- Tenemos que predicar un mensaje no solo exegético y expositivo, sino compasivo y que muestre nuestro amor por ellas (1 Cor. 13:1-7).
- Tenemos un llamado a caminar en el Espíritu antes que caminar con un título (Gál. 5:16).
- Tenemos un llamado a la paciencia con las ovejas antes que a las exigencias (Rom. 15:5; 1 Tim. 1:16; 2 Tim. 4:2).

No fue un accidente que el Señor tuviera un último encuentro con Pedro para preguntarle:

> *Simón, hijo de Juan, ¿me amas más que éstos? Pedro le dijo: Sí, Señor, tú sabes que te quiero. Jesús le dijo: Apacienta mis corderos. Y volvió a decirle por segunda vez: Simón, hijo de Juan, ¿me amas? Pedro le dijo: Sí, Señor, tú sabes que te quiero. Jesús le dijo: Pastorea mis ovejas. Le dijo por tercera vez: Simón, hijo de Juan, ¿me quieres? Pedro se entristeció porque la tercera vez le dijo: ¿Me quieres? Y le respondió: Señor, tú lo sabes todo; tú sabes que te quiero. Jesús le dijo: Apacienta mis ovejas* (Juan 21:15-17).

La única manera como el amor por el redentor de las ovejas es visto y demostrado, es cuando ese pastor terrenal provee cuidado personal para las ovejas que el Señor ha colocado en el redil.

Es importante notar que Cristo no le preguntó a Pedro sobre su amor por la predicación, la consejería, el evangelismo o el tiempo de adoración. Para Jesús lo más importante era que Pedro le amara de tal forma que dedicara su vida a velar por las ovejas que Él compró a precio de sangre. Cuando el pastor ama profundamente a Dios y a sus ovejas, él puede entonces predicar con fidelidad porque anhela que esas ovejas conozcan mejor a Dios y sean transformadas por la Palabra. Si el pastor ama al rebaño, se ocupará de aconsejar a las ovejas y ayudarlas a sanar sus heridas. Si el amor está ausente, todo lo demás tiene una motivación errónea (1 Cor. 13:1-7). Nada, ni siquiera una excelente exposición desde el púlpito, puede sustituir un corazón pastoral compasivo, tierno, que se duela y llore por la condición de las ovejas.

A lo largo de los años hemos observado personas marcharse de la iglesia por diferentes motivos y con diferentes excusas, algunas incluso lo han hecho usando argumentos acusatorios. En cada uno de estos casos, los pastores nos hemos quedado profundamente tristes por la condición de esos corazones que han decidido apartarse de los caminos del Señor. Esta debe ser la actitud de cada pastor que ve a una oveja apartarse del camino. Desde la cruz, Jesús exclamó: «Padre, perdónalos, porque no saben lo que hacen» (Luc. 23:34). Esta gente lo había torturado, avergonzado y acusado falsamente de ser un hereje y blasfemo, pero aun así Jesús se entristeció y rogó al Padre por ellos. Sin duda, los sacerdotes y gobernantes sabían que estaban crucificando a un hombre inocente, pero ellos desconocían quién era en realidad ese hombre, las implicaciones de su crucifixión y las consecuencias que vendrían sobre ellos como fruto de sus acciones. Por esta razón, Jesús se compadeció de ellos. Y quizás alguien pudiera argumentar que la razón por la que Cristo pudo sentir compasión por sus verdugos se debe a que Él era Dios encarnado, pero no debemos olvidar que también Esteban, mientras era apedreado, tuvo compasión de sus transgresores y clamó: «Señor, no les tomes en cuenta este pecado» (Hech. 7:60). Solo la llenura del Espíritu puede producir esta clase de amor por el prójimo en el corazón del líder.

Por su parte, el apóstol Pablo, en su primera carta a los Tesalonicenses les recuerda su profundo amor por ellos: «Teniendo así un gran afecto por vosotros, nos hemos complacido en impartiros no sólo el evangelio de Dios, sino también nuestras propias vidas, pues llegasteis a sernos muy amados» (1 Tes. 2:8). Pablo no lo pudo expresar de una manera más amorosa. Él trató a estas ovejas como una madre a sus propios hijos, con benignidad y ternura. Esta actitud del apóstol sin duda debe confrontar a todos los que tenemos el privilegio de pastorear la grey del Señor. Cada vez que leo las cartas paulinas soy confrontado por el gran amor que Pablo tenía por las ovejas, y tengo que pedir perdón a Dios porque todavía no estoy amando a su pueblo como Él espera que lo haga. Por su misericordia, Él ha ido transformando mi corazón y ayudándome a crecer cada vez más en esta área, pero es mi anhelo poder amar como Él nos ama.

El corazón sacerdotal del pastor

Si anhelas poder cuidar de manera apropiada a la grey de Dios, necesitas un corazón lleno de amor por Dios y amor por las ovejas del Señor. El amor por Dios y sus ovejas hace que todo lo demás fluya con naturalidad porque:

> *El amor es paciente, es bondadoso; el amor no tiene envidia; el amor no es jactancioso, no es arrogante; no se porta indecorosamente; no busca lo suyo, no se irrita, no toma en cuenta el mal recibido; no se regocija de la injusticia, sino que se alegra con la verdad; todo lo sufre, todo lo cree, todo lo espera, todo lo soporta* (1 Cor. 13:4-7).

Como ya mencionamos, no existe una manera profesional de llorar por las almas, una forma profesional de rogar por aquellos que se han alejado o una forma profesional de tener paciencia con todos. Tampoco hay en nosotros un amor que brota de manera natural por el otro. Todas estas son facultades sobrenaturales y son forjadas por Él en el fragor de la batalla. Por tanto, lo primero que debemos hacer es ir al Señor y confesar que no tenemos suficiente amor por sus ovejas y pedirle perdón por esto cuando sea necesario.

Después, necesitamos reconocer que no somos capaces de producir en nosotros un genuino amor por las ovejas. Nadie puede decir «a partir de hoy voy a amar las ovejas»; el amor no nace de esa manera. Así que, debemos ir a Dios y pedirle que nos dé el amor que necesitamos para poder cuidar de sus ovejas de forma adecuada, pues la Palabra afirma que el amor proviene de Dios (1 Jn. 4:7).

Debemos apropiarnos de las promesas que el Señor nos ha dejado en su Palabra. Si pedimos a Dios que nos dé más amor por Él y por sus ovejas, Él responderá nuestra oración y lo hará no porque hemos confesado positivamente algo que queremos, sino porque es la voluntad de Dios que nos amemos los unos a los otros tal como Él nos ha amado (Juan 15:12).

En su última semana en la tierra, Cristo iba montado sobre un asno de camino a Jerusalén y cuando se acercó, al ver la ciudad, lloró por ella:

> *Cuando se acercó, al ver la ciudad, lloró sobre ella, diciendo: ¡Si tú también hubieras sabido en este día lo que conduce a la paz! Pero ahora está oculto a tus ojos. Porque sobre ti vendrán días, cuando tus enemigos echarán terraplén delante de ti, te sitiarán y te acosarán por todas partes. Y te derribarán a tierra, y a tus hijos dentro de ti, y no dejarán en ti piedra sobre piedra, porque no conociste el tiempo de tu visitación* (Luc. 19:41-44).

A pesar de conocer que en unos pocos días ese mismo pueblo le iba a entregar para ser crucificado, Jesús se entristeció por los pecado de Jerusalén debido a que sabía las consecuencias que vendrían sobre ella. Por esta razón, camino al Calvario, exclamó: «Hijas de Jerusalén, no lloréis por mí; llorad más bien por vosotras mismas y por vuestros hijos» (Luc. 23:28). De igual manera, cuando un pastor disciplina a un miembro de su congregación de manera pública, como nos ha tocado hacer en algunas ocasiones, no lo avergüenza, sino que su corazón sacerdotal le permite entristecerse junto al hermano y llorar por el pecado de esa oveja.

Las ovejas deben sentir el corazón sacerdotal de su pastor mientras son instruidas en el camino de Dios. Amado hermano pastor, nuestras palabras, como las de Cristo, deben estar llenas de gracia y de verdad. Por consiguiente, al predicar, aconsejar y aun al confrontar a alguien con la verdad de Dios, procura hacerlo de una forma que le permita a tus ovejas sentirse amadas antes que juzgadas. Uno de los mejores cumplidos que he recibido es escuchar a las ovejas decir: «Pastor, gracias por confrontarme. No me gustó y me dolió, pero sé que lo hizo porque me ama». Cuando las ovejas se sienten amadas por sus pastores son más receptivas a la enseñanza y a la corrección, pues saben que vienen de un corazón que está genuinamente interesado en su bienestar espiritual.

Por tanto, el pastor debe ser un hombre humilde en el ejercicio de sus funciones y sobre todo en su función como cuidador del rebaño. Un pastor no puede cuidar adecuadamente de las ovejas si no es un hombre humilde.

El sacerdote cuida las ovejas de otro

A la luz del texto del Libro de los Hechos que citamos al inicio, quisiera hacer otras observaciones importantes de la labor que como sacerdote desarrolla el pastor:

El sacerdote cuida de las ovejas de otro y ese otro es Dios. En Hechos 20:28, Pablo declara a los ancianos de la iglesia en Éfeso: «Tened cuidado de vosotros y de toda la grey, en medio de la cual el Espíritu Santo os ha hecho obispos para pastorear la iglesia de Dios, la cual El compró con su propia sangre». Ya he mencionado que elegí este texto en particular porque es ideal para hablar del cuidado que el pastor ha de tener por las ovejas del Señor. Esto fue algo que Pablo entendió muy bien, por ello ejerció su ministerio con toda solemnidad. Él reconoció el gran precio pagado por estas ovejas. Hermanos, el Espíritu les ha concedido el gran privilegio de pastorear la iglesia de Dios. La iglesia que pastoreas no es tu iglesia. Nosotros solo somos administradores de los misterios de Dios (1 Cor. 4:1). Cuando nuestra labor en esta tierra termine, la Iglesia seguirá perteneciéndole al mismo dueño: Dios.

Años atrás, los palos de golf del presidente John F. Kennedy fueron divididos en dos lotes (maderas y metal) y se vendieron en una subasta por un total de $1 160 000 de dólares.[84] Parece inconcebible que personas paguen una suma de dinero tan exorbitante por un par de lotes de palos de golf. Sin embargo, el hecho de que estos palos de golf pertenecieron al legendario presidente Kennedy les daba un valor especial. De una manera similar, aunque la comparación se queda corta, lo que le da valor a la Iglesia es que el Creador del

84. *JFK's Golf Clubs Rake In the Green at Camelot Sale* escrito por John J. Goldman, Los Ángeles Times, 26 de abril, 1996.

universo, el Dios eterno es su dueño. Él la compró con la sangre del Cordero y le pertenece por la eternidad. Esto nos habla del gran valor que el rebaño tiene para Dios. Por tanto, debemos hacer nuestro mejor esfuerzo por cuidar de estas ovejas y mantener la unidad de la Iglesia.

En segundo lugar, en el capítulo 20 del Libro de los Hechos podemos observar que para poder cuidar del redil, el pastor necesita primero cuidar de sí mismo. Recuerda las palabras de Pablo a los ancianos: «Tened cuidado de vosotros y de toda la grey» (Hech. 20:28). Si el pastor no sabe cuidar de sí mismo, no podrá cuidar de otros. Proverbios 25:28 señala: «Como ciudad invadida y sin murallas es el hombre que no domina su espíritu». Cuidémonos de no ser pastores que tratan de cuidar a otros sin haber logrado conquistar nuestros apetitos carnales. De ahí que Pablo no dice «tengan cuidado del rebaño», sino «tened cuidado de vosotros y de toda la grey»; tiene que ser en ese orden.

En tercer lugar, el pastor debe recordar que él fue establecido como pastor por el Espíritu Santo. Podemos ver esto en la segunda parte del versículo 28, donde leemos: «el Espíritu Santo os ha hecho obispos para pastorear la iglesia de Dios» (Hech. 20:28b). Un comité eclesiástico puede reconocerte y nombrarte para un cargo pastoral, pero quien te hace pastor es el Espíritu de Dios. Por tanto, el pastor verdadero tiene su sello como garantía.

En cuarto lugar, el pastor cuida de ovejas que fueron compradas a precio de sangre. «La iglesia está en el centro del plan eterno de Dios».[85] El libro de Apocalipsis presenta a Cristo como el Cordero inmolado desde antes de la fundación del mundo. Es decir, que antes de que Dios creara el universo, Cristo ya se había ofrecido para ser inmolado cuando Adán y Eva cayeran. Ellos aún no habían sido creados y ya el Padre había ideado un plan para redimir a su Iglesia. Esto nos muestra que la Iglesia siempre ha estado en el centro del plan de Dios. De ahí que Juan Calvino veía el planeta Tierra como

---

85. Stott, John, *The Living Church* [La iglesia viviente] (Downers Grove: InterVarsity, 2007), 19.

el teatro donde Dios despliega toda su gloria. Dios creó la Tierra y todo lo que existe en ella para desarrollar el drama de la redención y puso la cruz justo en el centro para a través de ella comprar la Iglesia con la preciosa sangre del Cordero.[86]

Como pastores, sacerdotes y líderes del rebaño es vital recordar que estamos cuidando algo que Dios Padre considera central en su plan eterno. Asimismo, a la hora de pastorear una iglesia, debemos tener en cuenta que Dios ha hecho todo para su gloria. Si el universo refleja la gloria de Dios, entonces la Iglesia que fue comprada a precio de sangre debería reflejar la gloria del plan de redención.

Si la Iglesia es posesión de Dios, adquirida y redimida para alabanza de su gloria (Ef. 1:14), ¿se imaginan la responsabilidad que implica cuidar del redil con la intención expresa de que la gloria del Redentor pueda ser desplegada a través de la Iglesia? Sin duda, la manera como nosotros pastoreamos a los redimidos del Señor contribuye a reflejar o empañar la gloria de la redención. No debemos empañar su gloria. Esta realidad le da sobriedad al llamado pastoral y debe motivarnos a ser más diligentes al cuidar del rebaño, a meditar continuamente en su Palabra y a orar fervientemente al Señor de la grey. Los pastores garantizamos que la Iglesia refleje la gloria de Dios solo en la medida en que somos fieles a las Escrituras en la predicación y en la aplicación.

Como el pastor J. Stephen Yuille expresa: «cosas de gran valor requieren de gran cuidado. Las almas son infinitamente valiosas y por tanto merecen nuestro mejor esfuerzo. Si Dios considera a su pueblo digno de su sangre, nosotros debiéramos considerarlo digno de nuestro sudor».[87]

---

86. Ver *With Calvin* [Con Calvino]en *Theater of God: The Glory of Christ and Everyday Life* [Teatro de Dios: La Gloria de Cristo y la vida diaria], editado por John Piper y David Mathis
87. Yuille, J. Stephen, *A Labor of Love: Puritan Pastoral Priorities*, versión Kindle (Grand Rapids: Reformation Heritage Books, 2013), Loc 1493 of 2144.

El sacerdote como adorador

Desde que Dios concibió la adoración fue considerada como una función sacerdotal. En el Antiguo Testamento, la función principal del sacerdote era dirigir la adoración al Señor, ofreciendo sacrificios y ofrendas en nombre del pueblo en reconocimiento de la supremacía de Dios y el pecado de la nación contra un Dios que es santo, santo, santo. Sin embargo, hoy en día el pastor rara vez es visto como un adorador.

Por lo general, el pastor titular de una iglesia no funge a la vez como el líder de adoración. Por lo menos en nuestro caso no es así, pues no tengo las habilidades ni los dones necesarios. Pero aunque el pastor no dirija el denominado tiempo de alabanza y adoración, muchos entienden que el pastor titular es el líder de adoración en la iglesia. La primera vez que escuché esta declaración fue de los labios del líder de adoración de *Bethlehem Baptist Church* en Minneapolis, Minnesota. En una conversación que sostuvimos, me narró la historia de cómo en una ocasión el pastor John Piper, quien entonces era el pastor titular de aquella iglesia, se acercó para pedirle que hiciera algo en particular «porque él era el líder de adoración de la iglesia», a lo que él respondió: «John, yo no soy el líder de adoración de esta iglesia. El líder de adoración de la iglesia eres tú porque tu predicación y tu enseñanza es lo que exalta al Dios que el resto de nosotros adoramos. Si tú no haces eso, entonces nosotros no podemos hacer lo otro». Esto es muy cierto y nos ayuda a entender que todo lo que hacemos durante el servicio dominical es un acto de adoración a Dios.

La adoración corporativa comienza desde el momento en que el predicador de forma reverencial se coloca detrás del púlpito y abre la Palabra de Dios para invitar y dirigir a la congregación en oración antes de cantar al Señor, mostrando así el sentido sacrosanto de lo que va a pasar allí. De forma lamentable, en muchas iglesias esta actitud reverente no existe porque con frecuencia la música es usada como un rompe hielo o como un puente entre un momento del servicio y otro. Esto es muy penoso, pues el tiempo de alabanza y adoración del culto dominical nunca debe ser visto como un espacio dedicado a entretener a la congregación, sino como una forma más de rendir adoración a Dios.

La adoración es central en la vida de la Iglesia. No el canto ni la música, sino la adoración. Muchos de nosotros hemos estado en iglesias donde se ha cantado mucho y no se ha adorado nada. La Palabra enseña que fuimos creados para glorificar a Dios y si hay algo que haremos por toda la eternidad será adorar a Aquel que es digno de toda nuestra alabanza y adoración. Por consiguiente, tanto el pastor como la oveja deben y necesitan comenzar a ensayar desde ahora lo que harán por el resto de la eternidad.

El sacerdote debe ser un ejemplo de adorador. El pastor es el primero que debe participar en los tiempos de adoración corporativa de la iglesia. Por experiencia, he notado que me resulta mucho más fácil predicar cuando he podido experimentar intimidad con Dios durante el tiempo de adoración. Cuando no sucede así, entonces la tarea se hace más difícil. En lo personal, anhelo y disfruto cada oportunidad de poder alabar y adorar al Señor junto a la congregación por medio de cánticos, pero debemos reconocer que también las ovejas necesitan ver a sus pastores cantando y, dependiendo de la costumbre de cada congregación, levantando las manos al Señor (ver Sal. 141:2; 134:2) en adoración e incluso derramando lágrimas, según el obrar del Espíritu Santo.

Modelar con el ejemplo que Dios es digno de toda nuestra devoción es una forma más de cuidar de las ovejas. Cuando el pastor está sentado haciendo otras cosas mientras la iglesia adora o cuando el pastor ni siquiera está presente durante el tiempo de adoración, él no está cuidando el corazón de sus ovejas, pues está trivializando la santidad de Dios al hacer de un momento extraordinario algo ordinario. El pastor que muestra una actitud como esta no tiene respeto ni por Dios ni por aquellos que están adorando.

La calidad de la adoración de una iglesia es un buen barómetro para medir cómo está la vida de santidad de la iglesia. ¿Quieres saber cómo está caminando tu iglesia? Presta atención durante los tiempos de adoración y lo sabrás. La adoración del domingo en la mañana es un reflejo de la calidad de la adoración que le damos a Dios durante la semana. La adoración es una evidencia de la reverencia que el creyente tiene hacia Dios y si ese sentido de reverencia no está presente mientras la iglesia adora, no estará en ningún otro momento del servicio ni en la vida privada de las ovejas. Esa es la realidad.

La adoración está relacionada con la predicación de la Palabra de Dios. Cada semana, el pastor de adoración de nuestra iglesia me pregunta sobre cuál porción de las Escrituras predicaré el próximo domingo. Entonces, él toma el texto bíblico y hace una exégesis del mismo, quizás no tan profunda y detallada como lo haría si él fuera a preparar todo un sermón, pero lo suficiente como para interpretar correctamente el texto y poder elegir las canciones que mejor apoyen el mensaje que ha de ser predicado y que sirvan para preparar el corazón de la iglesia para recibir lo que Dios quiere enseñar a su pueblo a través de la predicación de su Palabra.

Según William Temple, arzobispo de Canterbury (1942-1944), «adorar es la sumisión de toda nuestra naturaleza a Dios; el avivar la conciencia por la santidad de Dios, el alimentar la mente con la verdad de Dios, el purgar la imaginación con la belleza de Dios, abrir el corazón al amor de Dios y dedicar la voluntad al propósito de Dios».[88]

Por su parte, Warren Wiersbe define la adoración como «la respuesta del creyente con todo lo que es (con su mente, sus emociones, su voluntad y su cuerpo) a todo lo que Dios es, dice y hace».[89] Mientras que el pastor John MacArthur, en su libro *True Worship* [Verdadera adoración], declara que la adoración «es un deseo que consume al hombre de querer darle a Dios e incluye el dar de nosotros mismos, nuestras actitudes y nuestras posesiones».[90] Esto significa que al

88. Temple, William, *Readings in St. John's Gospel* [Lecturas en el Evangelio de Juan](London: Macmillan, 1940), 68.
89. Wiersbe, Warren, *Real Worship: Playground, Battleground, or Holy Ground?* [Verdadera adoración: ¿Campo de juego, de batalla o de santidad?], 2da. ed. (Grand Rapids: Baker Books, 2000), 26.
90. Ver John MacArthur, *True Worship* (Chicago: Moody Publishers, 1985).

escuchar las verdades reveladas en las Escrituras y conocer más sobre el carácter de Dios, la mente del creyente debe maravillarse ante lo extraordinario de estas verdades, produciendo asombro de modo que sus emociones, su voluntad y aun todo su cuerpo reaccionen en adoración ferviente a Dios. Los pastores necesitamos entender la gran responsabilidad que tenemos como sacerdotes de cuidar a las ovejas y conducirlas a rendir una adoración aceptable a Dios.

La experiencia de adoración

Recuerda que ir a la iglesia no garantiza la adoración; orar no garantiza la adoración; predicar no garantiza la adoración; cantar no garantiza la adoración; el mejor coro, la mejor banda musical y el mejor sistema de sonido no garantizan la adoración. La iglesia puede tener todas estas cosas sin tener verdadera adoración. La Biblia afirma que Dios es Espíritu y los que le adoran deben adorarle en espíritu y en verdad (Juan 4:24). Adorar en espíritu implica que el líder de adoración es el Espíritu Santo, quien nos dirige en adoración a Dios. Y adorar en verdad significa que la adoración que ofrecemos a Dios es bíblica; es decir, conforme a las verdades reveladas en la Palabra.

Con respecto a la experiencia de adoración, el autor Sammy Tippit, quien escribió un libro sobre la adoración titulado *Worthy of Worship* [Digno de adoración], señala lo siguiente: «Algunos piensan que han adorado a Dios si salen de sus iglesias los domingos en la mañana después de haber experimentado algunos sentimientos placenteros. Su objetivo en la adoración es la autogratificación en vez de la glorificación. El placer en vez de la pureza ha llegado a ser la prueba de la adoración».[91]

En una ocasión, estuve como predicador invitado en una iglesia y luego de terminado el tiempo de alabanza y adoración, escuché al líder de adoración decir a su equipo: «¡Buen trabajo! Comenzamos

---

91. Tippit, Sammy, *Worthy of Worship* [Digno de adoración] (Chicago: Moody Publishers, 1989).

a tiempo y terminamos a tiempo». A primera impresión, parece ser que la evaluación de lo que sucedió durante la adoración corporativa se relacionó a la habilidad de comenzar y terminar su participación a tiempo. Pero un buen desempeño y manejo del tiempo no debe ser la medida de un excelente tiempo de adoración, sino la visitación y la ministración de Dios durante ese tiempo. Esta es precisamente mi oración continua para el equipo de adoración de nuestra iglesia: que Dios les visite y les ministre primero a ellos, pues si Dios no les ministra a través de su Espíritu, ellos no podrán ministrar a la congregación.

Reflexión final

Finalmente, recordemos que la adoración a Dios es central a lo largo de todo el relato bíblico y el pastor debe procurar que la iglesia así lo entienda y viva. El Libro de Job indica que mientras Dios creaba la tierra, los ángeles cantaban de gozo (Job 38:7). Asimismo, cuando lleguemos al reino de los cielos y crucemos el umbral de la eternidad, con toda probabilidad lo primero que escucharemos será música acompañada del canto de serafines, querubines y demás seres angelicales que no cesan de cantar la gloria de nuestro Dios. A ellos se unirán los redimidos del Señor para adorar al Cordero de Dios por toda la eternidad. ¿Te imaginas esto? Dios creando y los ángeles cantando a coro y llenos de gozo. Esto es lo que ensayamos ahora mientras aguardamos la venida del Señor. De manera que, si no te gusta la adoración, acude a Dios y pídele que te dé arrepentimiento. Reconoce delante de Él que tú no eres capaz de cambiar tu corazón, pero que Dios sí puede transformarte y hacer de ti un verdadero adorador.

Hermanos pastores, los animo a convertirse en verdaderos adoradores, porque eso les ayudará enormemente al momento de pararse detrás del púlpito a predicar sobre Aquel que es digno de recibir toda la gloria y el honor. Cuidemos con esmero la grey del Señor y guiémosla a sus pies por medio del ejemplo de una vida rendida en completa adoración a Dios.

Capítulo 8

El pastor y su función como líder

Sed imitadores de mí, como también yo lo soy de Cristo (1 Cor. 11:1).

Introducción

John Maxwell ha escrito mucho sobre liderazgo y aunque no concuerdo con mucha de su teología, tengo que decir que hay muchas cosas que él ha escrito sobre liderazgo que son de gran valor. Una de estas frases de peso es la siguiente: «todo se levanta o se cae desde el liderazgo».[92] Creo que esta es una buena cita para comenzar a pensar en la importancia que tiene un buen líder o buen liderazgo en la iglesia. Ninguna iglesia podrá ir más allá de donde haya llegado su liderazgo. Por esta razón, mi mayor reto es crecer continuamente en la medida que preparo nuevos mensajes y sermones como hombre de Dios para poder seguir liderando la iglesia hacia sus propósitos. El que lidera es el que hala a los que vienen detrás y él determinará hasta dónde llegarán los demás. Cristo fue a la cruz y diez de sus once discípulos (Judas excluido), terminaron

92. Maxwell, John, *The 21 Indispensable Qualities of a Leader* [Las 21 cualidades indispensables del líder], 2da edición (Nashville: Thomas Nelson, 2007), XI.

martirizados (Juan fue la excepción) de acuerdo con la tradición cristiana; algunos opinan que aun Juan terminó en el martirio.

Cuando el liderazgo se estanca, se estanca la institución (gobierno, compañía, iglesia, familia o cualquier otra). Toda institución que cae lo hace a partir del liderazgo que la dirigía. Con frecuencia, este colapso se produce debido a grietas en el carácter de aquellos que lideraban en cada momento.

De manera lamentable, muchas personas confunden promoción en el trabajo con mejoría de su liderazgo y aun con mejoría de su carácter, lo cual dista mucho de la realidad. Steven Berglas, psicólogo de la escuela de medicina de la Universidad de Harvard escribió un libro titulado *The Sucess Syndrome* [El síndrome del éxito] en el que menciona que «las personas que alcanzan grandes alturas, pero que carecen de un carácter sólido que le sostenga a través del estrés van de cabeza al desastre».[93] El éxito es una amenaza para el carácter de las personas. Mientras más alto ascendemos por la escalera del éxito, vamos adquiriendo mayores responsabilidades con un mayor peso sobre nuestros hombros. Si no se ha desarrollado el carácter de manera conjunta, la persona exitosa terminará quedando aplastada bajo el peso de las nuevas responsabilidades.

Definición de liderazgo

Cientos de definiciones se han escrito sobre lo que es el liderazgo. Muchas de ellas muy acertadas y otras con debilidades o deficiencias. De manera que estas definiciones propuestas aquí son solo algunos ejemplos. Henry Blackaby, en su libro *Spiritual Leadership* [Liderazgo Espiritual], menciona que la meta del líder espiritual «es mover la gente hacia los propósitos de Dios».[94] También agrega

93. Berglas, Steven, *The Success Syndrome: Hitting Bottom When You Reach The Top* [El síndrome del éxito: tocar fondo cuando llegas a la cima] (Springer; 1a ed. 1986 (11 de noviembre, 2013).

94. Blackaby, Henry, *Spiritual Leadership* [Liderazgo Espiritual], ver capitulo 5 (Nashville: B&H Publishing Group, 2011).

que liderar es mover la gente de donde ellas están a donde Dios quiere que estén.[95] Él dedica todo un capítulo a este tema. Para esto, el pastor o pastores que lideran una congregación necesitan caminar con Dios de manera íntima y dejarse guiar por la brújula de su Palabra. Y no solo esto, sino que el pastor tendrá que conocer a sus ovejas para saber dónde están para dirigirlas hacia donde Dios desea que estén.

Oswald Sanders define el liderazgo de esta otra manera: «Liderazgo es influencia, la habilidad de una persona de influenciar a otros a seguir su dirección».[96]

Esta es otra excelente definición porque ciertamente si otros te siguen porque eres el «jefe», pero no tienes la capacidad de influenciarlos y afectar su carácter para bien, no has probado ser un líder. Cristo afectó el carácter de los discípulos hasta el punto que luego de su muerte, muchos estuvieron dispuestos a dar su vida por Él. Un solo pasaje del Libro de los Hechos es suficiente para ilustrar este punto:

> *Al ver la confianza de Pedro y de Juan, y dándose cuenta de que eran hombres sin letras y sin preparación, se maravillaban, y reconocían que ellos habían estado con Jesús* (Hech. 4:13).

Así de significativo fue el impacto de Jesús sobre gente sin ninguna preparación. Y esa influencia ha continuado por dos mil años. El verdadero liderazgo trata de crear un cambio en otros para que ellos puedan a su vez afectar a otros hasta cambiar las circunstancias alrededor.

Personalmente he definido el liderazgo como «la habilidad que tiene una persona que ha sido escogida y preparada por Dios para estimular a otros a que imiten su ejemplo, hasta llegar incluso a

---

95. Ibid.
96. Sanders, Oswald, *Spiritual Leadership* [Liderazgo espiritual] (Chicago: Moody Publishers; Reissue edition, 2017), 29.

pagar el precio que sea necesario para alcanzar la meta que Dios haya trazado».

De igual manera, el pastor ha sido elegido por Dios y eventualmente preparado por Dios para que sirva de ejemplo en la congregación y para que esté dispuesto a pagar el precio necesario, como lo hizo Cristo, para alcanzar la meta que Dios haya determinado para su ministerio. Nosotros somos seleccionados y equipados para la obra por medio del Espíritu de Dios. A continuación, veamos los componentes de esta última definición:

1. **Dios escoge y prepara al líder:** «Vosotros no me escogisteis a mí, sino que yo os escogí a vosotros», dijo Cristo (Juan 15:16). Dios selecciona a sus líderes. Un pastor que no ha sido llamado por Dios no podrá liderar a una congregación hacia los propósitos de Dios.
2. **El líder modela con su ejemplo:** Un pastor incapaz de modelar lo que enseña o predica, es una contradicción y una deshonra para el cuerpo de Cristo. Pablo enseñó: «Sed imitadores de mí, como también yo lo soy de Cristo» (1 Cor. 11:1).
3. **Sacrificio:** Debes pagar el precio necesario. Un pastor que solo desea lo mejor del ministerio, no es un verdadero líder. Así ocurre con los predicadores del evangelio de la prosperidad. Pablo estaba consciente de esta necesidad y por eso escribió: «y conocerle a El, el poder de su resurrección y la participación en sus padecimientos, llegando a ser como El en su muerte» (Fil. 3:10).
4. **Los propósitos de Dios:** Ni siquiera la segunda persona de la Trinidad se atrevió a actuar por sí solo en su paso por la tierra. Liderar tiene una sola razón: los propósitos de Dios. Jesús mismo afirmó: «Yo no puedo hacer nada por iniciativa mía; como oigo, juzgo, y mi juicio es justo porque no busco mi voluntad, sino la voluntad del que me envió» (Juan 5:30).

El pastor como líder y la necesidad de una visión

Una visión podría definirse como una descripción breve, pero específica del objetivo que se quiere alcanzar.

- La visión debe ser clara.
- La visión enfoca al líder y sus seguidores.
- La visión nos permite decir que sí y decir que no, según las oportunidades que se presenten, dependiendo de si estas corresponden o no a la visión de nuestro ministerio.

Notemos esta declaración de parte de Cristo:

> *Y he aquí, una mujer cananea que había salido de aquella comarca, comenzó a gritar, diciendo: Señor, Hijo de David, ten misericordia de mí; mi hija está terriblemente endemoniada. Pero El no le respondió palabra. Y acercándose sus discípulos, le rogaban, diciendo: Atiéndela, pues viene gritando tras nosotros. Y respondiendo El, dijo: No he sido enviado sino a las ovejas perdidas de la casa de Israel* (Mat. 15:22-24).

Eventualmente, Jesús atendió a esta mujer; pero de primera instancia se mostró aparentemente reacio a atender sus necesidades a pesar de que estaba siendo empujado por sus discípulos. ¿La razón? El foco de la misión de Jesús inicialmente eran «las ovejas perdidas de la casa de Israel» (v. 24). Jesús estaba liderando conforme a los propósitos de Dios Padre. Por esta razón, su ministerio se limitó a las áreas en donde Él estuvo predicando. Más adelante, Él mismo ampliaría la visión hasta los confines de la tierra (Mat. 28:16-20). Además, piensan algunos que Jesús estaba tratando de poner de manifiesto la clase de fe que esta mujer poseía. Un buen líder sabe cuándo actuar; cuándo esperar y cómo obtener lo mejor de cada situación.

La visión no es simplemente una idea, sino que la visión para el pastor-líder debe ser vista como un regalo de Dios para sus líderes.[97] De manera que la visión es algo que Dios va obrando en el corazón del pastor-líder porque, sin duda, es Dios quien obra en nosotros tanto el querer como el hacer por su buena voluntad (Fil. 2:13).

A algunos no les gusta hablar de visión porque entienden que este concepto no es bíblico. Yo argumentaría que esta idea es tan bíblica como cualquier otra idea:

- Adán y Eva recibieron una visión para el mundo de parte de Dios (Gén. 1:27-30) que lamentablemente no llevaron a cabo por razones narradas en Génesis 3.
- Abraham recibió una visión cuando Dios lo movió de Ur de los caldeos a la tierra de Canaán.
- Cada profeta del Antiguo Testamento recibió una visión específica de parte de Dios.
- Los discípulos recibieron una enorme visión de parte de Cristo cuando este les dio la Gran Comisión (Mat. 28:16-20).
- Pablo recibió una visión para alcanzar a los gentiles (Hech. 9:15; Gál. 1:15-17).

La visión es clave para saber qué hacer. Si los miembros de la iglesia no conocen hacia dónde quiere ir el liderazgo, con frecuencia ese liderazgo tendrá dificultad para que las ovejas le sigan.

El líder y sus convicciones

Desde el púlpito, y otras veces en privado, el pastor tendrá que proveer dirección y visión para un pueblo que cuando carece de la misma, se desenfrena (Prov. 20:18,). Cuando estudias los cuatro Evangelios, frecuentemente encuentras a Jesús dirigiendo a sus discípulos y a las multitudes:

97. Barna, George, *The Power of Vision* [El poder de la visión] (Grand Rapids: Baker Books, 2018), 27

- A veces dirigió a sus discípulos a retirarse de en medio de la muchedumbre (Mar. 6:31).
- En ocasiones dio instrucciones para que ellos hicieran sentar a la multitud para que Él les enseñara y alimentara (Mar. 6:32-44).
- Cuando Pedro quiso detener el avance de Jesús hacia Jerusalén, después que Jesús anunciara que allí Él padecería mucho a manos de las autoridades, Jesús en su función del líder lo reprendió y le dijo «¡Quítate de delante de mí, Satanás!» (Mar. 8:31-33).

El líder que tiene una visión clara y una meta definida no se deja distraer por los temores propios de la carne, por las opiniones contrarias ni por las críticas de los demás.

Esto lo observamos en la vida del Señor Jesús y lo vemos también en la vida de Pablo cuando Dios lo dirigió hacia Jerusalén. En esa ocasión, el profeta Agabo y aquellos que estaban con él quisieron detener a Pablo para que no continuara hacia su destino final, pero no lo lograron (Hech. 21:7-16). Pablo estaba decidido a llegar a Jerusalén a pesar de que sabía que le esperaban «prisiones y sufrimientos» (Hech. 20:23). Cuando el líder conoce la voluntad de Dios, no permite que la gente lo desvíe de su curso.

El pastor-líder necesita una visión clara de su llamado y de las metas que persigue. De lo contrario muchos otros estarán colocando sobre su plato metas que Dios no le ha dado. Todo el mundo tiene una idea distinta de cómo debe funcionar la iglesia. Pero Dios da esa visión a aquellos a quienes Él llama a pastorear y a liderar a su pueblo. El liderazgo pastoral es un don (Rom. 12:8) y es un llamado (Hech 20:28).

El carácter del líder

El pastor como líder necesita cultivar su carácter de manera intencional porque él:

- jamás podrá llevar su sermón a donde su vida no ha llegado;
- no podrá llevar nunca al pueblo a donde su carácter no ha arribado;
- jamás podrá sanar el corazón de la oveja si su propio corazón está enfermo.

Pero si hay algo que el pastor necesita reconocer es que su liderazgo tiene que ser modelado a la manera del Señor Jesucristo. Es un liderazgo de entrega, servicio, transparencia, honestidad y humildad.

De hecho, el título preferido en la Biblia para referirse al líder es **siervo**. En el Nuevo Testamento, con frecuencia encontramos la palabra siervo, que en el original es *duolos*, que aparece 124 veces. La traducción literal de ese vocablo es **esclavo**.[98] Esto nos debe dar una idea de cómo debe servir el pastor bajo el señorío de Cristo… con una actitud de sumisión reconociendo que le pertenece a otro que lo ha comprado a precio de sangre (1 Ped. 1:18-19).

Cuando Jesús lavó los pies de sus discípulos, estaba demostrando la clase de liderazgo que Él esperaba de nosotros, los pastores. El mayor sirvió al menor demostrando que en el reino de los cielos no se trata de rangos, sino de servir para glorificar a Dios. Por esta razón Jesús declaró: «Pues si yo, el Señor y el Maestro, os lavé los pies, vosotros también debéis lavaros los pies unos a otros» (Juan 13:14). Jesús lavó los pies aun de Judas, con lo cual mostró que la verdadera humildad sirve sin favoritismos. Este es un buen ejemplo para todo pastor de ovejas.

El pastor, aun en su función de líder, necesita recordar que él es un siervo y no una celebridad; es un siervo con una vasija y una toalla en la mano, dispuesto a lavar pies o las heridas de las ovejas. Él es un siervo y administrador de los misterios de Dios como bien señaló el apóstol Pablo en 1 Corintios 4:1. Todo esto está relacionado al carácter del pastor, tema que abordamos en el capítulo 4.

---

98. MacArthur, John, *Esclavo* (Nashville: Grupo Nelson, 2011), 16.

El pastor y las crisis

El Señor siempre se encarga de formar a sus líderes y una de las principales maneras de hacerlo es a través de las crisis. Dios envía o permite los tiempos de crisis en nuestras vidas por distintas razones y con distintos propósitos. El primero de estos propósitos es revelar y formar nuestro carácter. Los momentos de crisis siempre revelan el carácter del líder, y cuando la crisis es enfrentada a la manera de Dios, esta contribuye a formar el carácter a la imagen de Cristo. Por ello, Pablo escribió:

> *Y no sólo esto, sino que también nos gloriamos en las tribulaciones, sabiendo que la tribulación produce paciencia; y la paciencia, carácter probado; y el carácter probado, esperanza; y la esperanza no desilusiona, porque el amor de Dios ha sido derramado en nuestros corazones por medio del Espíritu Santo que nos fue dado* (Rom. 5:3-5).

Si analizamos las vidas de Moisés y Faraón, notaremos que ambos hombres estaban bajo crisis por distintas razones. Faraón estaba sufriendo las diez plagas y Moisés estaba yendo en contra de un tirano que se dedicó a hacerle la vida imposible. No obstante, en medio de las peores circunstancias, Moisés mostró paciencia, fe y una voluntad férrea. Faraón, por el contrario, demostró ser un hombre terco y de doble ánimo, que hoy decía una cosa y mañana hacía otra.

De un modo similar, al revisar las vidas de David y Saúl podemos ver que estos hombres respondieron a las crisis de una manera muy distinta. En cierto momento, David estaba siendo perseguido por Saúl y su ejército. Mientras David huía, entró a una cueva para refugiarse. Saúl, que estaba en búsqueda de David para matarle, tomó refugio en esa misma cueva sin percatarse de que David y sus hombres se encontraban escondidos allí. David tuvo la oportunidad de matar a Saúl mientras dormía. David llegó a cortar la orilla del manto de Saúl como evidencia de que pudo haberle quitado la vida como algunos de sus hombres le habían recomendado. Pero su conciencia no se lo permitió y le dijo a sus hombres:

> *El Señor me guarde de hacer tal cosa contra mi rey, el ungido del Señor, de extender contra él mi mano, porque es el ungido del Señor* (1 Sam. 24:6).

A pesar de que Saúl lo acusaba injustamente y procuraba matarle, David preservó la vida de Saúl y no permitió que sus hombres se levantaran contra él. Esto habla del carácter íntegro de David.

Otro ejemplo de cómo las personas reaccionan de manera distinta ante los tiempos difíciles, revelando así su verdadero carácter, lo tenemos en Pablo y Demas. Ambos trabajaron juntos en la obra del Señor, pero eventualmente Demas abandonó por completo el ministerio y a Pablo para irse tras las cosas de este mundo (2 Tim. 4:10). Pablo, sin embargo, persistió hasta el final al servicio de Cristo sin importar las aflicciones, las privaciones, las angustias, los azotes, las cárceles, los desvelos, los ayunos y los constantes peligros de muerte. La crisis reveló la fidelidad de Pablo como ministro del evangelio de Cristo y su completa dependencia del Espíritu de Dios.

Por consiguiente, debemos ver los tiempos de crisis como algo bueno porque obligan al líder a buscar a Dios, a confiar más en Él y a pensar bíblicamente, lo que contribuye a su madurez espiritual. Esto es algo que he experimentado en mi propia vida en más de una ocasión. Puedo dar testimonio de que cada vez que he atravesado por una crisis de cualquier tipo, esta me ha llevado a buscar a Dios más intensamente y mi carácter ha madurado en el proceso. Las crisis logran empujarnos a buscar a Dios como ninguna otra cosa es capaz de hacerlo. Como resultado de esta búsqueda ferviente, experimentamos la presencia manifiesta de Dios como en ningún otro momento.

Las crisis con frecuencia nos dejan en el aire, sin tener de dónde agarrarnos ni cómo sostenernos. Esto nos obliga a confiar más en nuestro Dios y a la larga aumenta nuestra fe cuando vemos los resultados de haber esperado pacientemente en Él. De igual manera, las crisis nos hacen correr a refugiarnos en las promesas de Dios, a estudiar su Palabra y buscar en ella dirección. Todo esto eventualmente produce fruto de justicia en nosotros y nos ayuda a ver e interpretar las cosas desde un punto de vista bíblico. Muchas veces Dios tiene que orquestar circunstancias difíciles en nuestras vidas para revelarnos que no estamos pensando bíblicamente y llevarnos a alinear nuestros pensamientos con los de Él.

Por otro lado, las crisis contribuyen a traer a la superficie las grietas en el carácter del líder. Ya sea que se trate de grandes pruebas o de afanes típicos del ministerio, las crisis sacan a la luz aquellos aspectos de nuestro carácter, formas de pensar y actuar, que no se conforman a la santidad de Dios y que socavan la integridad del líder. Las crisis deben ser vistas como algo bueno que Dios permite para que podamos percatarnos de que no somos tan piadosos como pensábamos y para que nos ocupemos de forma más diligente de formar un carácter santo.

Las crisis también nos ayudan a hacer un alto en nuestro caminar y revisar lo que hemos estado haciendo, las motivaciones detrás de las decisiones que hemos tomado y las razones que nos llevaron a ello. A veces, la crisis misma es producto de una serie de malas decisiones que por largo tiempo veníamos tomando y de las que nunca nos habríamos percatado a menos que la crisis surgiera.

Finalmente, las crisis son buenas porque contribuyen a aplastar nuestro orgullo. Hubo un tiempo en mi vida en el que yo era extremadamente orgulloso y Dios, en su infinito amor, orquestó que tuviera que pasar por un par de crisis que terminaran con mi orgullo. ¡Gloria a Dios por eso! Pues, así como el alfarero deshace la vasija agrietada para hacerla de nuevo (Jer. 18:1-4), Dios en su misericordia no nos deja como somos, sino que quebranta nuestro orgullo, nos deshace por completo para entonces hacernos de nuevo y así moldear nuestro carácter a la imagen de su Hijo.

En resumen, el líder debe recibir con gozo los tiempos de crisis y estar atento a lo que Dios quiere revelarle sobre su carácter, para así poder hacer los ajustes necesarios de manera que no salga de la crisis sin haber aprendido la lección. Si no lo hace, al igual que el pueblo judío, tendrá que permanecer en el desierto hasta que haya aprendido la lección. Dios quiere formarte a la imagen de su Hijo, no desaproveches lo que solo se aprende en tiempos de crisis.

Fuentes legítimas de influencia

En su libro sobre liderazgo espiritual,[99] Henry Blackaby menciona varias fuentes legítimas de influencia entre las que quisiera destacar tres:

1. La mano de Dios, es decir, la autentificación del líder por parte de Dios;
2. El carácter del líder; y
3. Una trayectoria exitosa.

Pasemos ahora a revisar cada una de estas tres fuentes de manera particular.

La autentificación del líder por parte de Dios

A lo largo de las Escrituras observamos que Dios es quien elige a quienes serán sus siervos. Así lo hizo con Moisés y también con su sucesor Josué. En el Libro de Josué leemos que después de la muerte de Moisés, el Señor llamó a Josué y lo afirmó: «Nadie te podrá hacer frente en todos los días de tu vida. Así como estuve con Moisés, estaré contigo; no te dejaré ni te abandonaré» (Jos. 1:5). El respaldo divino fue lo que le dio legitimidad al liderazgo de estos dos hombres. Su influencia sobre el pueblo estaba garantizada porque contaban con la aprobación, la gracia y el poder de Dios para llevar a cabo la tarea que Él mismo les había encomendado.

Asimismo, cuando estudiamos la vida del profeta Samuel nos percatamos de que la mano de Dios estaba con él porque Dios no

---

99. Blackaby, Henry, *Spiritual Leadership* [Liderazgo Espiritual] (Nashville: B&H Publishing Group, 2001), 93-112.

deja sin cumplimiento ninguna de las palabras pronunciadas por el profeta (1 Sam. 3:19). Todo lo que el Señor prometía por medio de Samuel, se cumplía. De igual manera, una de las señales de la autentificación del líder por parte de Dios es que la visión que Dios le ha dado se ve cumplida en el tiempo. Dios derrama su gracia sobre el líder que Él escoge y todo lo que este emprende bajo dirección divina se va haciendo realidad. Entonces, cuando los demás observan esto, pueden reconocer que el favor de Dios está con esa persona y eso confirma su liderazgo.

Otra evidencia de la autentificación del líder por parte de Dios es que el Señor reivindica a sus siervos a su debido tiempo. En algún momento de tu ministerio puede ser que alguien te acuse injustamente o que recibas fuertes críticas de personas que no apoyan la visión ministerial que Dios te ha dado. Cuando eso suceda, guarda silencio, ora y deja el asunto en manos de Dios. Él, a su tiempo se encargará de honrar tu fidelidad y defender tu reputación. La reivindicación de Cristo fue la tumba vacía. A Jesús lo clavaron el viernes en la tarde y el domingo en la mañana su Padre le había reivindicado levantándolo de entre los muertos.

Por otro lado, el apóstol Pablo escribió Segunda a los Corintios con la intención de explicar y defender su ministerio ante las acusaciones falsas de muchos que quisieron hacerle daño. Pero Dios se encargó de reivindicar a Pablo. Espera pacientemente el tiempo de Dios.

Por otro lado, una evidencia clara de la autentificación del líder por parte de Dios es que alrededor de ese líder hay vidas transformadas. Vidas cambiadas como única medida del éxito es precisamente uno de nuestros valores no negociables como iglesia. Cuando la mano de Dios está respaldando tu ministerio pastoral, el obrar del Espíritu Santo puede verse trayendo convicción de pecado, arrepentimiento, perdón y restauración a las vidas de aquellos que están bajo tu esfera de influencia.

Una señal más del respaldo de Dios es que otras personas reconocen que Dios está detrás de la agenda del líder. Cuando la mano del Señor está contigo, otros líderes reconocen, endosan y afirman la visión que Dios te ha dado. Aun aquellos que no te conocen personalmente podrán admitir que Dios está a tu lado y está endosando tu ministerio al ver cómo Dios mismo va dándole forma y convirtiendo en hechos la visión que Él te ha dado. Esta es una manera más en la que el Señor va afirmando al líder.

Ahora bien, una excelente señal de autentificación por parte de Dios es que el líder procura siempre modelar a Cristo. El apóstol Pablo continuamente exhortaba a sus discípulos de esta manera: «Sed imitadores de mí, como también yo lo soy de Cristo» (1 Cor. 11:1). La meta del Padre es transformarnos a la imagen de su Hijo y Pablo fue un gran ejemplo de lo que es caminar en semejanza a nuestro Señor Jesucristo. Cuando como pastores y líderes del rebaño somos reconocidos por las ovejas como hombres que anhelamos con toda diligencia imitar el carácter de Cristo, esto agrega credibilidad a nuestro liderazgo.

Una última señal de autentificación por parte de Dios es que el líder que Dios respalda se siente seguro en su papel. Él nunca se siente amenazado por los dones, los éxitos o el liderazgo de otros hombres ni piensa que ellos tratan de usurpar su posición. Por el contrario, él ve a esos hombres como sus colaboradores en pro de la Verdad.

El carácter del líder

Una segunda fuente legítima de influencia es un carácter transformado por Dios. Sobre este punto no voy a abundar mucho, pues ya he hecho referencia a la importancia del carácter del líder. Solo deseo señalar que el carácter que ha sido probado y transformado por Dios se traduce en una vida de integridad que genera confianza en el otro y esa confianza eventualmente produce seguimiento. Las ovejas seguirán confiadamente a sus pastores y líderes cuando vean que sus palabras y sus acciones concuerdan. Esta congruencia entre lo que decimos, lo que enseñamos y lo que ponemos en práctica nos da credibilidad frente a los demás y nos permite influenciar positivamente a otros.

Por otro lado, cuando el pastor camina en integridad de corazón no tiene nada que probar, nada que temer, nada que esconder. Él no tiene necesidad de justificar ni defender su liderazgo ante los demás porque la integridad de sus caminos hace que él no tenga nada que esconder ni nada que temer. Nuestros temores como líderes frecuentemente surgen porque queremos demostrar ante los demás que somos dignos de la posición que ocupamos o porque no queremos que otros descubran ciertas áreas de nuestra vida, como el orgullo, la inseguridad o la falta de preparación. Buscando ocultar esas cosas tratamos entonces de lucir más inteligentes y más preparados de lo que realmente somos. Todo esto genera temor en el corazón de un pastor. Pero si no tenemos nada que probar, no tenemos nada de qué atemorizarnos.

El apóstol Pablo le escribió al joven Timoteo: «Por tanto, si alguno se limpia de estas cosas, será un vaso para honra, santificado, útil para el Señor, preparado para toda buena obra» (2 Tim. 2:21). Será *útil* porque Dios no trabaja cabalmente a través de hombres que no son piadosos.

Asimismo, Pablo encargó a Timoteo tomar todo lo que había aprendido de él y enseñarlo a «hombres fieles que sean idóneos para enseñar también a otros» (2 Tim. 2:2), es decir, a hombres con carácter probado que tengan a su vez el don y la habilidad de instruir a otros en las verdades del evangelio. Esta es una evidencia más de que para Dios un carácter que ha sido probado y hallado íntegro es crucial para poder llevar a cabo la obra que Él nos ha encomendado. Estos dos últimos versículos ya habían sido citados, pero quise mencionarlos nuevamente para reforzar la importancia del carácter que Dios forma. La integridad tiene que formar parte del carácter del pastor-líder.

En el libro titulado *Integrity* [Integridad], Stephen L. Carter, reconocido abogado y escritor norteamericano, plantea que la integridad requiere de tres pasos que menciono en mi libro *Viviendo con Integridad y Sabiduría*:

1. discernir qué es bueno y qué es malo;
2. actuar de acuerdo a lo discernido, incluso a un costo personal; y
3. decir abiertamente que estamos actuando según nuestro entendimiento de lo que es bueno y lo que es malo.[100]

En otras palabras, si tus convicciones te han llevado a expresar en privado una opinión en contra de la homosexualidad como estilo de vida, esa debe ser también tu opinión pública cuando sea abordado el tema, pues el líder íntegro tiene la valentía de sostener en público aquello que ha manifestado en conversaciones privadas, cueste lo que cueste.

Ahora bien, para que puedas entender mejor cómo luce esta integridad en el líder, es necesario recordar que la integridad involucra el corazón, la mente y la voluntad. El ser humano vive luchando constantemente con aquello que su corazón desea hacer y lo que su mente, basada en valores y convicciones, le dice que debe hacer. Es la integridad, empoderada por el Espíritu de Dios, la que resuelve el conflicto entre el corazón y la mente dictándole a la voluntad lo que debe hacer.

Si el líder no es íntegro, puede predicar lo que no ama y lo que no cree, en ocasiones simplemente porque la iglesia que le contrató tiene una visión y hasta una teología distinta a la que él ha abrazado, y por tanto, no se atreve a predicar algo que vaya en contra de las creencias o las expectativas de aquellos que pagan su salario. Asimismo, cuando el líder adolece de un carácter íntegro, puede predicar aquello que no practica e incluso orar y pedir lo que realmente no desea. De ahí la necesidad de desarrollar un carácter íntegro que nos mueva a hacer siempre lo correcto independientemente de las circunstancias.

Una trayectoria exitosa

Esta es la tercera fuente legítima de autoridad que Henry Blackaby menciona en su libro. En el sentido en el que estamos hablando, una trayectoria exitosa no significa necesariamente un ministerio o una

100. Carter, Stephen L., *Integrity* [Integridad] (New York: Harper Collins, 1996) 7.

iglesia más grande; pero sí un pastor que ha caminado en integridad de corazón, que ha sido fiel a las Escrituras y que ha cuidado al pueblo de Dios con amor y esmero. Una historia exitosa crea credibilidad y la credibilidad es necesaria a la hora de predicar, o el pueblo de Dios nunca recibirá la Palabra de Dios por lo que es (1 Tes. 2:13).

Según Blackaby, «pocas cosas le aportan más credibilidad al líder que el éxito constante y a largo plazo».[101] Cuando un pastor tiene acumulado todo un historial de éxitos santos, la gente a su alrededor concluye que Dios está con ese líder y no duda en seguirle cada vez que emprende un nuevo proyecto ministerial.

Entonces, mientras más tiempo el pastor pasa con su congregación, mayor es el nivel de respeto y credibilidad que la iglesia tendrá hacia su liderazgo porque las ovejas han sido testigos a lo largo del tiempo del historial de éxitos personales y ministeriales de su pastor. Así sucedió en el caso del profeta Moisés y en la vida del apóstol Pablo. Así sucederá también en tu vida siempre y cuando te ocupes de llevar acabo aquellas obras que el Señor preparó de antemano para que andes en ellas (Ef. 2:10).

Además, el líder necesita pasar tiempo con el pueblo de Dios para que este aprenda a confiar en su liderazgo al ver que la mano del Señor está detrás de cada decisión que el líder toma. Solo entonces las ovejas querrán seguirle mientras las conduce por el camino de la fe hacia los propósitos de Dios.

Reflexión final: la meta del pastor-líder

Para cerrar este capítulo quiero hablar de cuál es el objetivo principal del pastor del redil: llevar a las ovejas a amar al Pastor de pastores. La razón es sencilla. No solo que esto sería consistente con el primer mandamiento de la ley de Dios; sino que también es la mejor manera de llevar a las ovejas a una vida de obediencia. El problema de la falta

---

101. Blackaby, Henry, *Spiritual Leadership* [Liderazgo Espiritual] (Nashville: B&H Publishing Group, 2001), 166.

de obediencia de las ovejas es un problema de amor por el Redentor de cada oveja. Así lo expresó Cristo en Juan 14:21:

> *El que tiene mis mandamientos y los guarda, ése es el que me ama; y el que me ama será amado por mi Padre; y yo lo amaré y me manifestaré a él.*

Continuamente escuchamos a los pastores estimular a las ovejas a una vida de obediencia; cuando en realidad la obediencia debe ser un fruto natural del amor por Cristo. El amor mostrado por Cristo hacia nosotros debiera motivarnos a amarle y luego a obedecerle. Por eso el apóstol Pablo escribió en 2 Corintios 5:14-15:

> *Pues el amor de Cristo nos apremia, habiendo llegado a esta conclusión: que uno murió por todos, por consiguiente, todos murieron; y por todos murió, para que los que viven, ya no vivan para sí, sino para aquel que murió y resucitó por ellos.*

El Pastor-líder tiene que imitar a Cristo de manera que cuando sus ovejas le sigan o le imiten, estén imitando a Cristo (1 Cor. 11:1).

Capítulo 9

El pastor y su función como consejero

Yo te haré saber y te enseñaré el camino en que debes andar; te aconsejaré con mis ojos puestos en ti (Sal. 32:8).

Introducción

A lo largo de este capítulo abordaremos la función que el pastor ejerce como consejero casi a diario, a veces de manera formal y en ocasiones de manera informal. El pastor predica los domingos, pero aconseja durante toda la semana. Podrá no llamarle consejería al tiempo que él invierte en la vida de los demás, pero esta es otra manera más de cuidar la grey del Señor. Ahora bien, la diferencia entre ver al pastor como sacerdote y verlo como consejero es que la función sacerdotal del pastor involucra el cuidado espiritual de la iglesia en general, mientras que su rol como consejero se relaciona más bien con el cuidado que el pastor provee a cada oveja que se acerca a él en busca de consejo y dirección sobre un asunto en particular. En un capítulo anterior revisamos la función sacerdotal del pastor como el cuidador del rebaño, así que a continuación nos enfocaremos en el pastor como consejero de una oveja en necesidad.

La consejería bíblica

Cuando el pastor recibe a una oveja en el salón de consejería o en su oficina, su objetivo no es ofrecer una consulta psicológica al aconsejado, sino impartir consejo sabio basado en las Escrituras, bajo la unción del Espíritu. Notemos las palabras del salmista:

> *La ley del Señor es perfecta, que restaura el alma; el testimonio del Señor es seguro, que hace sabio al sencillo. Los preceptos del Señor son rectos, que alegran el corazón; el mandamiento del Señor es puro, que alumbra los ojos. El temor del Señor es limpio, que permanece para siempre; los juicios del Señor son verdaderos, todos ellos justos; deseables más que el oro; sí, más que mucho oro fino, más dulces que la miel y que el destilar del panal* (Sal. 19:7-10).

La Palabra de Dios es capaz de hacer todo esto al mismo tiempo en una persona. La falta de confianza en la Palabra es la causa de que muchas personas sean referidas al psicólogo para tratar con cosas que tienen que ver más con el alma que con el simple comportamiento humano.

De antemano, quiero dejar claro que este no es un texto de consejería bíblica, sino un capítulo sobre este tema dirigido principalmente a pastores y líderes que pasarán una parte de su tiempo aconsejando. Por tanto, los conceptos aquí expuestos apenas representan una introducción para comenzar a entender cómo se originan los problemas y cómo podemos nosotros comenzar a tratar con ellos.

Una definición de la consejería bíblica

La consejería bíblica debe reunir ciertos requisitos o contar con determinados ingredientes para poder ser considerada como bíblica. A continuación ofrecemos una definición práctica de consejería bíblica más que una definición académica.

> *La consejería bíblica es el proceso a través del cual un creyente maduro contribuye al crecimiento emocional y espiritual de un hijo de Dios, bajo la autoridad de la Palabra y a través de la sabiduría y la guía del Espíritu Santo. El proceso debe ocurrir en el contexto de una comunidad cristiana y la meta es que el aconsejado pueda ver la vida por encima del sol y reaccionar ante ella de una manera que glorifique a Dios mientras crece a la imagen de Cristo.*

Tomemos entonces esta definición y analicemos cada uno de los elementos que la componen.

En primer lugar, cuando hablamos de consejería bíblica debemos partir de la premisa de que el aconsejado es un creyente. Con esto no estamos diciendo que los principios bíblicos no pueden ser usados para aconsejar a un no creyente, pero esa persona no va a poder recibir la enseñanza y llevarla a la práctica sin la ayuda del Espíritu de Dios. Es el poder del Espíritu que mora en la vida del creyente el que lo capacita para poder tomar las verdades de la Palabra y aplicarlas a su vida cotidiana. Sin esta ayuda sobrenatural todo esfuerzo humano será en vano. La consejería dada a un incrédulo debe tener un corte evangelístico.

Lo segundo que podemos inferir es que en la consejería bíblica el Espíritu Santo es el consejero por excelencia. Él inspiró las Escrituras, Él ilumina las Escrituras, Él concede el querer y el hacer (Fil. 2:13) al creyente y es ese mismo Espíritu el que da sabiduría al consejero para guiar al aconsejado.

Como ya hemos mencionado, el Espíritu Santo es la clave a la hora de llevar a la práctica las enseñanzas de la Palabra. Nota cómo Cristo enfatiza el rol del Espíritu en nuestras vidas; Jesús, sabiendo que la hora de su partida estaba cerca, declaró a sus discípulos:

> *Pero el Consolador, el Espíritu Santo, a quien el Padre enviará en mi nombre, El os enseñará todas las cosas, y os recordará todo lo que os he dicho* (Juan 14:26).

Esto incluye todas aquellas verdades de la Palabra que el pastor necesita conocer y recordar a la hora de aconsejar a las ovejas. Por otro lado, es el Espíritu de Dios el que convence al creyente de pecado, de justicia y de juicio (Juan 16:7).

Si el consejero es un hombre de Dios, el Espíritu Santo que mora en él iluminará su mente y lo dirigirá para saber cómo confrontar, exhortar, guiar o animar a las ovejas.

En tercer lugar, la definición de consejería bíblica que hemos provisto establece que esta consejería se lleva a cabo bajo la autoridad de la Palabra de Dios. La ley del Señor es la fuente de toda verdad que guía al creyente para poder vivir en integridad y sabiduría.

> *Porque la palabra de Dios es viva y eficaz, y más cortante que cualquier espada de dos filos; penetra hasta la división del alma y del espíritu, de las coyonturas y los tuétanos, y es poderosa para discernir los pensamientos y las intenciones del corazón* (Heb. 4:12).

La Palabra nos examina, nos escudriña, descubre las intenciones de nuestros corazones, nos hiere y nos sana al mismo tiempo. Por eso, el consejero bíblico tiene que hacer uso de ella. No olvidemos que la Palabra de Dios es la máxima autoridad en el salón de consejería y es un poderoso instrumento en las manos del consejero que le permite, junto a la ayuda del Espíritu Santo, discernir las circunstancias en que se encuentra la oveja y entonces guiarla conforme al consejo de Dios. Por tanto, la consejería bíblica demanda que el consejero se dirija continuamente a la Palabra de Dios y se guíe por los preceptos que allí se encuentran a la hora de impartir consejo.

En cuarto lugar, la consejería bíblica presupone que el individuo que va en busca de consejo pertenece a una iglesia local, idealmente a la iglesia del pastor que le está aconsejando, pues la comunidad en la que el aconsejado se desenvuelve tiene mucho que contribuir a su crecimiento y madurez espiritual. Un pastor no debería estar aconsejando a un llanero solitario, es decir, a una persona que dice ser cristiana, pero que no se congrega en una iglesia, pues el mismo hecho de no congregarse evidencia un problema de rebelión y falta de sometimiento a la Palabra que nos manda a no dejar de congregarnos como algunos tienen por costumbre y a exhortarnos unos a otros (Heb. 10:25), lo que solo puede hacerse cuando vivimos en comunidad. Por tanto, la consejería bíblica será más efectiva y provechosa cuando se lleve a cabo dentro de una comunidad cristiana.

Los doctores Henry Cloud y John Townsend, en su libro titulado *How People Grow [Cómo crecen las personas]* expresan que «el crecimiento bíblico está diseñado para incluir a otras personas como instrumentos de Dios. Para ser verdaderamente bíblicos y verdaderamente efectivos, el proceso de crecimiento tiene que incluir el cuerpo de Cristo. Sin el cuerpo, el proceso ni es fielmente bíblico ni ortodoxo».[102]

La Biblia nos exhorta a servir de apoyo a otros creyentes que estén atravesando tiempos de dificultad o pruebas: «Llevad los unos las cargas de los otros, y cumplid así la ley de Cristo» (Gál. 6:2). No podrás cumplir con este mandato bíblico si no estás teniendo comunión con los hermanos. Esta es la razón por la que Cloud y Townsend entienden que tratar de hacer consejería bíblica para que la gente crezca espiritualmente sin que ellas estén involucradas en el cuerpo de Cristo no es bíblico ni ortodoxo. Esta consejería pudiera tener ciertos beneficios, pero no podría considerarse consejería bíblica.

De manera lamentable, en la actualidad, el cristiano le ha dado poca importancia a la comunidad cristiana; sin embargo, la iglesia local no es solo un lugar donde vamos a cantar, aplaudir, levantar las manos y recibir un sermón. La iglesia local es una comunidad de creyentes que ha sido concebida por Dios para colocarnos en medio de ella porque Él entiende que ese grupo de hermanos tiene cosas que nosotros necesitamos para crecer y madurar espiritualmente. La comunidad cristiana incluye a los hermanos que nos irritan, a los que nos causan molestias y a los que no nos caen tan bien. Todos ellos son parte de nuestro proceso de santificación y a la vez nosotros

---

102. Cloud, Dr. Henry y Townsend, Dr. John, *How People Grow* [Cómo crecen las personas] (Grand Rapids: Zondervan, 2001) 122.

somos parte del proceso de crecimiento de ellos, pues Dios entiende que nosotros tenemos algo que aportar a sus vidas también.

En quinto lugar, el pastor necesita ayudar al aconsejado a entender que la circunstancia en la que él o ella se encuentra, que puede incluso ser horrible y dolorosa como la pérdida repentina de un ser querido, no escapa del control soberano y absoluto de Dios. De manera amorosa y pastoral, el consejero debe conducir al aconsejado a reconocer y aceptar que no importa cuál sea la situación que le ha llevado al salón de consejería, la misma no tomó por sorpresa a Dios ni sucedió porque Él no estaba atento a la vida de su hijo. Las cosas no se salieron de su control. Esto es importante porque el concepto que esta oveja tenga sobre el carácter y los atributos de Dios, cambiará la manera como esa persona interpretará los hechos de su vida. Ver las circunstancias de la vida por encima del sol, desde una perspectiva divina y eterna, es muy distinto a verlas por debajo del sol, desde una perspectiva terrenal y finita.

En el caso de José, por ejemplo, cuando sus hermanos se acercan a él amedrentados, pensando que José iba a tomar represalias contra ellos por haberlo vendido como esclavo, ¿qué hizo José? Les dijo: «Vosotros pensasteis hacerme mal, pero Dios lo tornó en bien para que sucediera como vemos hoy, y se preservara la vida de mucha gente» (Gén 50:20). Con una perspectiva por debajo del sol, los hermanos de José pensaron: «Nuestro hermano se va a vengar de nosotros». Pero viendo las cosas por encima del sol, José responde: «No teman. No estoy airado con ustedes, porque Dios permitió esto para salvación de toda una nación».

Con cierta frecuencia, las ovejas llegan al salón de consejería airadas contra Dios o quizás atravesando experiencias difíciles que fácilmente pudieran terminar haciendo que se enojen contra su Creador si no tienen la perspectiva correcta. En estos casos, el consejero debe ayudarles a enfocar su mirada en los propósitos eternos de Dios. La idea es que las ovejas lleguen a reconocer que si ellas tuvieran toda la información que Dios tiene y si pudieran hacer todo lo que Dios es capaz de hacer, ellas habrían orquestado los eventos de sus vidas de la misma manera, pues la voluntad de Dios es buena, agradable y perfecta (Rom. 12:2). Decir que nosotros hubiéramos orquestado las cosas de una manera diferente implica que nosotros nos creemos más sabios y más benevolentes que Dios y, por tanto, capaces de orquestar nuestras vidas de una mejor manera. Pensar de esta manera sería una necedad.

En sexto y último lugar, el consejero debe tener muy en cuenta que el objetivo final de la consejería bíblica no es resolver el asunto que ha llevado a la oveja al salón de consejería, sino que el aconsejado pueda salir del proceso glorificando a Dios y reflejando más que antes la imagen de Cristo. El crecimiento emocional y espiritual de la oveja es la meta del consejero bíblico.

El origen de los problemas

Vivimos en un mundo caído y con frecuencia nos enfrentamos a circunstancias complejas, a las que no podemos dar respuestas simplistas. A continuación presentamos algunas de las causas principales por las que entendemos que los problemas se originan. Creemos que hay cuatro razones principales como causantes primarios de los problemas en la vida del ser humano. Y el pastor como consejero, necesita estar al tanto de esto para poder ayudar a la oveja a crecer:

1. La separación de Dios
2. Ausencia o distorsión del conocimiento de Dios
3. La orientación de la vida de cada persona
4. Expectativas irreales

Analicemos cada punto por separados.

La separación de Dios

La separación del hombre de su Creador comenzó tan pronto Adán y Eva pecaron. Allí mismo comenzaron a originarse los primeros problemas. Esta primera pareja experimentó temor y vergüenza, algo que nunca antes había experimentado. Ese mismo día comenzaron sus inseguridades e insatisfacciones debido a que sus corazones habían dejado de estar completamente satisfechos en Dios. Por tanto, muchos de los problemas del hombre traídos a la consejería no son más que el fruto de un corazón insatisfecho que está tratando de encontrar la satisfacción en este mundo en vez de encontrarla en Dios, quien ha prometido ser la fuente de nuestra satisfacción. La separación de Dios creó nuevas necesidades. A partir de ese momento necesitamos sentirnos,[103]

- Aceptados/aprobados
- Acompañados
- Entendidos
- Amados
- Respetados
- Honrados
- Seguros
- Independientes
- Atendidos
- Necesitados
- Valorados
- Apoyados

Estas necesidades son agravadas cuando la persona sustituye a Dios en la búsqueda de «eso» que le dará la satisfacción deseada. Por esta razón, Dios declaró sobre su pueblo: «Porque dos males ha hecho mi pueblo: me han abandonado a mí, fuente de aguas vivas, y han cavado para sí cisternas, cisternas agrietadas que no retienen el agua» (Jer. 2:13).

---

103. Ver Gary Smalley; *The DNA of Relationships* [El ADN de las relaciones] (Colorado Springs: Alive Communications, Inc, 2004), 48.

La ausencia o distorsión del conocimiento de Dios

En el año 2017 tuve la oportunidad de entrevistar al pastor y teólogo R.C. Sproul sobre diferentes temas. Durante la conversación me refirió que en una ocasión alguien le preguntó cuál era el problema principal del no creyente, y él respondió: «que no conoce a Dios». Inmediatamente después, la misma persona le preguntó cuál era el problema principal del cristiano, y Sproul respondió de la misma manera: «que no conoce a Dios». A lo que R.C. Sproul se refería es que con frecuencia muchos cristianos no conocen a Dios como Él quiere ser conocido y, por tanto, sufren consecuencias por haber trivializado su carácter.[104] Otros nunca se sienten amados por su Padre celestial porque no tuvieron una buena imagen de su padre terrenal. Otros viven llenos de temor por ver a Dios eminentemente como un juez que está en contra de todo deleite terrenal. Esto no es más que el resultado de no conocer su revelación y de no conocer a profundidad a Jesús, quien vino a revelar al Padre. Por tanto, el pastor como consejero tendrá que analizar a sus ovejas para determinar hasta dónde parte de la problemática en medio de la que se encuentra es el resultado del desconocimiento de su Dios. En múltiples ocasiones, como consejero he descubierto que el aconsejado necesita más un discipulado que una consejería, debido a que sus problemas se deben a la falta de una mentalidad bíblica. El grupo Barna encontró en un estudio realizado en el año 2015 que solo un 17 % de los cristianos que consideran su fe como importante y que asisten a sus iglesias regularmente, tienen una cosmovisión bíblica.[105] Por esta razón, señalo que mejores discípulos siempre requerirán menos consejería. Yo estoy completamente convencido de que la iglesia de hoy necesita consejería bíblica para

---

104. Chester, Tim, *You Can Change* [Tú puedes cambiar] (Wheaton: Crossway, 2010), 73-97.
105. Competing Worldviews Influence Today's Christian; May 9, 2017; https://www.barna.com/research/competing-worldviews-influence-todays-christians.

sus ovejas; pero estoy igualmente convencido de que esta necesidad surge o aumenta en la medida en que la iglesia ha fallado en formar mejores discípulos. El movimiento de consejería bíblica como tal probablemente surgió en la década de 1970.[106] Considero que por lo menos una gran parte de la necesidad surgió en medio de una sociedad y, por tanto, de una iglesia cada vez más herida, fracturada y quebrantada y en medio de un número cada vez mayor de personas identificadas como cristianos, pero que carecían de una formación bíblica sólida.

La orientación de la vida de cada persona

El día que nacimos de nuevo, Dios nos entregó una nueva vida que llamamos «vida eterna». A partir de este momento, la vida del cristiano debió adquirir una orientación vertical, como señala este texto bíblico:

> *Si habéis, pues, resucitado con Cristo, buscad las cosas de arriba, donde está Cristo sentado a la diestra de Dios. Poned la mira en las cosas de arriba, no en las de la tierra* (Col. 3:1-2).

Lamentablemente, la mayoría de los creyentes continúan buscando las mismas cosas de este mundo que buscaban antes para sentirse satisfechos y realizados. En otras palabras, la orientación de su vida sigue siendo horizontal y no vertical. La vida eterna que nos entregaron no puede ser vivida con los valores de una vida temporal y terrenal. Y de ahí las grandes insatisfacciones que vemos como consejeros.

Múltiples estudios en Norteamérica han demostrado que el estilo de vida de muchos cristianos (o por lo menos denominados

---

106. Ver David Powlison, *The Biblical Counseling Movement: History and Context* [El movimiento de la consejería bíblica: Historia y contexto] (NC: Greensboro: New Growth Press, 2010).

evangélicos) no difiere en nada del estilo de vida de muchos no cristianos.[107] Si esto es cierto, entonces tenemos la explicación a muchos de sus problemas: el vivir una vida eterna con valores de este mundo.

Nosotros nacimos de nuevo; en ese instante fuimos regenerados y el Espíritu Santo vino a morar dentro de nosotros. A partir de ese momento, se supone que nuestras vidas deberían comenzar a ser reorientadas hacia la eternidad debido a que nuestra ciudadanía cambió de una terrenal a una celestial (Fil. 3:20). Ya no somos ciudadanos de este mundo (Juan 17:14-16). Si siendo ciudadanos de otro mundo, insistimos en vivir esta nueva vida en Cristo con los valores de nuestra vieja ciudadanía no dejaremos de cosechar consecuencias.

Expectativas irreales

Este es un mundo caído y por tanto todo lo de este mundo es incompleto, insatisfactorio, insuficiente y disfuncional. Mientras caminó sobre la faz de la tierra, el Señor Jesucristo no tuvo las cosas que en su humanidad quizás hubiese deseado tener o aun las que merecía. No tuvo los mejores discípulos, no tuvo las mejores circunstancias, no tuvo los mejores jueces cuando fue juzgado; sin embargo, Él jamás perdió su gozo ni su enfoque porque la orientación de su vida fue siempre vertical.

Algunos o muchos de nuestros anhelos tendrán que ser llenados en la eternidad futura. Como dijera el pastor C.J. Mahaney en uno de sus sermones predicados en nuestra iglesia, «algunas de nuestras lágrimas serán secadas en esta vida; otras tendrán que ser secadas en la vida venidera».

Bien nos dice el apóstol Pablo en Romanos 8:18:

---

107. Barrick, Audrey, *Study Compares Christian and Non-Christian Lifestyles* [Un estudio compara los estilos de vida de cristianos e incrédulos], Christian Today, US Correspondant, miércoles, 7 de febrero 2007, https://www.christiantoday.com/article/american.study.reveals.indulgent.lifestyle.christians.no.different/9439.htm

Pues considero que los sufrimientos de este tiempo presente no son dignos de ser comparados con la gloria que nos ha de ser revelada.

El cristiano tiene que cambiar sus expectativas de vida porque el choque entre lo que espera y la realidad que le toca vivir produce en él o en ella mucha frustración, ansiedad, ira y hasta depresión. Además, recordemos las palabras de Santiago 1:2-4:

Tened por sumo gozo, hermanos míos, el que os halléis en diversas pruebas, sabiendo que la prueba de vuestra fe produce paciencia, y que la paciencia tenga su perfecto resultado, para que seáis perfectos y completos, sin que os falte nada.

En el versículo dos, Santiago tiernamente le recuerda a su congregación que las pruebas son inevitables. Notemos el uso de la frase «*os halléis en diversas pruebas…*» (no, *si se enfrentan a pruebas*). Santiago está diciendo que las pruebas vendrán. Él sabe que las dificultades se hacen más difíciles cuando de manera inocente asumimos que los problemas no llegarán a nosotros. Dios nunca promete que sus hijos van a escapar de este mundo caído. En su sabiduría, Él ha elegido que nosotros vivamos en medio del quebrantamiento. Ya sea debido a cizaña o enfermedad, rechazo o corrupción, guerra o polución, desalientos o peligros, nosotros estamos de alguna manera siendo tocados cada día por La caída. No deberíamos sorprendernos cuando sufrimos y cuando las pruebas llegan a nosotros; de hecho, deberíamos sorprendernos cuando no sea así.[108]

Aceptación y gratitud son dos cualidades que el cristiano necesita cultivar como antídoto a los problemas de la vida. Necesitamos aceptar lo que Dios ha permitido en nuestras vidas y necesitamos dar gracias por sus múltiples bondades hacia nosotros. Este es un

108. Lane, Timothy S. y Tripp, Paul David, *How People Change* [Cómo cambian las personas] (Greensboro: New Growth Press),101.

énfasis que el pastor debe hacer desde el púlpito continuamente y en las reuniones de consejería.

El evangelio en la consejería

Algunos han dicho que Cristo es el evangelio y si lo pensamos así, entonces la consejería bíblica debe estar llena de lo mismo que Cristo estuvo lleno: de gracia y de verdad (Juan 1:14). No tenemos que escoger uno sobre el otro porque los atributos de Dios no compiten entre sí. Cristo siempre amó a través de la verdad y siempre confrontó a través de la gracia. El encuentro con la mujer samaritana (Juan 4) es el mejor ejemplo de lo que estamos tratando de enseñar. De manera que, nunca olvidemos aconsejar haciendo uso del evangelio.

Todo pecado necesita ser confrontado; pero la confrontación no necesita estar divorciada de la gracia. El pastor debe colocar el evangelio de Cristo en el centro de la consejería. Él necesita comunicar la necesidad de arrepentimiento tanto a la persona que llega al salón de consejería ya confrontada, como a quien requiere ser confrontada varias veces antes de reconocer su pecado. Asimismo, el pastor necesita asegurarse de que el aconsejado comprende la oferta de perdón que Cristo ha extendido aun a aquellos que en un principio niegan su pecado y que luego lo confiesan. El gran apóstol Pedro negó a Cristo tres veces, así que no te sorprendas cuando una oveja niegue frente a ti su pecado ni la humilles por actuar de esa manera. Sé sensible al confrontarla y recuerda que la única diferencia entre Pedro y nosotros es que nosotros no hemos estado en las mismas circunstancias en las que estuvo el apóstol.

Ayuda al aconsejado a llevar su culpa a la cruz. Todo ser humano ha experimentado sentimientos de culpa, pues todos en algún momento de la vida hemos violado alguna ley o código moral que ha provocado un sentido de responsabilidad por la falta cometida. Lamentablemente, las personas por lo general no saben cómo lidiar con el sentido de culpa. Mientras algunos se esmeran en apagar todo sentimiento de culpa, otros viven cargados y abatidos por la culpa.

Imagina el caso de un padre que se ha dado cuenta de que ha educado a sus hijos de mala manera. Quizás esa persona no sabía lo que estaba haciendo porque nunca tuvo un buen modelo a imitar y sencillamente replicó lo poco que conocía. Tal vez al momento de criar a sus hijos este padre desconocía las verdades de la Palabra y ahora que ha creído en el evangelio, al mirar atrás puede ver el mal ejemplo que por años le dio a sus hijos. Entonces, ¿cómo lidia este padre con el sentimiento de culpa? Él no puede regresar el tiempo y empezar a criar a sus hijos de nuevo, pero hay algo que él sí puede hacer. Él puede ir a la cruz y depositar su pecado y su culpa a los pies de Jesús. Él puede acercarse al Señor y reconocer todo lo malo que ha hecho, el mal ejemplo que por tanto tiempo ha dado a sus hijos, pedir perdón y recibir el perdón de Dios.

Ahora bien, hay hijos de Dios que aún después de hacer esto continúan cargando con un profundo sentimiento de culpa. Esto se debe únicamente a que en el fondo no le han creído a Dios. Por tanto, con un corazón pastoral, no acusatorio, el consejero debe ayudar a esas ovejas a ver su incredulidad, pues Dios dice en su Palabra que «Si confesamos nuestros pecados, Él es fiel y justo para perdonarnos los pecados y para limpiarnos de toda maldad» (1 Jn. 1:9). De modo que, si la persona fue sincera al confesar sus pecados ante Dios, ya no hay razón para seguir cargando con la culpa. El cristiano que vive lleno de culpa a pesar de haber acudido a Dios en arrepentimiento, niega la obra redentora de Cristo en la cruz.

La cruz está ahí para recordarnos que hemos sido perdonados y poder volver a ser perdonados. Y la cruz no solamente es suficiente para los pecados del pasado, sino también para los pecados del presente y los pecados que hemos de cometer en el futuro. En la cruz, Cristo no nos hizo justificables, Él nos justificó. Por esta razón, cuando en el día de mañana una de sus ovejas cometa un pecado, esta debe regresar a Él en arrepentimiento, a fin de restaurar la calidad de la relación que ha sido quebrantada por el pecado, pero no para evitar ser castigado por su pecado, pues Cristo pagó por ese pecado hace ya más de dos mil años. ¡Consumado es!

No obstante, el sentimiento de culpa puede llegar a ser tan grande que en ocasiones he escuchado a personas decir que Dios los está castigando por algún pecado que han cometido en el pasado, como la madre que piensa que su hijo que tuvo un accidente ha muerto porque Dios le está haciendo pagar por haberse practicado un aborto años atrás. Aquellos que piensan de esa manera no han entendido la obra redentora de Cristo. El juicio se cumplió sobre los hombros de Jesús.

Lamentablemente, muchos hijos de Dios tienen una teología de *uno por uno*, la misma teología que tenían los amigos de Job: «Job, si estás así es porque pecaste. Estamos seguros que pecaste y lo peor de todo es que tú estás negando que pecaste». Estos hombres argumentaban que el sufrimiento experimentado por Job era básicamente una consecuencia de su pecado. Esa misma forma de pensar es la razón por la que los discípulos, al ver a un hombre ciego de nacimiento, se acercaron a Cristo y le preguntaron: «Rabí, ¿quién pecó, éste o sus padres, para que naciera ciego?» (Juan 9:2). Los judíos entendían que si una persona nacía enferma era porque alguien había pecado, ya sea los padres o el feto en el vientre. Si bien es cierto que el pecado puede ser una causa del sufrimiento, en este caso la respuesta de Cristo nos enseña que el pecado no tenía nada que ver con la ceguera de este hombre. Jesús respondió a sus discípulos: «Ni éste pecó, ni sus padres; sino que está ciego para que las obras de Dios se manifiesten en él» (Juan. 9:3). De hecho, Cristo llegó a negar la creencia popular del momento, es decir, que aquellos que sufren calamidades son más pecadores que los que son librados de experimentar aflicciones. Esto ocurrió cuando algunos le hablaron sobre los galileos que fueron asesinados por las autoridades romanas mientras se encontraban en el proceso de ofrecer sacrificios y Jesús, en respuesta a sus comentarios, declaró:

> *Respondiendo Jesús, les dijo: ¿Pensáis que estos galileos eran más pecadores que todos los demás galileos, porque sufrieron esto? Os digo que no; al contrario, si no os arrepentís,*

> *todos pereceréis igualmente. ¿O pensáis que aquellos dieciocho, sobre los que cayó la torre en Siloé y los mató, eran más deudores que todos los hombres que habitan en Jerusalén? Os digo que no; al contrario, si no os arrepentís, todos pereceréis igualmente* (Luc. 13:2-5).

Indudablemente, de este lado de la gloria ocurren cosas indeseables a diario, pues es el resultado natural de vivir en un mundo caído. Ahora bien, algunas de esas cosas malas que nos ocurren sí son consecuencias directas de nuestro pecado. Por ejemplo, una persona que por años ha ingerido bebidas alcohólicas en exceso y de manera irresponsable, puede desarrollar una cirrosis como consecuencia de ese abuso crónico del alcohol. Sin embargo, si tu hijo sale a la calle el día de mañana y tiene un accidente automovilístico, no debemos concluir que eso ocurrió como resultado de un pecado que tú o él cometieron. Ahora, si conscientemente prestas las llaves del carro a un hijo irresponsable y este tiene un accidente de tránsito, entonces podemos concluir que ese accidente es una consecuencia de una falta que tú cometiste. Pero Dios no castiga el pecado de sus hijos porque ya Cristo cargó con el peso de nuestros pecados en el madero y la cruz está ahí para que llevemos todas nuestras culpas a los pies de nuestro Redentor. Dios sí nos disciplina, como bien explica el autor de Hebreos, en el capítulo 12.

Si vives el evangelio, no serás un juez acusador al escuchar el pecado de alguien. Más bien, serás un instrumento para llevar a esa persona al arrepentimiento. Antes de juzgar con severidad a otro creyente ten presente lo siguiente: «en primer lugar, desconoces cuánto esfuerzo hizo esa persona para no caer. Tampoco conocemos el poder de las fuerzas que lo asediaron».[109]

Por ejemplo, ninguno de nosotros sabe en carne propia lo que es estar en vela durante toda una madrugada en el primer siglo, siendo Herodes, Pilatos bajo el César, los dictadores de la región, y estar allí

---

109. Meyer, F.B., citado por Stephen Brown, *Christianity Today*, 5 de abril, 1993, p. 17.

escuchando el juicio contra alguien a quien van a crucificar porque lo consideran un rebelde. Ninguno de nosotros ha estado bajo ese nivel de presión para ser tan duros al juzgar a Pedro por haber negado a Cristo.

Nosotros desconocemos cómo hubiéramos reaccionado estando en las mismas condiciones que estuvo ese hermano que pecó. Nadie está exento de una caída (1 Cor. 10:12); por tanto, la caída del otro debe llevarnos inmediatamente a la sobriedad, pues en el día de mañana ese pudiera ser tu caso.

No olvidemos que por medio de Jesucristo y gracias a su obra en la cruz, aun el más vil de los pecadores puede encontrar el perdón y la gracia de Dios. Por todas estas razones, el evangelio de Cristo debe ser el eje sobre el que gire la consejería bíblica.

Características del pastor como consejero[110]

Finalmente, quiero mencionar algunas características que el pastor debe poseer como consejero.

En primer lugar, el consejero bíblico, pastor o no, debe ser un hombre piadoso. Lo peor que pudiera sucederle a una oveja es tener un consejero de poca piedad, pues este no podrá dirigirla hacia una vida de devoción a Dios. Por el contrario, cuando un pastor ha pasado por diversas experiencias de vida, a través de las cuales, Dios mismo lo ha llevado a ser un hombre piadoso, él tiene entonces la madurez y la credibilidad necesaria para poder aconsejar a sus ovejas y enseñarles cómo glorificar a Dios en medio de las distintas circunstancias que Él le ha permitido atravesar y a crecer conforme a la imagen de Cristo. «En la medida en que nuestros discípulos reflejen a Cristo de manera creciente y se relacionen como Cristo lo hizo de manera creciente, en esa misma medida, ellos serán consejeros bíblicos fructíferos».[111]

---

110. Robert W. Evans en *The Pastor's Book* [El libro del pastor], por Kent Hughes (Wheaton, IL: Crossway, 2015), 466.
111. Kellemen, Robert W., *Equipping Counselors for Your Church* [Equipando consejeros para tu iglesia] (Phillipsburg: P & R Publishing, 2011), 187.

Además, **el pastor necesita ser un hombre auténtico, honesto, maduro, humilde y caracterizado por una vida de integridad.** Un consejero no auténtico es como un fariseo, que habla de cosas que él mismo no lleva a la práctica. Asimismo, cuando el pastor no es humilde, no puede motivar a sus ovejas a abandonar el orgullo y vivir una vida de completa sumisión a la voluntad de Dios porque él mismo no se conduce con humildad. De ahí que, un consejero bíblico es idealmente un hombre maduro en la fe, cuyo carácter ha sido probado y pulido por Dios. Además, el pastor-consejero debe ser un hombre de integridad ante Dios y ante los hombres. De hecho, debe ser una persona irreprensible como se menciona en 1 Timoteo 3.

El pastor, en su rol de consejero, debe ser un hombre de espíritu tierno y abordable, como lo fue Cristo. Nadie buscará consejo y ayuda con una persona que en vez de ser una especie de almohada santa para el que está abatido, es como una madera rígida y tosca. El pastor necesita cierto nivel de ternura en su trato hacia las ovejas hasta el punto de poder llorar con su aconsejado por el cáncer que le acaban de diagnosticar, por el pecado que acaba de confesar, o por la violencia de que ha sido víctima la noche anterior. Notemos las palabras de Pablo a los Tesalonicenses.

> *Más bien demostramos ser benignos entre vosotros, como una madre que cría con ternura a sus propios hijos. Teniendo así un gran afecto por vosotros, nos hemos complacido en impartiros no sólo el evangelio de Dios, sino también nuestras propias vidas, pues llegasteis a sernos muy amados* (1 Tes. 2:7-8).

Como consejero, el pastor debe procurar entender al otro y ponerse en su lugar antes de aconsejarle. Pero para poder hacer esto, **él necesita escuchar activa, profunda y pacientemente.** No interrumpas al aconsejado mientras esté hablando a menos que tengas que hacer una pregunta porque algo de lo que dijo no te quedó claro. Permite que la persona hable y trata de no ofrecer consejo antes de tiempo. Si hay un silencio porque el aconsejado se puso a llorar, no comiences a aconsejarlo a fin de romper el silencio. Por el contrario, si la persona está llorando, puedes decir algo como: «Está bien. Llora todo lo que quieras». En mi oficina siempre tengo pañuelos desechables sobre el escritorio, entonces tomo la caja, la coloco frente a la oveja y le digo: «Tranquilo. Llora». Luego, cuando la persona se ha recuperado, continuamos la conversación.

Por otro lado, el pastor necesita saber que él no siempre tiene la solución a todos los casos que se presentan en consejería. Ahora, el aconsejado va a irse a su casa bien o mal dependiendo de qué tan entendido se sienta. Aquellos que están atravesando por circunstancias difíciles anhelan sentirse comprendidos más que cualquier otra cosa. Esto implica que no confiarán en sus pastores si no se sienten comprendidos por ellos. Y aunque ningún pastor puede mirar el interior de una persona y comprender en su totalidad las distintas emociones que le embargan, una actitud que demuestre genuino interés por el bienestar del otro puede marcar la diferencia en consejería. A veces no es bueno decirle al aconsejado que entendemos por lo que está pasando, pues la realidad es que con toda probabilidad no hemos vivido en carne propia lo que nos relatan. Sin embargo, podemos decir cosas como: «Me imagino lo difícil que esa experiencia debió haber sido para ti porque ahora mismo estoy sintiendo tu dolor y yo ni siquiera estuve allí cuando eso sucedió. No fue a mí que me lo hicieron, pero puedo ver y sentir el dolor que esto te ha causado». Identificarse con los sentimientos del otro ayuda al individuo a sentirse amado y comprendido.

El consejero tiene que vivir una vida que inspire en otros confianza, credibilidad y esperanza. Para lograr esto, vive de tal manera que los demás no solo te perciban como una persona de carácter íntegro, sino también como alguien que desea aconsejarles para su bien. A su vez, **el consejero debe tener gran conocimiento bíblico y aplicarlo.** Si no conoces la Palabra de Dios ni sabes cómo aplicarla a la vida diaria, no sabrás cómo hacer consejería bíblica. Por tanto, escudriña diariamente las Escrituras y pídele a Dios sabiduría y discernimiento para saber cómo manejar cada caso que llegue a tus manos.

Reflexión final

El Pastor como consejero necesita ser una persona especial. Él debe poseer conocimiento bíblico, discernimiento, empatía, firmeza y al mismo tiempo debe estar lleno de gracia y verdad. En el salón de consejería, el consejero está ahí para dejarse guiar por el Espíritu de Dios y para hacer uso de las Escrituras, ya que en ellas radica el poder de cambio de la persona. Cristo lo expresó de esta forma: «Santifícalos en la verdad; tu palabra es verdad» (Juan 17:17). El Espíritu de Dios toma la Palabra y la aplica a la vida del creyente para producir el cambio. El apóstol Pablo nos dejó ver cómo se produce este cambio en el cristiano: «Pero nosotros todos, con el rostro descubierto, contemplando como en un espejo la gloria del Señor, estamos siendo transformados en la misma imagen de gloria en gloria, como por el Señor, el Espíritu» (2 Cor. 3:18).

La confianza del consejero cristiano está en la Palabra de Dios y en el Espíritu de Dios. Como consejero de las ovejas del Señor, vive una vida de piedad y una vida de intimidad con Dios. Estas dos cosas van de la mano. Tu rol como pastor consejero es representar bien a Cristo y hacer uso del evangelio, reconociendo que es en el evangelio donde radica el poder.

Ayuda al aconsejado a ver que el mayor problema está dentro de él y no afuera. Al hacer esto le estarás ayudando a enfocarse en su corazón y no en el corazón de los demás. Al final, no podemos cambiar al otro. Pero podemos entrar al quirófano de Cristo para que haga cirugía de corazón abierto en nosotros.

Capítulo 10

El pastor, la iglesia local y la formación de futuros pastores

Porque creemos que el llamado es santo y la tarea desafiante, deseamos que los hombres estén completamente preparados antes de ser ordenados. De modo que la preparación es rigurosa pero asequible. Al Señor se le debe dar lo mejor que tenemos para ofrecerle. Que el Señor te bendiga conforme sigues este llamado eminente hasta lo sumo.

John MacArthur, Jr.

Introducción

El llamado de Dios frecuentemente precede a la formación. De hecho, muchas personas inician su preparación, precisamente porque sienten un llamado. Pero la formación del pastor debe preceder al ejercicio de su pastorado. Cristo no esperó que los doce discípulos estuviesen formados para llamarlos; Él primero los llamó y luego inició su formación. El llamado se da en etapas, donde la persona se va sintiendo cada vez más llamada o más segura de su llamado. Antes de continuar, quiero evitar que alguien piense que es mi entendimiento que para servir como pastor, obligatoriamente necesito asistir al seminario.

Eso sería ideal; pero no es consistente con la historia de la iglesia. Ahora, antes de servir, necesito estar preparado, aun si esa formación se da de manera no formal como ha ocurrido con un número significativo de siervos de Dios.

Por otra parte, quiero hacer la observación de que en Latinoamérica, con cierta frecuencia hemos escuchado de casos donde alguien afirma estar convencido de no tener un llamado al ministerio, mientras otros tratan de convencer a esa persona de que sí lo tiene. Este es un grave error. La primera persona en recibir y estar convencido de ese llamado de Dios es la persona llamada y no los demás. Muchas veces esto ha ocurrido en situaciones donde hace falta un pastor y alguien está tratando de llenar ese vacío en el púlpito presionando a otro para que asuma esa responsabilidad. Esto nunca producirá buenos resultados.

Distintos llamados

Veamos los siguientes tipos de llamado para entender mejor a qué me refiero:

1. El llamado a la salvación
2. El llamado a la santificación
3. El llamado al servicio
4. El llamado a la formación

En cuanto a la salvación, sabemos que Dios nos ha llamado desde antes de la fundación del mundo (Ef. 1:1-14). Este es un llamado soberano dependiente de su gracia y de su buena voluntad, al que solo nos toca responder por medio de la fe en la obra de Cristo (Ef. 2:8-9).

La santificación, por otro lado, inicia al momento de la justificación y, en un verdadero creyente, continúa de manera progresiva durante toda su vida. En este caso, el creyente sí participa de este llamado exponiéndose a los medios de gracia, incluyendo el estudio de su Palabra que es el instrumento número uno de santificación de acuerdo con el mismo Señor Jesucristo (Juan 17:17; Heb. 4:12). Otros medios de gracia son la lectura de la Palabra, la meditación de la misma, la oración, el pertenecer a una comunidad cristiana sana, la consejería bíblica, etc.

El llamado a servir es un llamado que cae sobre todos los redimidos. Ahora, el área de servicio o tipo de servicio variará con los dones y talentos dados por Dios a cada persona. Cada creyente recibe por lo menos un don (1 Ped. 4:10) y es para ponerlo al servicio de la iglesia (1 Cor. 12:7). Muchas veces el servicio es la manera en la que descubres que Dios tiene un llamado ministerial para ti, un llamado al cuidado especial de las ovejas o un llamado a tiempo completo. Por esta razón proponemos el servicio primero en alguna medida y luego la formación.

El llamado a la formación

La formación de un seminario

Sin duda, antes de la formación, como puede ser el caso de algunos lectores, debe haber un proceso importante de santificación, porque iniciar nuestra formación ministerial siendo todavía muy carnal en nuestras formas de pensar y actuar sería discordante. Esta conducta pondría en entredicho nuestro testimonio a la hora de que las personas observen nuestro caminar.

Creo que una buena pregunta con relación a la formación o educación teológica sería: ¿necesito una educación de seminario? De ser así, ¿de qué manera contribuye el seminario a esta formación? Podemos preguntar también: ¿de qué maneras contribuyen otras formas de preparación? Para fines de aclaración de criterios, a la formación de institutos bíblicos y seminarios teológicos, le llamaremos educación formal. A la formación que ocurre a través de otros medios, la llamaremos educación informal, como la de Juan Calvino. Juan Calvino fue un hombre extremadamente educado, pero su formación fue más bien autodidacta.

Existen personas que tienen la capacidad de ser autodidactas, pero no todo el mundo tiene esta habilidad o talento. Para ser autodidacta no es necesario ser brillante, pero sí deben existir ciertas condiciones. La primera de estas condiciones es disfrutar y poseer disciplina de estudio. Si un individuo disfruta el estudio, se le facilitará hacerlo de manera sistemática y disciplinada. También esta persona debe ser disciplinada, porque en el caso contrario necesitará que alguien más le ayude organizar su estudio y su tiempo. Esto no significa que el autodidacta es un santo o alguien superior. La personalidad, forma de ser, dones, talentos, son algunos factores que contribuyen a esta capacidad.

Ya sea a través de una educación formal o informal, lo importante es que necesitamos educarnos para manejar adecuadamente y con fidelidad la Palabra de Dios.

Estas son algunas de las contribuciones del seminario en la formación del pastor:

- El profesor conoce información que el estudiante desconoce.
- Los profesores poseen conocimiento especializado.
- La interacción con un profesor piadoso puede marcar la vida del estudiante.
- La educación en un seminario proveerá disciplina de estudio, organización de tareas, prioridades y administración del tiempo.
- Este tipo de educación profundiza el pensamiento reflexivo y crítico.
- Nutre el hábito de formular lógicamente.
- Fomenta la disciplina de escribir. Francis Bacon declaró que «la lectura hace al hombre completo; la conversación lo hace ágil, el escribir lo hace preciso».
- Nos enseña a trabajar en equipo.
- Nos provee herramientas para la investigación.

En resumen, ¿qué provee el seminario? Entre otras cosas: conocimiento, disciplina, exposición a maestros con experiencia que poseen un carácter formado y probado, interacción con estudiantes y desafío a nuestro pensamiento, entre muchos otros aportes.

También me reta a ser más hábil, crítico y astuto en mis valoraciones y análisis, porque estoy constantemente siendo desafiado a hacer, a responder, a preguntar y a escribir ensayos, actividades que mejoran mi capacidad de pensamiento. Esto eventualmente impactará de forma considerable mi pastorado. Ahora consideremos el rol de la iglesia en este sentido.

La contribución de la iglesia local a la formación del ministro

La contribución de la iglesia local a la formación de pastores es monumental. A continuación, revisemos algunas premisas relacionadas a la formación y ordenación de pastores:

- Los seminarios no forman ni ordenan pastores; más bien proveen grados académicos.
- Una maestría no hace a una persona pastor.
- La iglesia local es el mejor lugar para formar a un pastor; pero no provee grados académicos.
- El seminario provee conocimiento, disciplina, estructura, exposición e interacción, como ya observamos, formando así tu capacidad mental; pero la iglesia local contribuye aún más a formar el corazón del pastor.

¿Cómo puede la iglesia local formar pastores? Como ya señalamos, los seminarios no forman ni ordenan pastores. Cuando terminas una maestría, no recibes un título de «maestría en pastoreo». El seminario hace aportes significativos a la formación, pero no te hace pastor. Hay pastores que no se han graduado de un seminario y hay personas graduadas de seminario que no son pastores. Por lo tanto, el seminario no es el que forma al pastor. La iglesia local es el laboratorio donde los pastores deben ser formados. En una ocasión escuché al Dr. Albert Mohler, presidente de *The Southern Baptist Theological*

Seminary en Louisville, Kentucky, decir exactamente lo mismo. En otra ocasión, escribiendo para la revista TableTalk, afirmó:

> *Sin embargo, considérame como un presidente de seminario que cree que la iglesia local es aún más importante para la educación del pastor. La iglesia local debe ver la educación teológica como su propia responsabilidad antes de asociarse con un seminario teológico para estudios formales. El seminario puede proporcionar una profundidad y amplitud de estudios, todos necesarios para el ministro, pero no puede reemplazar a la iglesia local como el contexto donde el ministerio se aprende de forma más directa».*[112]

Ahora bien, hay aspectos que la iglesia local no podrá cubrir, como menciona el Dr. Mohler. Veamos la opinión del ministerio IX Marcas que dirigen los pastores Mark Dever y Jonathan Leeman. Esta es la pregunta que llegó a su buzón: *¿Quién es responsable de formar pastores?* La respuesta fue:

> «La mayoría de los evangélicos creen que la respuesta a esa pregunta es obvia: los seminarios son responsables. Un hombre que decide que quiere ser un pastor debe ir al seminario, obtener un título y luego, ¡listo! Él está listo para ser un pastor. Pero no es así como la Biblia describe el entrenamiento del pastor. En 2 Timoteo 2:2, Pablo escribe: "Lo que me has oído decir en presencia de muchos testigos, encomiéndalo a creyentes dignos de confianza, que a su vez estén capacitados para enseñar a otros". Pablo exhorta a Timoteo a que como líder de una iglesia local entrene personalmente a otros hombres para el ministerio. La capacitación de pastores es responsabilidad tanto de los líderes de la iglesia como de las iglesias en general. Las iglesias son responsables de

112. Mohler, Albert, *Training Pastors in Church* [Capacitar pastores en la iglesia], TableTalk Magazine, 1 de febrero 2008.

> apoyar el trabajo de su pastor en la capacitación de hombres para el ministerio, darles todos los recursos que puedan para capacitar a los hombres para el ministerio, alentar y equipar a los hombres y, en última instancia, seleccionar a sus propios líderes, lo que implica algún tipo de responsabilidad para supervisar su capacitación. En otras palabras, y como ya afirmamos, los seminarios no hacen pastores, las iglesias hacen pastores».[113]

Esta es una respuesta con la que concuerdo y por esta razón contamos con el *Instituto integridad y sabiduría* y próximamente iniciaremos un colegio de pastores.

La iglesia local tiene una responsabilidad en la formación de pastores cuando consideras que, «más de 2.2 millones de líderes pastorales (y hasta 3.4 millones según algunas estimaciones) ministran y solo el 5 % de ellos recibieron algún entrenamiento para el ministerio pastoral, según el *Centro para el estudio para el cristianismo mundial.* Por lo tanto, más de 2 millones de líderes pastorales necesitan un fortalecimiento inmediato para sus ministerios. ¿Cómo podemos acelerar el ritmo de la capacitación pastoral (un desafío para los modelos formales de capacitación pastoral) al tiempo que aumentamos la calidad (un desafío para las iniciativas de capacitación pastoral no formal) en todas partes?».[114]

Cuando mejoras la salud de los pastores, mejoras la salud de las iglesias. De ahí la necesidad de acelerar la formación pastoral en todos los lugares.[115]

---

113. Dever, Mark y Leeman, Jonathan, Who is responsible for Training Pastors? [¿Quién es responsable de capacitar a los pastores?]; https://www.9marks.org/answer/who-responsible-training-pastors.

114. Richard, Ramesh, *Training Pastors: A High Priority for Global Ministry Strategy*, https://www.christianitytoday.com/edstetzer/2015/december/training-pastors-high-priority-for-global-ministry-strategy.html, publicado el 1 de enero 2016 por Christianity Today.

115. Ibid.

A la hora de formar pastores en la iglesia local, debemos pensar en tres grandes áreas:

1. Carácter: esto es algo observable por la congregación.
2. Conocimiento: aquí el púlpito juega un rol primario.
3. Habilidades: para ser desarrolladas en medio del cuerpo de Cristo.

Carácter

De nuevo, insistimos en la formación del carácter. El capítulo cuatro fue dedicado por completo al carácter moral del pastor. En el capítulo nueve hablamos del carácter como una fuente legítima de autoridad, citando a Henry Blackaby. Y ahora quiero completar lo que no he dicho hasta este momento sobre el carácter.

Alguien pudiera tener el conocimiento correcto; las habilidades necesarias, la filosofía ministerial apropiada y la experiencia ministerial de años y no poseer el carácter necesario para ejercer el pastorado. Otras veces, la persona se ha involucrado tan poco en la iglesia local que la persona no ha desarrollado experiencia ministerial.

La iglesia local es el lugar ideal para desarrollar el carácter de los futuros pastores. Sin lugar a duda que el seminario puede y debe contribuir al desarrollo del carácter de la persona, pero la iglesia local es vital en ayudar a los futuros líderes a desarrollar su carácter. Además, este desarrollo está a la vista de todos, lo cual sirve como un mecanismo de rendición de cuentas.

De las tres áreas mencionadas más arriba, el carácter es la prioridad. De nuevo, citaremos al apóstol Pablo para observar el énfasis que Dios hace en el desarrollo del carácter:

> *Lo que me has oído decir [conocimiento] en presencia de muchos testigos, encomiéndalo a creyentes dignos de confianza [carácter], que a su vez estén capacitados [habilidades] para enseñar a otros* (2Tim. 2:2).

En nuestra iglesia tenemos un programa de ancianos en entrenamiento para formar futuros pastores (este no es el futuro colegio de pastores). En ocasiones nos hemos reunido con algunos de ellos debido a que alguien en la congregación ha hecho alguna observación sobre su carácter. Estas conversaciones han sido muy productivas al tener que revisar los señalamientos y hablar sobre qué cosas son las que se esperan de un pastor. El seminario no es el mejor lugar donde estas debilidades del carácter van a brotar porque, por lo general, el estudiante va a escuchar a un profesor impartir sus clases y participa de manera pasiva de lo que se enseña.

Nada revela más lo que hay en el corazón de un líder, que su misma congregación. La congregación contribuye a formar pastores, porque cuando las cosas empiezan a funcionar mal e inician las ofensas, acusaciones, los reclamos o señalamientos de parte de las ovejas, entonces lo que sale de nosotros, es precisamente lo que abunda en nuestro corazón (Mat. 12:34).

No hay nada que forme el corazón pastoral como una congregación donde la gente se enferma y tienes que consolarlos; donde la gente fallece y necesitas caminar con los familiares en medio del dolor; donde los miembros se casan y al año están teniendo dificultades; donde hay gente que te señala que no les ayudaste a tiempo y muchas otras cosas similares. El futuro pastor tendrá que aprender a manejar todas estas situaciones. La contribución de la congregación a la formación del pastor es monumental.

El pastor en formación dentro de la congregación tiene que aprender que las cosas que nos ofenden muchas veces están relacionadas a los ídolos de nuestro corazón. Cuando estos ídolos son tocados, reaccionamos. Las cosas que nos irritan nos deben llevar a examinarnos para descubrir cuál de mis ídolos fue tocado. Si hacemos esto, comenzaremos un proceso que revelará nuestros ídolos. Lidiar con esto nos conducirá a madurar espiritualmente y ser un mejor pastor. Esto ocurre en el contexto de la congregación; nadie lo hará mejor que el cuerpo de Cristo. Una y otra vez, esta es la forma como ocurre y una de mis motivaciones para examinar estas cosas es para revelarte la necesidad de estar en una congregación. El seminario puede darte una maestría y un doctorado; la iglesia local puede darnos experiencia y oportunidades para ejercitar los dones que Dios ha dado.

Conocimiento bíblico o madurez espiritual

Conocimiento bíblico no equivale a madurez espiritual, pues la madurez está relacionada a cómo vives tu vida y no necesariamente está relacionada a cuánto conoces del Antiguo Testamento, de la ley o del evangelio. Es posible ser teológicamente astuto y a la vez ser muy inmaduro. Podemos conocer todas las posibles respuestas apologéticas a preguntas sobre la verdad, la existencia de Dios, la creación, el aborto o la eutanasia y responder de manera muy astuta, pero aun así ser muy inmaduros. El conocimiento no se traduce necesariamente en madurez intelectual o emocional.

Nuestro pecado no es un problema de conocimiento y esto lo podemos ver reflejado en la manera que podemos conocer a una persona con un doctorado en teología, pero con un carácter pecaminoso. De igual forma, podemos conocer una persona sin esta preparación, pero que posee un carácter piadoso. No es un problema de conocimiento; nuestro pecado es un problema moral. Adán y Eva poseían el mayor conocimiento posible en su condición no caída, sin embargo violaron la ley de Dios.

El conocimiento representa un problema cuando nos da la falsa idea de que por estar educados somos superiores a otros en base a nuestro conocimiento.

El orgullo, nos ciega a nuestra condición, hasta que descubres que realmente no sabes tanto como pensabas que sabías. Sin importar cuánto sabe una persona, nadie sabe tanto como cree que sabe. El apóstol Pablo, nos advirtió en 1 Corintios 8:2: «Si alguno cree que sabe algo, no ha aprendido todavía como lo debe saber». Todo lo que conocemos ahora es parcial, aun en aquellas cosas que «dominamos».

La madurez emocional y espiritual es conocimiento llevado a la práctica, lo que resulta en la transformación de nuestro carácter.

El rol del púlpito en la adquisición de conocimiento de los futuros líderes

En la iglesia local, los futuros pastores tienen una preciosa oportunidad de aprender al escuchar desde el púlpito la predicación fiel de la Palabra semana tras semana («lo que has oído de mí», como escribió Pablo).

Cuando predicamos, queramos o no, somos modelos de una buena o mala predicación para aquellos que están en la congregación y que en el futuro pueden ser pastores. Cuando ellos te escuchan predicar todo el consejo de Dios y no solo una parte del mismo, estás marcando sus vidas, el futuro de tus ovejas y potenciales pastores. Ellos pueden aprender la importancia de un mensaje bien preparado. Si predicas expositivamente, tienes a pastores en potencia escuchando y viendo en vivo cómo se prepara y se transmite el mensaje. Si aplicas el sermón a la vida de las ovejas, estos potenciales pastores estarán aprendiendo a aplicar las verdades de la Palabra a la vida de los demás.

La manera como tratas la Palabra de Dios en el púlpito es la manera como la congregación aprenderá a tratar la Palabra de Dios en su vida. Nada de esto se aprende en el seminario. Pablo estuvo en Tesalónica por poco tiempo y al escribirles les dice en 1 Tesalonicenses 2:13:

> *Por esto también nosotros sin cesar damos gracias a Dios de que cuando recibisteis la palabra de Dios, que oísteis de nosotros la aceptasteis no como la palabra de hombres, sino como lo que realmente es, la palabra de Dios, la cual también hace su obra en vosotros los que creéis.*

Pablo les había escrito en la introducción a esta carta, que ellos (los tesalonicenses) habían llegado a ser «ejemplo para todos los creyentes de Macedonia y de Acaya. Porque saliendo de vosotros, la palabra del Señor ha resonado, no sólo en Macedonia y Acaya, sino que también por todas partes vuestra fe en Dios se ha divulgado, de modo que nosotros no tenemos necesidad de hablar nada» (1 Tes. 1:7–8). La razón por la que ellos llegaron a ser una iglesia extraordinaria, fue porque al escuchar la Palabra de Dios la recibieron como lo que es, la Palabra de Dios y no la palabra de los hombres.

De Pablo aprendieron a tratar la Palabra con reverencia. Si el pastor se para en el púlpito y le da un trato trivial a la Palabra de Dios, la iglesia aprenderá a tratarla de igual forma.

El pastor que está en el púlpito puede decir a futuros pastores de su congregación: «Lo que me has oído decir en presencia de muchos testigos, encomiéndalo a creyentes dignos de confianza, que a su vez estén capacitados para enseñar a otros». Menciono esto para que podamos ver la importancia que tiene la iglesia local en la formación de futuros pastores.

Habilidades

La iglesia local es el lugar ideal para que futuros líderes y pastores hagan uso de sus dones y talentos, lo que les permitirá desarrollar sus habilidades. De manera que la congregación provee un campo para el desarrollo de futuros pastores, como ha ocurrido en nuestra iglesia y en tantas otras. Esto es un mandato bíblico:

> *Y Él dio a algunos el ser apóstoles, a otros profetas, a otros evangelistas, a otros pastores y maestros, a fin de capacitar a los santos para la obra del ministerio, para la edificación del cuerpo de Cristo; hasta que todos lleguemos a la unidad de la fe y del conocimiento pleno del Hijo de Dios, a la condición de un hombre maduro, a la medida de la estatura de la plenitud de Cristo* (Ef. 4:11-13).

El versículo 12 es vital: «a fin de capacitar a los santos para la obra del ministerio, para la edificación del cuerpo de Cristo».

Esto habla a favor de que la iglesia necesita formar pastores aunque el seminario contribuya significativamente a ampliar el conocimiento del pastor o futuro pastor.

En los requisitos para ser pastor que aparecen en 1 Timoteo 3, se menciona de manera muy clara la necesidad de que el pastor sea apto para enseñar (1 Tim 3:2). Por lo tanto, los futuros pastores que están siendo entrenados dentro de la iglesia local deben tener la oportunidad para ejercer esta función de enseñanza y el resto de nosotros debe observar:

- Si tiene claridad al hablar
- Si está equipado para enseñar
- Su habilidad para comunicar la verdad de Dios
- Si es conocedor de la Palabra
- Si habla con convicción
- Si habla con autoridad

Además, la congregación tiene el privilegio de observar a estos hombres mientras ellos sirven: su vida matrimonial, el desarrollo de sus hijos, las reacciones que tienen cuando alguien los contradice mientras enseñan en un grupo pequeño, sus dones de enseñanza, su grado de orgullo o humildad y otras características o cualidades que deben estar presentes o ser desarrolladas en aquellos que aspiran a ser pastor. No es lo mismo predicar un sermón frente a una clase de estudiantes de predicación en el seminario que tener que hacerlo delante de toda una congregación que te conoce y que está observándote como su potencial futuro pastor. En la medida que el tiempo ha ido pasando, hemos puesto más importancia en la retroalimentación de la congregación.

La iglesia local me enseña que el mejor adorno de la vida cristiana es una vida de servicio. Allí es donde tengo que servir. Podríamos servir en un viaje misionero, por ejemplo, pero es la iglesia local la que envía.

Así que, la iglesia local aporta enormemente a mi formación. En la iglesia local aprendo que el servir no es una opción. Tengo que servir porque es parte de mi llamado. Nuestro llamado pastoral no es rebajado o reducido por el servicio, todo lo contrario, nos hace ganar respeto si los otros me observan servir con humildad en cualquier tarea necesaria.

A través del servicio, el respeto que los demás sienten por nosotros puede aumentar, pero no es ganado demandando tu posición o exigiendo respeto. Nunca escuchamos a Cristo decir: «Necesito ser respetado porque yo soy la segunda persona de la Trinidad; tienes que respetarme porque yo soy el Hijo de Dios». Si te ves en la necesidad de demandar el respeto, entonces no te lo has ganado. En la congregación podemos comenzar a servir y, a través de esta forma bíblica, podemos ganarnos el respeto de las ovejas en la congregación. Todo esto debe ocurrir antes de ser pastor, para que cuando alcances el pastorado hayas aprendido la importancia del servicio y de qué manera se gana el respeto.

A la hora de ganar respeto, aprendemos en la congregación que el orgullo quiere las posiciones, los títulos, los lugares, el salario, el reconocimiento y estar en el centro de atención. Es la humildad, la que siempre quiere servir de una manera que refleje el carácter de su Dios. Todo esto ocurre en el contexto de la iglesia local. Ahí la importancia de la iglesia local en la formación de hombres que sean parte de la vida de la iglesia.

La manera como cada iglesia local lleva a cabo la ordenación pastoral varía. Por esta razón, aquí describimos solamente la forma como llevamos a cabo este proceso en nuestra iglesia. El cuerpo pastoral de nuestra iglesia inició hace un tiempo un programa de entrenamiento al que sometemos a aquellos que han de ser ordenados. El programa se denomina «ancianos en entrenamiento». Como explicamos al inicio de este libro, la palabra anciano o pastor en el Nuevo Testamento tienen una misma connotación. Pero para fines locales y prácticos, nosotros usamos el término de pastor para aquellos que han sido debidamente ordenados.

Los nombres de los candidatos a entrar a este programa son enviados a los diáconos por si ellos tienen alguna observación que hacer. Este no es un proceso de votación; sino simplemente de retroalimentación. Luego, los candidatos son traídos a la congregación con la idea de que los miembros puedan ofrecer también sus comentarios. Pero nuevamente, este no es un proceso de votación. Una vez iniciado el programa, el proceso durará de dos (mínimo) a tres años (máximo). Durante este tiempo, estos hombres tendrán la oportunidad de realizar todas las tareas propias de un pastor. Más adelante, presento el programa de «ancianos en entrenamiento» de nuestra iglesia. Sin embargo, reconozco que existen diferentes tipos de programas de entrenamiento de pastores en la iglesia local como menciona Douglas K. Smith Junior:[116]

- Mentor uno a uno.
- Internado.
- Seminarios con asiento en la iglesia.
- Alianza con otros ministerios con asiento en la iglesia.
- Método tradicional de «Bible College» y seminarios que rinden cuenta a iglesias.

Nuestro programa es una combinación del segundo y el tercer método.

Andrew Hancock llevó a cabo un proyecto de investigación de estudio de múltiples casos como parte del programa de doctorado en educación en el *Southern Baptist Theological Seminary*. En un artículo escrito por él, Hancock resume su aprendizaje de este proyecto en seis recomendaciones esenciales para un programa efectivo de entrenamiento pastoral:[117]

1. Desarrolla convicciones sólidas, bíblicas y teológicas.

116. Smith Jr., Douglas K., *Training Pastors in the Local Church: Five Models of Theological Education* [Capacitando pastores en la iglesia local: Cinco modelos de educación teológica] (CreateSpace Independent Publishing Platform, 2014).

117. Hancock, Andrew, *Pastoral Training in the Local Church* [Capacitación de pastores en la iglesia local], publicado en línea en *Am I Called?*, https://amicalled.com/2018/03/pastoral-training-local-church/

2. Provee oportunidades para el fortalecimiento de habilidades pastorales.
3. Incluye tópicos de liderazgo en el programa de entrenamiento.
4. Cultiva una relación entre los que están siendo entrenados.
5. Delega responsabilidades ministeriales durante el entrenamiento.
6. Provee un contexto para enseñanza dirigida al crecimiento integral de la persona.

Programa de «ancianos en entrenamiento» en la IBI

PROPÓSITO: el programa de «ancianos en entrenamiento» tiene como propósito proveerle al candidato al ministerio pastoral un tiempo formativo y afirmativo supervisado en donde pueda experimentar las demandas del trabajo ministerial, ganando experiencia de primera mano y también permitiendo que tanto sus deficiencias puedan ser corregidas, como sus fortalezas reconocidas y afirmadas. Es importante resaltar que el candidato seguirá ejerciendo el cargo que le fue reconocido por el cuerpo de pastores previamente a iniciar el programa. Es decir, si este era diácono, seguirá siendo diácono hasta terminar el programa.

REQUISITOS: el candidato debe ser hombre mayor de treinta años de edad, que cumpla con los requisitos establecidos en 1 Timoteo 3:1-7. Además de esto, el candidato deberá mostrar cierta seguridad de su llamado, evidencia de integridad personal y ministerial y un grado básico de competencia en el ejercicio del ministerio. El candidato deberá contar con al menos un grado académico en teología de una institución reconocida por la IBI y varios años de experiencia ministerial comprobada.

En cuanto a documentación, el candidato deberá presentar lo siguiente:

1. Testimonio personal de conversión.
2. Testimonio personal de llamado al ministerio.

3. CV secular y ministerial.
4. Registro de notas y grado académico en teología.

APLICACIÓN DE ADMISIÓN: los candidatos para el programa de anciano en entrenamiento serán propuestos por el cuerpo de pastores de la iglesia. Los pastores, según los dones que hayan podido observar en algunos hombres de la congregación, propondrán algunos nombres para así dar inicio al proceso de evaluación para admisión al programa.

EVALUACIÓN PARA ADMISIÓN: La información personal será evaluada por el cuerpo pastoral y se someterá al candidato a una serie de entrevistas y evaluaciones que permitirán tener una visión más clara de la personalidad, las habilidades y el llamado del candidato. Los pastores tomarán una decisión en oración sobre los candidatos que podrán ser aceptados y cuándo podrían empezar el programa. Luego de concluido el proceso de evaluación los candidatos aceptados serán presentados a la congregación.

ÁREAS DE FORMACIÓN: Para lograr el propósito formativo, el candidato participará de la vida y la comunión de la Iglesia. Aquí establecemos las áreas de servicio en donde el candidato se desempeñará.

1. **REUNIONES Y RETIROS PASTORALES:** El acceso a las reuniones y retiros pastorales será total o parcial dependiendo de los temas a tratar en cada reunión. Es decir, que el cuerpo pastoral se reserva el derecho de pedirle al candidato que abandone la reunión o no invitarle a una reunión en particular. En las reuniones, el candidato tendrá derecho a ser escuchado y a participar en la discusión, sin embargo, este no tendrá voto a la hora de toma de decisiones.
2. **ENSEÑANZAS:** El candidato deberá completar un ciclo de enseñanza en los diferentes ministerios de la iglesia. Esto incluye, curso de miércoles, escuela dominical, ministerio de jóvenes, grupos de discipulado, ministerio de misiones, entre otros.

3. **PREDICACIONES:** Al candidato se le otorgará al menos tres oportunidades de predicación dentro de la iglesia. Luego de esto, el candidato recibirá retroalimentación tanto del cuerpo de pastores, como del pastor de predicación de la iglesia, quien asumirá la tarea de profundizar junto al candidato y su mentor sobre su predicación.
4. **CONSEJERÍA:** El candidato deberá cumplir con al menos cincuenta horas de consejería a través de todo el programa. Diez de esas horas de consejería se realizarán bajo la supervisión del pastor de consejería, quien evaluará y hará las recomendaciones al candidato.
5. **PENSAMIENTO CRÍTICO:** El candidato deberá completar un mínimo de lecturas en el transcurso del programa. Estas lecturas serán evaluadas a través de un control de lectura por su mentor y un breve ensayo de no más de dos páginas, con una crítica de las principales enseñanzas que el libro ofrece. Lo aprendido puede servir para fomentar discusiones grupales.
6. **VIDA DE IGLESIA:** El candidato deberá participar de manera activa en la vida de la iglesia. Esto significa que debe participar de los cursos de miércoles, reuniones de bautismo y comunión, servicios dominicales de adoración, reuniones especiales, charlas y conferencias, entre otras actividades que la iglesia realice. En algunas de esas actividades se le dará al candidato una participación activa, ya sea dirigiendo como maestro de ceremonia, bautizando, presentando los anuncios a la congregación, etc.

Otros asuntos

CONFIDENCIALIDAD: Debido a la naturaleza de las actividades pastorales en las que el candidato estará envuelto y al grado de complejidad y reserva en el cuidado de las ovejas, el candidato deberá firmar un *Pacto de confidencialidad* en donde se compromete a mantener la prudencia y la discreción necesaria, guardando en absoluta reserva tanto los casos presentados como cualquier otra información privilegiada a la que será expuesto en el programa.

MENTORÍA: Con la intención de caminar paso a paso con el candidato en este proceso, se le asignará un mentor dentro del cuerpo de pastores, quien tendrá a su cargo la responsabilidad de dar seguimiento al candidato en las diferentes etapas del programa. Este mentor reportará periódicamente al cuerpo pastoral sobre el carácter y el desempeño en las funciones del candidato.

DURACIÓN: El programa tendrá una duración mínima de dos años y un máximo de tres años. Durante este periodo, el candidato pasará por diferentes ministerios de la IBI con el fin de familiarizarse con la visión y la forma de trabajo de cada uno de ellos. Será bajo la sombra de esos ministerios en donde el servicio práctico y la contribución de cada candidato serán perfeccionados, corregidos, probados y evaluados.

Al finalizar el entrenamiento el candidato podrá:

a) Ser reconocido y ordenado como pastor de la iglesia IBI.
b) Ser enviado a plantar otra iglesia.
c) Terminar su periodo de entrenamiento voluntariamente o por recomendación del cuerpo pastoral.

ORDENACIÓN: Al terminar el programa de «ancianos en entrenamiento», los candidatos que lo hayan completado satisfactoriamente podrán optar para ser ordenados formalmente como pastores de la iglesia. Previo a esta ordenación, el nombre del candidato será presentado a los miembros de la iglesia para que estos confirmen su elección (no por votación, sino por retroalimentación). Luego de esto, el candidato presentará un ensayo de ordenación donde expondrá de manera extensiva los puntos principales de su teología. Conjuntamente, con su ensayo de ordenación, el candidato será evaluado oralmente por un grupo de pastores de la iglesia y algunos pastores invitados. Al concluir esta evaluación los candidatos serán presentados y formalmente ordenados como pastores de la iglesia, para servir en ella o para ser enviados a una plantación.

Reflexión final

Para finalizar, te invito a reflexionar sobre esta carta del Pastor John MacArthur a los candidatos a ordenación pastoral en la iglesia donde funge como pastor principal, la *Grace Community Church*:

Querido candidato para la ordenación:

Estás próximo a entrar en el terreno de preparación para el más sublime llamado en el mundo: ser un ministro del Señor Jesucristo, un administrador de la casa de Dios, un agente especial del Rey para progresar su glorioso reino, un colaborador con Cristo para edificar su iglesia. No es tu elección la de servir; es la de Dios. Se dijo de John Knox, príncipe de los predicadores escoceses, que cuando él fue llamado a su sagrada tarea, estaba quebrantado en su espíritu y continuamente derramaba lágrimas por lo maravilloso de tal llamado y la indignidad suya. Y Dios lo utilizó para influenciar a su nación y más allá.

Si sientes el llamado de Dios, si sientes un fuerte deseo por seguir esta vida y si deseas la afirmación de la iglesia, entonces cuando tú des evidencia de tal llamado y deseo, será nuestro gran privilegio examinarte para la ordenación.

La ordenación es una confirmación por parte de la iglesia del llamado del hombre, de su preparación espiritual, de su pericia en el ministerio y de su conocimiento de la Biblia. Esta permite al hombre ganar el pleno apoyo de los ancianos de la Grace Community Church mientras se embarca en el ministerio. La Grace Church certifica la idoneidad del hombre para el ministerio a la iglesia en general.

Porque creemos que el llamado es santo y la tarea desafiante, deseamos que los hombres estén completamente preparados antes

de ser ordenados. De modo que la preparación es rigurosa pero asequible. Al Señor se le debe dar lo mejor que tenemos para ofrecerle. Que el Señor te bendiga conforme sigues este llamado eminente hasta lo sumo.
Tuyo por el Maestro,
JOHN MACARTHUR, JR.

Esta carta subraya o enfatiza la importancia del llamado; la sobriedad y lo sagrado del mismo, así como la necesidad de la preparación.

Capítulo 11

El pastor y su equipo ministerial: plantación y visión

Por tanto, hermanos, escoged de entre vosotros siete hombres de buena reputación, llenos del Espíritu Santo y de sabiduría, a quienes podamos encargar esta tarea (Hech. 6:3).

Introducción

En Latinoamérica, la mayoría de los pastores no cuentan con un equipo ministerial que pueda apoyarles en la ardua tarea de liderar la grey del Señor. En ocasiones, esto se debe a que la iglesia es muy joven o muy pequeña y no ha sido posible encontrar personas idóneas que puedan integrarse al equipo de liderazgo; pero otras veces se debe a que en el pastor no ha surgido un deseo intencional de formar líderes que puedan unirse a la visión que Dios le ha dado. Tomando en cuenta esta realidad, y reconociendo los beneficios de contar con un equipo de liderazgo, a lo largo de este capítulo deseo abordar el tema del pastor y su equipo ministerial, cómo formarlo y la importancia del mismo en el ejercicio del pastorado.

Quienes anhelan iniciar una iglesia pueden pensar en ella como un edificio. Al construir cualquier edificación, lo primero que se establece es la fundación. Sabemos que el fundamento de la iglesia es Cristo (1 Cor. 3:11), pero a la hora de plantar y desarrollar una iglesia, sus líderes constituyen el fundamento humano que sostendrá el ministerio. Si le quitas el liderazgo a una iglesia, no tienes iglesia, porque esta requiere de ovejas, pero también de pastores que puedan dirigir el redil. En este sentido, pudiéramos decir que la iglesia local está conformada por un grupo de personas que de manera figurada van montadas sobre los hombros de sus líderes y, a su vez, estos líderes tienen sus pies sobre los hombros de Cristo.

Cuando Cristo decidió edificar la Iglesia, comenzó formando a quienes serían sus líderes. No había iglesia aún y ya Cristo estaba trabajando en la formación de sus líderes. Esa es una lección que aprendí de los evangelios y que tomé en cuenta al momento de ser llamado al ministerio pastoral. Antes de que la IBI fuera formalmente inaugurada, yo estaba reuniéndome semanalmente con cuatro hombres que formarían parte del liderazgo de esta iglesia. Al día de hoy, uno de estos hombres es el pastor ejecutivo de nuestra iglesia, otro es el pastor de adoración, uno de ellos es diácono y el otro dirige un grupo de parejas. Así fue como la IBI inició, siguiendo el ejemplo de la iglesia primitiva que eventualmente se constituiría en la iglesia de Jerusalén. Jesús tomó doce hombres (en realidad once), desarrolló su carácter por tres años y luego los envió a hacer discípulos. Esto nos enseña que en el pastor debe haber un deseo intencional de formar líderes desde el principio, pues son estos líderes quienes le ayudarán a formar más discípulos para Cristo y le ayudarán a llevar la carga a medida que la iglesia crece. Sin embargo, con frecuencia no sucede así porque muchos pastores se sienten amenazados por el liderazgo de otros hombres.

Poco tiempo después de haber comenzado a pastorear la IBI, recuerdo cómo en una ocasión, mientras conversaba con algunas personas sobre asuntos del ministerio, específicamente sobre los líderes que estábamos formando, un pastor de otra congregación se acercó para decirme que debía tener sumo cuidado al desarrollar estos hombres porque muchas veces esos mismos líderes son los que luego terminan dividiendo la iglesia o llevándose parte del redil para plantar otra. Lamentablemente, esa manera sospechosa de pensar es muy común en Latinoamérica y, por lo general, proviene del temor que tenemos a perder el control. Ese temor es precisamente lo que provoca que muchos pastores se conviertan en caudillos. Como resultado, vemos iglesias donde hay muchos diáconos, pero un solo pastor. Esto no es bíblico, pues la Palabra de Dios nos manda a tener pluralidad de ancianos,[118] apoyados por sus diáconos. Por consiguiente, aquellos que somos pastores no debemos sentirnos amenazados por el liderazgo de otros. Más bien, desde un principio debemos estar anclados en la Roca y desarrollar fielmente el modelo de iglesia que Cristo nos dejó. John Maxwell nos ayuda a pensar en la importancia de desarrollar otros líderes: «Un líder que produce más líderes, multiplica su propia influencia y la de ellos».[119]

La importancia de formar un equipo ministerial

La formación de líderes es un asunto de vital importancia para la iglesia. Como vaya el liderazgo, así mismo irá la iglesia. Por esta razón, el cuerpo pastoral de nuestra iglesia ha determinado que cada 12 a 18 meses se tomará un grupo de 12 a 15 hombres, dependiendo de la necesidad, para intencionalmente comenzar a formarlos como líderes. Hasta ahora, la responsabilidad de formar a estos hombres ha caído sobre mis hombros, cosa que he disfrutado en gran manera.

Por la gracia de Dios, en enero de 2018 nuestra iglesia celebró 20 años de haber sido iniciada y todos los hombres que hoy en día están liderando en la iglesia, en cualquier área, han pasado por este entrenamiento. Entendemos que este proceso de entrenamiento de líderes es importante porque garantiza que dentro del liderazgo de la iglesia haya unidad de criterios en todo lo concerniente a asuntos doctrinales y filosofía ministerial. Asimismo, este tiempo es una excelente

---

118. Ver Hch. 11:30; 14:23; 15:2-23; 16:4; 20:17; 1 Tim. 5:17; Ti. 1:5; 2:2.
119. Maxwell, John, Developing the Leaders around you (Nashville: Thomas Nelson Inc;1995), 198.

oportunidad para conocer mejor a estos hombres y que ellos mismos se conozcan mejor entre sí, a la vez que conocen más de cerca a sus pastores. Entonces, luego de conocer la visión que Dios nos ha dado como iglesia, ellos mismos podrán determinar si quieren o no unirse a nosotros como líderes y ser parte de nuestra visión.

La mayoría de las divisiones en las iglesias ocurren por diferencias en el liderazgo relacionadas a filosofía ministerial; es decir, diferentes puntos de vista sobre cómo deben hacerse las cosas dentro de la iglesia. Por consiguiente, si un pastor (o el cuerpo de pastores, según sea el caso) invita a alguien a formar parte del liderazgo de su iglesia porque entiende que esta persona tiene experiencia ministerial, así como dones y talentos que serían útiles al ministerio, pero no toma el tiempo para comunicar con claridad la filosofía ministerial de la iglesia, este pastor habrá invitado un «problema» a formar parte de su equipo. Si hay división a nivel del liderazgo de la iglesia, tarde o temprano, se filtrará hacia las ovejas y acrecentará lo que quizás era solo una pequeña grieta. La Palabra de Dios enfatiza de diferentes maneras la necesidad de la unidad. El apóstol Pablo escribió a los efesios estas palabras:

> *Con toda humildad y mansedumbre, con paciencia, soportándoos unos a otros en amor, esforzándoos por preservar la unidad del Espíritu en el vínculo de la paz* (Ef. 4:2-3).

Se requiere humildad, mansedumbre, paciencia, tolerancia, amor, y esfuerzo para mantener la unidad del cuerpo de Cristo. Y esto tiene que ser modelado por los pastores o ancianos de la iglesia. Bien señalan las Escrituras:

> *¿Andan dos hombres juntos si no se han puesto de acuerdo?* (Amós 3:3).

La mejor forma de garantizar que esto pueda ocurrir es si nos ocupamos de formar nuestros líderes, no como clones, pero sí con similitud de creencias doctrinales y filosóficas.

La Biblia misma nos enseña la importancia de formar y equipar a futuros líderes. Observa las palabras de Salomón en Eclesiastés:

> *Más valen dos que uno solo, pues tienen mejor remuneración por su trabajo. Porque si uno de ellos cae, el otro levantará a su compañero; pero ¡ay del que cae cuando no hay otro que lo levante! [...]. Y si alguien puede prevalecer contra el que está solo, dos lo resistirán. Un cordel de tres hilos no se rompe fácilmente* (Ecl. 4:9-10, 12).

Dos personas unidas por el Espíritu Santo con una misma meta (la gloria de nuestro Dios) podrán lograr mucho más que lo que ellas dos podrían lograr por separado. Por otro lado, como el texto bíblico señala, hay momentos de debilidad en la carrera cristiana donde nuestros compañeros en el liderazgo tendrán que sostener nuestros brazos.

En ocasiones, la razón por la que algunas iglesias que han crecido muy rápido se derrumban, es precisamente porque el número de columnas (líderes) no era suficiente para soportar el tamaño del edificio (la congregación). Mientras más amplia sea la base de liderazgo, mayor será el tamaño y la fortaleza de esa iglesia. En la IBI formamos líderes, aun cuando no haya ministerios que darles. De esta forma, cuando llegue el momento de crear esos ministerios porque hay una necesidad que cubrir en el pueblo de Dios, la iglesia cuenta con un grupo de personas que han sido formadas y probadas en el tiempo.

Los pastores necesitamos recordar algo que leí hace mucho tiempo: «ninguno de nuestros propósitos, ni la suma de ellos, es tan importante como los propósitos eternos de Dios para con nosotros, sus hijos». Esto nos permite considerar que, aunque la iglesia tenga un liderazgo o un pastor titular, no se trata de hacer la voluntad del liderazgo, o del pastor titular, sino de llevar a cabo la voluntad de Dios. La idea es luchar juntos por el progreso de la causa de Cristo; y esto se logra impregnando en el equipo ministerial un sentido de unidad por la gloria de Dios desde el primer día.

El equipo ministerial y la necesidad de delegar

La historia de Jetro y Moisés en Éxodo 18:13-23 ilustra perfectamente por qué es necesario establecer un equipo ministerial:

> *Y aconteció que al día siguiente Moisés se sentó a juzgar al pueblo; y el pueblo estuvo delante de Moisés desde la mañana hasta el atardecer. Cuando el suegro de Moisés vio todo lo que él hacía por el pueblo, dijo: ¿Qué es esto que haces por el pueblo? ¿Por qué juzgas tú solo, y todo el pueblo está delante de ti desde la mañana hasta el atardecer? Y respondió Moisés a su suegro: Porque el pueblo viene a mí para consultar a Dios. Cuando tienen un pleito, vienen a mí, y yo juzgo entre uno y otro, dándoles a conocer los estatutos de Dios y sus leyes. Y el suegro de Moisés le dijo: No está bien lo que haces. Con seguridad desfallecerás tú, y también este pueblo que está contigo, porque el trabajo es demasiado pesado para ti; no puedes hacerlo tú solo. Ahora, escúchame; yo te aconsejaré, y Dios estará contigo. Sé tú el representante del pueblo delante de Dios, y somete los asuntos a Dios. Y enséñales los estatutos y las leyes, y hazles saber el camino en que deben andar y la obra que han de realizar. Además, escogerás de entre todo el pueblo hombres capaces, temerosos de Dios, hombres veraces que aborrezcan las ganancias deshonestas, y los pondrás sobre el pueblo como jefes de mil, de cien, de cincuenta y de diez. Y que juzguen ellos al pueblo en todo tiempo; y que traigan a ti todo pleito grave, pero que ellos juzguen todo pleito sencillo. Así será más fácil para ti, y ellos llevarán la carga contigo. Si haces esto, y Dios te lo manda, tú podrás resistir y todo este pueblo por su parte irá en paz a su lugar.*

Jetro era un hombre sabio y perceptivo, pero también tuvo la valentía de confrontar a Moisés. Entre otras cosas, le dice de manera directa: «No está bien lo que haces» (v. 17b). Cada pastor necesita de alguien que pueda confrontarlo y aconsejarlo piadosamente. Cuando el pastor no quiere rendir cuentas a nadie, es una bomba de tiempo esperando el momento para estallar. El orgullo se resiste a la rendición de cuentas, mientras que la humildad le da la bienvenida. Presta atención nuevamente a estas palabras:

> *Con seguridad desfallecerás tú, y también este pueblo que está contigo, porque el trabajo es demasiado pesado para ti; no puedes hacerlo tú solo* (v. 18).

El agotamiento es una de las causas de grandes caídas, sobre todo cuando este no es comunicado a tiempo para que el pastor pueda ser ayudado. Sufre él y sufre el pueblo porque sus mermadas energías espirituales afectarán su predicación, su consejería, su paciencia, su tolerancia y todo lo demás. El ministerio con frecuencia es demandante y termina drenando al pastor en todas sus dimensiones. Esta es otra razón para formar un equipo ministerial. No está bien que tratemos de llevar la iglesia sobre nuestros hombros de manera solitaria.

En la historia de Jetro y Moisés hay algo que es sorprendente: Jetro aconseja a Moisés a buscar ayuda, pero él le recomienda escoger setenta hombres que le ayuden a llevar la carga. No dos ni tres, ¡sino setenta! Esto nos da una idea de la cantidad de cosas que Moisés estaba manejando por sí solo. Este fue el consejo de Jetro:

> *Además, escogerás de entre todo el pueblo hombres capaces, temerosos de Dios, hombres veraces que aborrezcan las ganancias deshonestas...* (v. 21).

A la hora de formar un equipo ministerial tenemos que ser muy cuidadosos en la elección. No elegimos personas que formen parte del equipo ministerial para luego formarlas. Cristo formó primero y tres años después partió de regreso a su Padre. Pablo instruyó a Timoteo:

> *Lo que me has oído decir en presencia de muchos testigos, encomiéndalo a creyentes dignos de confianza, que a su vez estén capacitados para enseñar a otros* (2 Tim. 2:2).

Nota que Pablo habla de que antes de entregar la responsabilidad del ministerio a estos hombres, debe encontrar hombres fieles que sean idóneos. El que ellos sean capaces precede a la elección para enseñar a otros hombres. De modo que, desde el Éxodo comenzamos a ver el énfasis de Dios en que haya un equipo de hombres de carácter probado liderando a su pueblo.

Más adelante, cuando llegamos al Libro de los Hechos, donde Lucas relata cómo la iglesia había comenzado a crecer, notamos que la solución de los apóstoles a las crecientes demandas de la iglesia fue aumentar el liderazgo. Tal como sucedió en el caso de Moisés, los apóstoles entendieron que los hombres que habrían de servir en la iglesia debían reunir ciertas características:

> *Por tanto, hermanos, escoged de entre vosotros siete hombres de buena reputación, llenos del Espíritu Santo y de sabiduría, a quienes podamos encargar esta tarea* (Hech. 6:3).

Estos no son exactamente los diáconos que Pablo describe en su primera carta a Timoteo (3:8), pero probablemente este grupo sí marcó el inicio de esta otra función al servicio de la Iglesia.

Si continuamos avanzando a lo largo del Nuevo Testamento, observaremos que el apóstol Pablo, en su carta a los efesios, describe la función de los pastores como un llamado a equipar a los santos para la obra del ministerio. Es decir, que la tarea de un pastor es eventualmente quedarse «sin trabajo». Este es el llamado: capacitar a los santos para la obra del ministerio (Ef. 4:12). De manera que, los pastores tenemos la responsabilidad en nuestras iglesias de equipar a futuros pastores, consejeros, líderes de adoración, líderes de grupos pequeños, líderes de jóvenes, etc. Esta es nuestra función primaria y es lo que en un futuro permitirá que el cuerpo pastoral pueda dedicarse cada vez más a la proclamación de la Palabra y a atender aquellos casos que tienen mayor complejidad y aquellos asuntos que tienen que ver con la visión y la supervisión de la iglesia.

¿Por qué algunos rehúsan formar un equipo ministerial?

A continuación revisaremos las posibles razones por las que algunos pastores no cuentan o no están formando un equipo ministerial:

1) **Falta de instrucción.** En nuestra región hay muchos pastores que están frente a sus iglesias sin que nadie se haya ocupado de formarlos. Muchos surgieron en medio de una crisis en un momento coyuntural donde no había quién tomara el liderazgo. Y otros tuvieron la pasión de proclamar el evangelio, pero su pasión corrió delante de su instrucción.
2) **Falta de tiempo.** Los pastores con dos vocaciones tienen grandes dificultades en encontrar el tiempo para hacer esta tarea. Pero mientras menos tiempo tenemos, mayor es la necesidad de contar con ayuda. La iglesia debe hacer esfuerzos extremos para sostener a su pastor inicial a tiempo completo para que él pueda desarrollar el ministerio que a ellos les bendecirá.
3) **Otros se niegan a hacerlo.** Créase o no, hay pastores que, teniendo el tiempo y las posibilidades de equipar a otros líderes, se niegan a hacerlo por diversos motivos. A veces es el ego del pastor el que le impide reconocer que él no puede hacerlo todo en la iglesia y que necesita de otros hombres en quienes delegar algunas funciones ministeriales. Derek Prime y Alistair Begg, en su libro *On Being Pastor* mencionan que «la delegación es una extensión esencial de un liderazgo efectivo».[120] Más adelante, los autores agregan que «la delegación es el reconocimiento público de que el ministerio pertenece a toda la iglesia». Otras veces, la falta de motivación para desarrollar líderes es provocada por las inseguridades que el pastor tiene y que le hacen temer la pérdida de su liderazgo. De hecho, después de visitar varias iglesias en Latinoamérica

---

120. Prime, Derek y Begg, Alistair. *On Being a Pastor* (Chicago: Moody Press, 2004), 237.

> he llegado a la conclusión de que muchas veces el liderazgo femenino es tan fuerte porque en la mayoría de esas congregaciones hay solo un pastor y muchas mujeres liderando los distintos ministerios de la iglesia. Entonces, como el pastor es el único hombre a cargo, él no se siente amenazado porque las mujeres lo respetan y responden a su liderazgo. Pero, el caudillismo no funciona ni en la política. Por tanto, lo ideal es que las iglesias cuenten con una pluralidad de pastores o ancianos. Por otro lado, el temperamento rígido e inflexible de algunos pastores hace que se le dificulte tener líderes a su alrededor porque todo tiene que ser hecho única y exclusivamente como él quiere. Nadie tiene toda la sabiduría, ni todo el discernimiento, ni todos los dones, ni todos los talentos, ni todas las ideas para poder pastorear solo. Este es el deseo de alguien que en su inseguridad, prefiere hacerlo de esta manera, pero un pastor inseguro tendrá grandes dificultades en formar ovejas que caminan en fe.

Necesidades de un equipo ministerial

Un equipo ministerial necesita ciertos ingredientes para ser efectivo. Creo que al menos hay tres de ellos:

- Un fundamento bíblico sólido
- Un liderazgo bíblico
- Una visión clara

Un fundamento bíblico sólido: si un equipo ministerial no cuenta con una base bíblica sólida y claramente definida, tarde o temprano, terminará fracturándose o fracasando. De ahí que el apóstol Pablo recomendó a Timoteo que transmitiera a otros hombres lo que él había oído de Pablo (2 Tim 2:2). Lo que Timoteo había escuchado de Pablo no era otra cosa que el mensaje del evangelio de Jesucristo y el apóstol quería asegurarse de que aun después de su muerte, este mensaje seguiría siendo proclamado y preservado de generación a generación.

Un liderazgo bíblico: no solamente el fundamento doctrinal de la iglesia tiene que ser bíblico, sino también su liderazgo. Por esta razón, Pablo instruyó a Timoteo a que encargara el mensaje del evangelio a hombres fieles que a su vez fueran aptos para transmitirlo a otros hombres. La iglesia necesita contar con un liderazgo bíblico que esté respaldado por un testimonio de integridad, de manera que el mensaje del evangelio no sea diluido, tergiversado, alterado o aun negado.

Una visión clara: Ahora bien, cuando hablamos de visión no estamos hablando de una revelación sobrenatural recibida por medio de sueños o de una experiencia espiritual que nos llevó al tercer cielo. En lugar de ello, una visión es una declaración clara y concisa del objetivo que queremos alcanzar. En otras palabras, es una declaración precisa de qué queremos desarrollar como iglesia. Hay individuos que sueñan con plantar una iglesia porque les gusta predicar y saben que hay muchas personas en el mundo que todavía necesitan ser evangelizadas. Sin embargo, estas razones por sí solas no son suficientes, pues podemos predicar el evangelio y evangelizar a otros sin necesidad de plantar una iglesia.

El apóstol Pablo es un excelente ejemplo de lo que es tener una visión ministerial clara. Cuando Pablo comenzó su ministerio, ¿cuál era su visión? Predicar a los gentiles (Rom. 11:13; Gal 2:7-9). Él entendió desde un principio que Dios lo había llamado a ser apóstol a los gentiles y, aunque terminó predicándole a todo el que necesitaba escuchar el evangelio de Jesucristo, su meta siempre fueron los gentiles. Además, Pablo se vio a sí mismo como un evangelista y, por tanto, parte de su visión fue ir a lugares donde jamás se había oído del evangelio y allí plantar iglesias:

> *De esta manera me esforcé en anunciar el evangelio, no donde Cristo ya era conocido, para no edificar sobre el fundamento de otro* (Rom. 15:20).

Pero él hizo eso de manera estratégica y con un claro objetivo en mente. Si prestas atención al relato bíblico, notarás que el apóstol Pablo no fue a cada pueblito a plantar iglesias, sino que se dirigió a las grandes ciudades: Roma, Atenas, Tesalónica, Galicia, Éfeso, Corinto, Colosas, etc. Esto no lo hizo por ganar fama o prominencia, sino más bien porque veía esas ciudades como un excelente campo misionero en donde él plantaría iglesias y capacitaría líderes que eventualmente se encargarían de hacer el resto del trabajo evangelístico en las ciudades o pueblos vecinos.

En la actualidad, muchos consideran que seis de las siete iglesias que se mencionan en el Libro de Apocalipsis fueron plantadas por la iglesia de Éfeso, que fue la primera iglesia en nacer de las siete y fue iniciada por el apóstol Pablo. De manera que, Pablo, bajo la dirección de Dios, estratégicamente plantó una iglesia en la ciudad considerada como la principal vía de comunicación de la época, pues tres de las grandes rutas de la antigüedad pasaban por Éfeso. Esta es una excelente estrategia que sin dudas necesitamos tomar en cuenta si queremos evangelizar a Latinoamérica.

La visión de una iglesia

Cada persona que está tratando de plantar una iglesia debe considerar las siguientes preguntas:

- ¿Por qué plantar otra iglesia?
- ¿Por qué esta iglesia en particular?
- ¿Por qué allí y no en otro lugar?
- ¿Por qué ahora y no en el futuro?
- ¿Por qué con este líder y no con otro?
- ¿Cuál es el grupo meta a alcanzar?
- ¿Por qué este grupo y no otro?

Estas preguntas merecen la consideración de todo pastor plantador o aspirante a pastor plantador, y hasta que no podamos responderlas es mejor no iniciar una obra de plantación, pues pensar en estas cosas nos ayuda a definir qué es lo que perseguimos y por qué lo perseguimos.

Ahora bien, de todas estas preguntas la más controversial siempre será la que se refiere a cuál es el grupo meta, pues cada vez que mencionamos la importancia de tener un grupo meta a la hora de plantar una nueva iglesia, la mayoría de las personas lo interpreta como elitismo. Sin embargo, todo plantador de iglesias, lo quiera admitir o no, tiene un grupo meta en mente. Y es que, un grupo meta es sencillamente el grupo de personas al que estamos apuntando. No importa si son personas de escasos recursos o altamente educadas, japonesas o dominicanas; ese grupo al que anhelas alcanzar se constituye en tu grupo meta. Entonces, cuando alguien dice que quiere dirigir su ministerio a personas con cierto nivel de educación, por ejemplo, la gente inmediatamente cataloga a esa persona como elitista. Por otro lado, si alguien decide que quiere ir a predicar el evangelio a personas de escasos recursos, nadie los juzga de exclusivistas al pensar solo en ese grupo. Cada misionero que ha sido enviado, ha ido a alcanzar a un grupo en particular y no a otro.

La realidad es que tener un grupo meta no es elitismo, es un llamado. Tal como ya mencioné, Pablo señaló repetidas veces que su deseo era anunciar el evangelio a los gentiles, pero ¿por qué a los gentiles y no a los judíos? Bueno, porque él entendió claramente que ese era su llamado, como el de Pedro era mayormente la predicación del evangelio a los judíos:

> *Sino al contrario, al ver que se me había encomendado el evangelio a los de la incircuncisión, así como Pedro lo había sido a los de la circuncisión (porque aquel que obró eficazmente para con Pedro en su apostolado a los de la circuncisión, también obró eficazmente para conmigo en mi apostolado a los gentiles), y al reconocer la gracia que se me había dado, Jacobo, Pedro y Juan, que eran considerados como columnas, nos dieron a mí y a Bernabé la diestra de*

compañerismo, para que nosotros fuéramos a los gentiles y ellos a los de la circuncisión (Gál. 2:7-9).

No importa a dónde vayas, en ese lugar estará tu grupo meta. Ten presente que si no sabes cuál es tu grupo meta, no sabrás de qué manera debes edificar la iglesia. Desarrollar una iglesia en medio de los Andes no es lo mismo que levantar una iglesia en la ciudad de Buenos Aires o en Santo Domingo, porque estos grupos son muy distintos en diferentes maneras. Por eso, a la hora de plantar una nueva iglesia es muy necesario tomar en cuenta a aquellos que buscamos alcanzar.

Características de la visión de un equipo ministerial[121]

La visión usualmente surge por insatisfacción con el *status quo*. En una ocasión, mientras Pablo y Bernabé se encontraban predicando la Palabra del Señor en una sinagoga de Antioquía de Pisidia, los judíos se llenaron de celos y comenzaron a contradecir todo lo que Pablo decía. En ese momento, la insatisfacción que Pablo sintió con los judíos por su obstinado rechazo del evangelio hizo que él anunciara que de ahí en adelante enfocaría su ministerio hacia los gentiles, pues así se lo había encomendado Dios (Hech. 13:42-47). Leamos con detenimiento las palabras de Pablo:

> *Entonces Pablo y Bernabé hablaron con valor y dijeron: Era necesario que la palabra de Dios os fuera predicada primeramente a vosotros; mas ya que la rechazáis y no os juzgáis dignos de la vida eterna, he aquí, nos volvemos a los gentiles. Porque así nos ha mandado el Señor: Te he puesto como luz para los gentiles, a fin de que lleves la salvacion hasta los confines de la tierra* (vv. 46-47).

121. Ver George Barna, *The Power of Vision* [El poder de la visión] (Grand Rapids: Baker Books), 2018.

Sin lugar a duda que la visión de alcanzar a los gentiles vino del Señor. Pero humanamente hablando, Pablo tomó la decisión después de un número de decepciones con sus hermanos judíos. En ese momento rompió con el paradigma de seguir moviéndose predominantemente entre judíos.

A manera de testimonio puedo compartir que luego de quince años viviendo en el área noreste de los Estados Unidos, mi esposa y yo regresamos a Santo Domingo como fruto de una insatisfacción con el *status quo* de la iglesia de aquella región. No siempre tiene que ser así, pero frecuentemente esa es la manera como nace una visión.

La visión mira hacia el futuro. La visión siempre mira hacia el futuro, por tanto, continuamente estamos persiguiéndola. Una vez realizada deja de ser una visión, pues la misma se ha hecho realidad.

La visión es un regalo de Dios a sus líderes. La visión no es un sueño, tampoco es una metodología; la visión es algo que Dios regala a sus líderes, aunque entre ellos hay unos más visionarios que otros. Si en un equipo ministerial hay un pastor visionario, es importante que el resto del equipo pueda reconocer esa habilidad y apoyarla.

La visión tiene que ser realista. Hay una gran diferencia entre ser un visionario y ser un soñador. El soñador comienza con una idea que lo coloca arriba en los cielos, pero luego no sabe cómo aterrizarla. El visionario, por el contrario, tiene los pies bien puestos sobre la tierra. Él está atento a la necesidad y busca la forma de llenar esa necesidad. Para lograrlo, se eleva hasta los cielos, por así decirlo, a fin de ver cómo luce el escenario desde arriba y entonces comienza a construir un plan en base a aquello que pudo ver.

La visión es un concepto bíblico

Por alguna razón que aún desconozco, hay gente muy buena, cristianos ortodoxos que odian la palabra visión. Algunas de estas personas basan sus argumentos en que el concepto de visión no aparece descrito como tal en la Palabra de Dios, por lo menos de la manera como la estamos describiendo en este capítulo (no una experiencia mística o del tercer cielo). Yo podría argumentar que la palabra Trinidad tampoco aparece en las Escrituras. Si observamos detenidamente, veremos que el concepto de visión aparece ilustrado en la Palabra de una u otra manera desde Génesis hasta Apocalipsis.

Por ejemplo, Dios no crea a Adán y Eva y luego les dice que hagan lo que quieran. No, Él los bendijo y les ordenó: «Sean fructíferos y multiplíquense; llenen la tierra y sométanla» (Gén. 1:28). Esta es una visión clara dada por Dios, algo que ellos tendrían que hacer. De igual manera, Dios le dio una visión a Abraham cuando le ordenó: «Y el Señor dijo a Abram: Vete de tu tierra, de entre tus parientes y de la casa de tu padre, a la tierra que yo te mostraré. Haré de ti una nación grande, y te bendeciré, y engrandeceré tu nombre, y serás bendición» (Gén. 12:1-2). Este es otro ejemplo de visión que podemos ver claramente ilustrado en la Palabra.

Por otro lado, más adelante en las Escrituras vemos que Dios se aparece a Moisés y ambos tienen una conversación que va más o menos así:

—«Moisés, regresa a Egipto».

—«¿A hacer qué?».

—«A liberar a mi pueblo de la mano de los egipcios».

—«¿Y a dónde los voy a llevar?».

—«Al desierto».

—«¿Y si no me creen ni escuchan mi voz?».

—«Moisés, ¿qué es eso que tienes en la mano?».

—«Una vara».

—«Toma en tu mano esta vara con la cual harás las señales» (Éx 3:16-4:17).

Dios le dio a Moisés una visión bastante clara de lo que él tenía que hacer y cómo lo debía hacer. De igual manera, Dios no se le apareció a Jonás y le dijo: «Jonás, quiero que prediques el evangelio para que en toda ciudad a donde vayas, sus habitantes se arrepientan». No, esa no fue la visión porque esa no es la manera en que Dios opera. Él ordena a Jonás ir específicamente a Nínive a predicar el arrepentimiento. Mientras que a Isaías, Dios lo envía a predicar al pueblo de Israel y a Ezequiel le dice que vaya a los desterrados de Babilonia. Todos los profetas recibieron una visión clara de parte de Dios.

El Libro de Proverbios nos recuerda que la visión es importante porque donde no hay visión, el pueblo se desenfrena (Prov 29:18). A manera de ilustración, imagina que estás parado en una estación esperando tomar el próximo autobús. Cuando finalmente llega, te acercas al chofer y le preguntas cuál es su ruta. Si el chofer te respondiera que no sabe hacia dónde se dirige, ¿te subirías al autobús? Asimismo, hay iglesias que le piden a la gente que se unan a ellos cada domingo, pero los líderes de esas iglesias no saben hacia dónde van. A veces lo único que algunas iglesias tienen que ofrecer es un sermón cada domingo, pero el sermón no es la visión. La predicación de la Palabra de Dios es el instrumento por medio del cual se lleva a cabo la visión de la iglesia.

La más grande visión: la Gran Comisión

La más grande visión revelada en las Escrituras es lo que hoy conocemos como la Gran Comisión. Ella se encuentra registrada en el evangelio de Mateo y contiene varias verdades en las que rara vez nos detenemos a pensar. Lo primero que podemos observar es que la fuente de autoridad detrás de la Gran Comisión es el Señor Jesucristo. El capítulo 28 del Evangelio de Mateo relata: «Y acercándose Jesús, les habló, diciendo: Toda autoridad me ha sido dada en el cielo y en la tierra» (Mat. 28:18).

Lo segundo a notar es que Cristo claramente revela a dónde debemos ir, qué debemos hacer y cómo hemos de hacerlo: «Id, pues, y haced discípulos de todas las naciones, bautizándolos en el nombre del Padre y del Hijo y del Espíritu Santo, enseñándoles a guardar todo lo que os he mandado; y he aquí, yo estoy con vosotros todos los días, hasta el fin del mundo» (Mat. 28:19-20).

Finalmente, la visión es completada más adelante cuando Cristo, a punto de ascender a los cielos, les dice a sus discípulos en qué momento y por dónde debían comenzar: «pero recibiréis poder cuando el Espíritu Santo venga sobre vosotros; y me seréis testigos en Jerusalén, en toda Judea y Samaria, y hasta los confines de la tierra» (Hech. 1:8). Como podemos ver, la Gran Comisión realmente es una visión clara y detallada de qué, cómo, cuándo y dónde debemos llevar a cabo el ministerio.

La importancia de la visión

Tomando como referencia la Gran Comisión, revisaremos la importancia de tener una visión clara y los beneficios que esta provee al liderazgo.

La visión enfoca al líder y a su equipo; determina lo que se va a hacer: «Id, pues, y haced discípulos» (Mat. 28:19).

Tener una visión clara permite que el líder y su equipo ministerial conozcan cuáles son las razones y la motivación detrás de lo que están haciendo como ministerio y por qué las cosas se están haciendo de determinada manera. Por ejemplo, cada ministerio de la iglesia debe responder a la visión de la iglesia. La razón por la que en la iglesia tenemos ministerios de parejas no es solo porque hoy en día muchos matrimonios no andan bien, pues esta única razón no es suficiente para crear un ministerio. Ahora, si lo vemos desde el punto de vista de que la iglesia local está formada por diversas familias y el corazón de la familia es la pareja, entonces tenemos que concluir que parejas débiles producirán familias débiles y, por lo tanto, iglesias débiles. De igual forma, si contamos con parejas fuertes tendremos como resultado iglesias fuertes, pues la fortaleza de la iglesia local depende de la fortaleza de sus matrimonios. Entonces, esa es la principal razón para tener un ministerio enfocado en las parejas de la iglesia.

La visión mejora la efectividad y la eficiencia del líder y su equipo: «y me seréis testigos en Jerusalén, en toda Judea y Samaria, y hasta los confines de la tierra» (Hch. 1:8).

Ahora el equipo sabía dónde comenzar (Jerusalén); cuándo comenzar (al recibir el Espíritu Santo, Hechos 1:8) y cómo continuar una vez iniciada la visión. Esto mejora tanto la efectividad como la eficiencia.

La efectividad se refiere a los logros, mientras que la eficiencia tiene que ver con los recursos empleados para alcanzar estos logros. Alguien será considerado como una persona efectiva si logra alcanzar muchas cosas y será muy eficiente si ha empleado pocos recursos para alcanzar estas metas.

La visión provee límites para la toma de decisiones. En Hechos 1:8 leemos: «pero recibiréis poder cuando el Espíritu Santo venga sobre vosotros». Pero previamente, el Señor Jesús había revelado a sus discípulos algo que Lucas escribió en su primer libro: «Y he aquí, yo enviaré sobre vosotros la promesa de mi Padre; pero vosotros, permaneced en la ciudad hasta que seáis investidos con poder de lo alto» (Luc. 24:49).

Ellos no podían salir a testificar hasta que fueran investidos con poder de lo alto por medio del Espíritu. Mientras tanto, los discípulos debían permanecer quietos en oración, esperando la promesa del Espíritu de Dios.

La visión nos anima a tomar riesgos: *Id, pues, y haced discípulos de todas las naciones.*

Tener una visión clara animó a los apóstoles a tomar grandes riesgos en nombre del Señor. Si analizamos la Gran Comisión notaremos que hay dos principios importantes que motivaron a los apóstoles a seguir adelante aun en medio de las peores circunstancias. En primer lugar, el hecho de haber sido enviados por Aquel que tiene toda autoridad en los cielos y en la tierra (Mat. 28:18b). Y, en segundo lugar, la certeza de que Cristo estaría con ellos todos los días, hasta el fin del mundo (Mat. 28:20). Esos dos elementos animaron a los discípulos a salir y hacer discípulos.

Cuando hay una visión clara, el pueblo de Dios se siente motivado a apoyar la visión que Dios le ha dado al liderazgo porque conoce lo que sus líderes están persiguiendo, hacia dónde los están dirigiendo y entienden que cualquier esfuerzo o sacrificio que tengan que hacer como congregación se debe a que están persiguiendo una meta en particular.

La visión provee unidad entre los miembros: «enseñándoles a guardar todo lo que os he mandado» (Mat. 28:20).

Aquellos que han abrazado la visión son unidos a causa de esa visión, pues tienen un propósito en común y se han puesto de acuerdo en perseguir una misma meta. Si los apóstoles enseñaban a sus discípulos a guardar todas sus enseñanzas, ese cuerpo de doctrina serviría de unión entre ellos.

En el caso de los apóstoles, Pablo enfocó su ministerio hacia los gentiles, pues entendió que esa era la visión que Dios le había dado. Si en aquel entonces Pedro le hubiese planteado a Pablo quedarse en Jerusalén para plantar otra iglesia allí, a fin de alcanzar a los judíos que aún no habían creído el evangelio de Jesucristo, con toda probabilidad Pablo habría rechazado la propuesta, pues él estaba muy claro en que los judíos no eran el foco de su ministerio. Ahora bien, esto no impidió que Pablo predicara el evangelio a los judíos que encontró de camino a las ciudades gentiles.

Todo lo anterior nos muestra la importancia de la visión para el líder y su equipo ministerial. Por tanto, si eres un pastor o aspirante a pastor y no tienes una visión clara para tu iglesia, comienza a orar fervientemente para que Dios te pueda iluminar y dirigir hacia donde Él te quiere llevar. Idealmente, la visión debe venir antes de que decidas plantar la iglesia, pero si la iglesia ya está plantada, pregúntale a Dios qué quiere hacer con esa iglesia, pues si no estás seguro de cuál es el plan de Dios para tu ministerio, dará lo mismo que te quedes donde estás o que te vayas a cientos de kilómetros de allí.

Una observación final: todo lo anterior debe hacerse acompañado de oración. La oración es una manera de mostrar nuestra dependencia del Espíritu.

Procura desarrollar un equipo de siervos

Los verdaderos siervos poseen un espíritu humilde: el orgullo es competitivo y frecuentemente divisivo. Ninguna de esas dos cualidades podrá ayudar a tu equipo. Esta es la actitud que debemos desarrollar:

> *Haya, pues, en vosotros esta actitud que hubo también en Cristo Jesús, el cual, aunque existía en forma de Dios, no consideró el ser igual a Dios como algo a qué aferrarse, sino que se despojó a sí mismo tomando forma de siervo, haciéndose semejante a los hombres* (Fil. 2:5-7).

Si logramos desarrollar esa actitud mencionada por Pablo a los filipenses, entonces seremos verdaderos siervos en nuestras iglesias. Veamos a lo que me refiero:

- Un siervo de Cristo nunca será un agente divisivo y cumplirá así la enseñanza de Efesios 4:3: «esforzándoos por preservar la unidad del Espíritu en el vínculo de la paz».
- Un verdadero siervo procura tener un mismo sentir con los demás. Pablo nos enseña a tener «el mismo sentir unos con otros» (Rom. 12:16a).
- De igual manera, los siervos evitan juzgarse unos a otros, tal como Pablo enseñó: «Por consiguiente, ya no nos juzguemos los unos a los otros» (Rom. 14:13a).
- Si tienes un equipo de siervos comprometidos con la causa de Cristo, ellos se servirán unos a otros: «Sino servíos por amor los unos a los otros» (Gál. 5:13b).
- Un equipo de siervos se caracterizará por su actitud de perdón: «Sed más bien amables unos con otros, misericordiosos, perdonándoos unos a otros, así como también Dios os perdonó en Cristo» (Ef. 4:32).
- Los verdaderos siervos reconocen el valor de la amonestación entre ellos: «Que la palabra de Cristo habite en abundancia en vosotros, con toda sabiduría enseñándoos y amonestándoos unos a otros...» (Col. 3:16).
- Finalmente, los siervos de un equipo se alientan y se edifican mutuamente: «Por tanto, alentaos los unos a los otros, y edificaos el uno al otro, tal como lo estáis haciendo» (1 Tes. 5:11).

Estas cualidades deben ser enseñadas y modeladas por el pastor plantador o por el grupo de pastores que lidera una iglesia. Se trata de imitar a Cristo en todo el sentido de la Palabra porque para esto nos llamó, para que sigamos tras sus pisadas (1 Ped. 2:21).

Capítulo 12

El pastor y la membresía de la iglesia

Existen múltiples lugares en el Nuevo Testamento donde podemos ver un retrato claro de la membresía de la iglesia. Una de las secciones más voluminosas se encuentra en 1 Corintios 12-14. En 1 Corintios 12, Pablo explica la metáfora de la iglesia comparándola con un cuerpo con muchos miembros. En 1 Corintios 13, él establece el amor como la actitud y acción que todos los miembros deberían poseer. Y en 1 Corintios 14, él regresa a la iglesia complicada de Corinto que tenía un concepto completamente raro de lo que era la membresía.[122]

Thom S. Rainer

Introducción

En los últimos años, múltiples autores y líderes cristianos se han visto en la necesidad de defender el concepto de la membresía de la iglesia; algo que era completamente asumido como bueno y válido en generaciones anteriores. Esto ha ocurrido al mismo tiempo que las personas en la sociedad han comenzado

122. Rainer, Thom S., *I am a Church Member* [Soy miembro de una iglesia] (Nashville: B & H, 2013), 11

a valorar la independencia, la autonomía y la no rendición de cuentas como valores típicos de nuestra generación. Esta tendencia ha sido alimentada aún más por la mentalidad tipo buffett de los miembros de las iglesias de hoy en día que escogen lo que les conviene y dejan de lado lo que les parece inconveniente, no apropiado o limitante de su libertad. Esto ha hecho necesario el volver a explicar y justificar bíblicamente la necesidad de una idea tan importante como lo es la constitución y organización de los miembros de la iglesia.

La membresía y la disciplina de la iglesia que trataremos en el próximo capítulo, son conceptos vitales y que todo miembro de una iglesia que esté verdaderamente comprometido con un cuerpo de creyentes entendería y afirmaría. A continuación, una lista de características exhibidas por un miembro comprometido con su iglesia local, según el pastor Thabiti Anyabwile:[123]

- Asiste regularmente
- Procura la paz
- Edifica a otros
- Advierte y amonesta a otros
- Busca la reconciliación
- Tolera a otros
- Se prepara para poder participar de las ordenanzas
- Apoya la obra del ministerio

En nuestra iglesia, nadie puede servir en ningún ministerio hasta que no sea miembro. Y la razón es que deseamos que toda persona que sirva en nuestra iglesia conozca y entienda la doctrina de la iglesia, la filosofía de la iglesia, nuestros valores no negociables, que haya firmado el pacto de compromiso como miembro para que en todo lugar y en todo servicio nos represente bien. Pertenecer a una iglesia local es un asunto serio. Dios ha delegado el trabajo del ministerio a sus hijos. C.S. Lewis señaló: «Parece que Dios no hace nada por

123. Anyabwile, Thabiti M., *What is a Church Member?* [¿Qué es un miembro de la iglesia?] (Wheaton: Crossway, 2008), 68-70.

sí mismo que Él pueda posiblemente delegar a sus criaturas. Él nos ordena hacer lenta e imperfectamente aquello que Él podría hacer en un abrir y cerrar de ojos».[124]

La membresía de la iglesia

«La membresía de la iglesia consiste en: 1) un pacto de unión entre una iglesia particular y un cristiano, un pacto que consiste en 2) la afirmación de la iglesia de la profesión de fe de un cristiano, 3) la promesa de la iglesia de supervisar al cristiano y 4) la promesa del cristiano de reunirse con la iglesia y de someterse a su supervisión».[125] En otro libro sobre la disciplina de la iglesia, Jonathan Leeman hace la siguiente afirmación: «¿Qué es la membresía de la iglesia? Es una declaración de ciudadanía en el reino de Cristo. Es un pasaporte. Es un anuncio hecho en la sala de prensa del reino de Cristo. Es la declaración de que tú eres un representante oficial de Cristo, con licencia, que portas una tarjeta y que eres legítimo (*bona fide*)... La membresía de la iglesia, en otras palabras, tiene que ver con una iglesia que toma responsabilidad específica por ti y tú por ella. Claramente los ancianos o líderes de la iglesia tienen un rol importante y representativo que jugar cuando de la supervisión de la iglesia se trata».[126]

La evidencia bíblica con relación a la membresía

Algunos han argumentado que este es un concepto que no encontramos en las páginas del Nuevo Testamento, cuando la realidad es que

124. Citado por Philip Yancey, *Church Why Bother?* [Iglesia, ¿para qué te molestas?] (Grand Rapids: Zondervan Publishing House, 1998),
125. Leeman, Jonathan, *The Church and the Surprising Offense of God's Love* [La Iglesia y la sorpresiva ofensa del amor divino] (Wheaton: Crossway, 2010), 217.
126. Leeman, Jonathan, *Church Membership* [Membresía de la iglesia], (Wheaton: Crossway, 2012), 64-65

hay más evidencia en el Nuevo Testamento de la existencia de miembros de iglesias locales que de lo contrario. Es cierto que la palabra membresía no aparece en la Biblia, pero nuevamente tendremos que decir que la palabra Trinidad tampoco aparece (como mencionamos en el capítulo anterior) y esto no hace menos real su existencia.

La membresía se da en el contexto de una iglesia local donde existen líderes encargados de la dirección, la educación bíblica y salud espiritual de sus miembros (1 Ped. 5:1-4; 2 Tim. 3:16; 4:1-2; Juan 21:15-16); quienes a su vez tienen el mandato bíblico de congregarse (Hebreos 10:25-27); que han hecho un pacto de apoyar su iglesia con sus dones, talentos y recursos (1 Ped. 4:10; Ef. 4:11-13; 1 Cor. 16:2; 2 Cor. 9:7), que están dispuestos a rendir cuentas a sus líderes sobre sus vidas, a quienes deben obediencia y sumisión de acuerdo a los lineamientos bíblicos (Heb. 13:17; 1 Tes. 5:12; 1 Tim. 5:17) para mantener la armonía, la paz y el espíritu de cooperación mutua (Ef. 4:2-3).

No sabemos de qué manera esta membresía se llevaba a cabo en la iglesia primitiva, pero cuando lees todas estas citas es obvio que estas iglesias estaban organizadas y que sus miembros eran conocidos. ¿De qué otra manera pudiéramos explicar los siguientes conceptos?:

- Pastores que darán cuenta de las almas de las ovejas (Heb. 13:17). Si no sabemos quiénes son, ¿cómo daremos cuentas de ellas?
- Ovejas que tienen la obligación de congregarse. Si no existe una membresía, ¿a quienes cuestionan los pastores por no congregarse?
- ¿Cómo permitimos que personas usen sus dones y talentos en el contexto de la iglesia local si no tenemos idea de quiénes son?

Y así podemos seguir haciendo preguntas de esta naturaleza para ir descubriendo la idea de la membresía en la iglesia primitiva.

Hay suficientes evidencias en la misma Palabra de Dios para darnos a entender que la iglesia funcionaba con un número específico de personas sobre quienes su liderazgo tenía responsabilidades que llenar y ellas como ovejas tenían obligaciones que cumplir. Tal vez algunos ejemplos de la Palabra nos sirvan para ilustrar esto.

En Hechos 6:1-5 leemos lo siguiente:

> *Por aquellos días, al multiplicarse el número de los discípulos, surgió una queja de parte de los judíos helenistas en contra de los judíos nativos, porque sus viudas eran desatendidas en la distribución diaria de los alimentos. Entonces los doce convocaron a la congregación de los discípulos, y dijeron: No es conveniente que nosotros descuidemos la palabra de Dios para servir mesas. Por tanto, hermanos, escoged de entre vosotros siete hombres de buena reputación, llenos del Espíritu Santo y de sabiduría, a quienes podamos encargar esta tarea. Y nosotros nos entregaremos a la oración y al ministerio de la palabra. Lo propuesto tuvo la aprobación de toda la congregación, y escogieron a Esteban, un hombre lleno de fe y del Espíritu Santo, y a Felipe, a Prócoro, a Nicanor, a Timón, a Parmenas y a Nicolás, un prosélito de Antioquía.*

Notemos que hay viudas que estaban siendo desatendidas. No creo que estas viudas correspondan a cualquier persona de la ciudad de Jerusalén cuyo marido hubiera muerto. Estas viudas obviamente eran conocidas por pertenecer a una iglesia local o de lo contrario, cualquier viuda podría argumentar que ella estaba siendo desatendida.

Creo que el versículo 1 hace referencia a un grupo particular de personas. Igualmente, el versículo 2 habla de que convocaron a la congregación de los discípulos; notemos cómo dice de los discípulos; se utiliza un artículo definido, lo que implica que se estaban refiriendo a un grupo particular de hermanos que fueron convocados.

El versículo 3 continúa: «por tanto, hermanos, escoged entre vosotros…». Obviamente, esto también tiene que referirse a un grupo específico de individuos que se habían reunido con la intención específica de oír la preocupación surgida. Entre ellos se iba a tomar una decisión. No creo que esto fuera dejado abierto para que se decidiera entre todos los que estaban presentes en ese momento, sin importar su grado de compromiso o de responsabilidad con la congregación. Además, los líderes a escoger tenían que ser conocidos entre ellos y estar incluso sirviendo de alguna manera para que ellos conocieran el carácter y la integridad requerida para la tarea que llevarían a cabo. No nos imaginamos a visitantes resolviendo esta situación.

El versículo 5 habla de que «lo propuesto tuvo la aprobación de toda la congregación». De nuevo, ¿a quién se refiere el término *congregación*? ¿A todos los que visitaban la iglesia? ¿A todos los que estaban presentes ese día? No lo creo. El sentido común nos lleva a otra conclusión y es que esta congregación debió haber estado organizada para tomar este tipo de decisiones.

Continuemos analizando el tema de las viudas en una de las epístolas pastorales:

> *Honra a las viudas que en verdad son viudas; pero si alguna viuda tiene hijos o nietos, que aprendan éstos primero a mostrar piedad para con su propia familia y a recompensar a sus padres, porque esto es agradable delante de Dios. Pero la que en verdad es viuda y se ha quedado sola, tiene puesta su esperanza en Dios y continúa en súplicas y oraciones noche y día. Mas la que se entrega a los placeres desenfrenados, aun viviendo, está muerta. Ordena también estas cosas, para que sean irreprochables. Pero si alguno no provee para los suyos, y especialmente para los de su casa, ha negado la fe y es peor que un incrédulo.* ***Que la viuda sea puesta en la lista sólo si no es menor de sesenta años, habiendo sido la esposa de un solo marido, que tenga testimonio de buenas obras; si ha criado hijos, si ha mostrado hospitalidad a extraños, si ha lavado los pies de los santos, si ha ayudado a los afligidos y si se ha consagrado a toda buena obra.*** *Pero rehúsa poner en la lista a viudas más jóvenes, porque cuando sienten deseos sensuales, contrarios a Cristo, se quieren casar, incurriendo así en condenación, por haber abandonado su*

> *promesa anterior. Y además, aprenden a estar ociosas, yendo de casa en casa; y no sólo ociosas, sino también charlatanas y entremetidas, hablando de cosas que no son dignas. Por tanto, quiero que las viudas más jóvenes se casen, que tengan hijos, que cuiden su casa y no den al adversario ocasión de reproche. Pues algunas ya se han apartado para seguir a Satanás* (1 Tim. 5:3-15, énfasis mío).

Notemos ahora lo específico que son estas instrucciones con relación al cuidado de las viudas. Se habla de:

- «las viudas de más edad»
- «las viudas más jóvenes»
- «a las que verdaderamente son viudas»

Se habla en los versículos 9 y 10 de que la viuda sea puesta en la lista:

- «solo si no es menor de 60 años»
- «si fue la esposa de un solo marido»
- «si tiene buen testimonio de buenas obras»
- «si ha criado hijos»
- «si ha mostrado hospitalidad a extraños»
- «si ha lavado los pies de los santos»
- «si ha ayudado a los afligidos»
- «si se ha consagrado a toda buena obra»

Esto no parece una indicación para ayudar a todas las viudas que «desfilen» por la iglesia. Y no solo esto, sino que se habla de viudas dedicadas a la vida de la iglesia; viudas comprometidas. Todo esto presupone una cierta organización y un conocimiento del estilo de vida de personas específicas.

Estas instrucciones son lo suficientemente específicas como para darnos a entender que el apóstol Pablo estaba refiriéndose a un grupo en particular de personas pertenecientes a esa congregación, cuyo testimonio era conocido y no a cualquier otra viuda de la ciudad de la cual pudiéramos saber muy poco. Si fuéramos a tomar esta instrucción del apóstol Pablo de una manera emocional, pudiéramos comenzar a pensar sobre qué vamos a hacer con aquellas otras viudas que quizás no tengan tan buen testimonio, o que quizás no hubiesen tenido el tiempo para haber lavado los pies de los santos o para ser hospitalarias, etc. A ellas las vemos como nuestro prójimo, pero a las demás, a las que se refiere Pablo en esta carta, las vemos como miembros de una iglesia local y esa iglesia tiene responsabilidades con ellas.

Otras evidencias importantes en las cartas apostólicas

En Romanos 16:1 leemos: «Os recomiendo a nuestra hermana Febe, diaconisa de la iglesia en Cencrea». En este versículo observamos un aspecto importante. El apóstol Pablo estaba recomendando a la iglesia de Roma a alguien que era diaconisa en otra iglesia local, en Cencrea, puerto marítimo de Corinto. Si Febe era diaconisa, ella debió haber tenido personas sobre las que ella ejercía su ministerio. La recomendación de Pablo solo tiene sentido en el contexto de una iglesia organizada a otra iglesia organizada.

Lo mismo observamos en el pasaje de Hechos 18:27: «Cuando [Apolos] quiso pasar a Acaya, los hermanos lo animaron, y escribieron a los discípulos que lo recibieran; y cuando llegó, ayudó mucho a los que por la gracia habían creído». Estos discípulos que escribieron a otros para que recibieran a Apolos, debían de pertenecer a iglesias organizadas cuyos miembros eran conocidos.

La misma idea vuelve a aparecer en Colosenses 4:10: «Aristarco, mi compañero de prisión, os envía saludos; también Marcos, el primo de Bernabé (acerca del cual recibisteis instrucciones; si va a vosotros, recibidle bien)». Las epístolas del Nuevo Testamento atestiguan que cuando alguien iba de una iglesia a otra, cartas de recomendación eran escritas de manera que los miembros de la iglesia pudieran recibir al hermano enviado. ¿Cuándo comienza este proceso? Cuando la iglesia estaba funcionando de una manera ya constituida y no en los tiempos de Cristo cuando se estaba evangelizando la región.

Veamos otra porción de la Palabra. En 1 Corintios 5:12-13 leemos: «Pues ¿por qué he de juzgar yo a los de afuera? ¿No juzgáis vosotros a los que están dentro de la iglesia? Pero Dios juzga a los que están fuera. Expulsad de entre vosotros al malvado». Si Pablo habla de que nosotros somos llamados a juzgar a los de adentro y Dios juzga a los de afuera, esto tiene que tener un contexto muy limitado. ¿Quiénes son los de adentro y quiénes son los de afuera? Si no hay diferenciación en una asamblea entre los miembros y los no miembros, entonces nosotros deberíamos estar juzgando tanto los de adentro como los de afuera que nos visiten, pero este no es el caso. Todas estas citas parecen tener una relación indirecta con el concepto de membresía; pero creo firmemente que si sometes estas citas a un escrutinio más minucioso, la única conclusión lógica es pensar en iglesias organizadas con miembros.

Finalmente, quiero citar el pasaje de Hebreos 13:17:

> *Obedeced a vuestros pastores y sujetaos a ellos, porque ellos velan por vuestras almas, como quienes han de dar cuenta. Permitidles que lo hagan con alegría y no quejándose, porque eso no sería provechoso para vosotros.*

Aquí hay dos principios importantes a resaltar. El primero es la existencia de un grupo de individuos a quienes se les exhorta a que se sometan y obedezcan a sus líderes. Una vez más, este verso nos deja ver que se estaba hablando de un grupo de líderes en particular que tenía la responsabilidad sobre un grupo específico de personas. La Palabra de Dios nos deja ver que esos líderes o pastores tendrán que rendir cuentas ante Dios por el cuidado de esas ovejas y, lamentablemente, lo que muchas veces ha ocurrido es que personas que asisten a la congregación con un nivel mínimo o insignificante de compromiso, consumen el tiempo y las energías emocionales y espirituales de los líderes que terminan descuidando las ovejas que están comprometidas y que han asumido su responsabilidad. Para ellas, muchas veces ha faltado el tiempo, ya que las responsabilidades del liderazgo han sido ampliadas hasta el punto de que se descuidan las ovejas a quienes conocemos mejor, para dar atención a personas cuyo nivel de compromiso es marginal o inexistente.

El apóstol Pablo creía tanto en la necesidad de que cada persona llenara su responsabilidad, que en una ocasión escribió a los tesalonicenses lo siguiente: «Porque aun cuando estábamos con vosotros os ordenábamos esto: Si alguno no quiere trabajar, que tampoco coma» (2 Tes. 3:10). Como podemos observar en un ejemplo tan sencillo como este, la iglesia no puede permitir que personas que no cumplen sus responsabilidades, reciban beneficios que deben estar reservados para ovejas responsables. Sin la menor intención de querer ofender, pero sí con el deseo de explicar de la mejor manera posible cuán enfermiza es la idea de que alguien pueda recibir beneficios sin llevar a cabo ninguna responsabilidad, permítanme usar la definición médica o biológica de lo que es un parásito: «es aquel ser vivo que vive y se nutre a expensas de otro ser vivo sin aportar ningún beneficio a este último». Esta no es una definición prejuiciosa, sino biológica de lo que es vivir a expensas de otro organismo. Nada contribuye más a la inmadurez espiritual de las ovejas, a la vida parasitaria de muchos y a la irresponsabilidad de todos los involucrados, que esta forma de «hacer iglesia». Y por eso también nosotros los ancianos rendiremos cuentas.

¿Qué hacemos con los que no son miembros?

No olvidemos que toda institución, desde la familia hasta la sociedad, está compuesta por individuos que tienen responsabilidades que cumplir y beneficios que recibir. Si en el seno de una familia se le permite a los hijos tener todos los privilegios posibles y nunca se les exige responsabilidad, estamos criando personas altamente irresponsables, egoístas, centradas en sí mismas y que no honran a Dios ni a su prójimo.

Si en el seno de la sociedad, los gobiernos permitieran que sus ciudadanos reciban los privilegios y ayudas que el gobierno pueda dar, sin ninguna responsabilidad de parte de ellos, estarían en la misma posición. Pero ni el mundo secular aprueba esta manera irresponsable de vivir la vida. Aun en el reino animal Dios nos deja ver cuál ha sido su diseño: hay un padre, una madre y cada uno de ellos tiene su responsabilidad para con los más pequeños, en el momento en que ellos nacen y hasta un tiempo posterior.

Dentro de la iglesia, pensar que aquellos que asisten y reciben ciertos privilegios deben ser miembros con responsabilidades frente a la congregación local, es algo que corresponde al diseño de Dios; lo contrario es contra natura. Dado todo esto, entendemos que los ministerios de una congregación pudieran ser divididos entre «ministerios abiertos para toda la comunidad», como es el culto de adoración del domingo, las reuniones de oración, los ministerios de enseñanza de la Palabra, los ministerios para niños, jóvenes, mujeres y otros similares, porque parte de su visión es el poder alcanzar la comunidad a su alrededor. Y un segundo grupo de «ministerios cerrados para miembros», dirigidos a mantener la salud espiritual de los mismos. Este segundo grupo de ministerios serían aquellos como los de consejería, ministerios de rendición de cuentas; el servir como líderes o formar parte de algún ministerio (o asistir a sus reuniones) y otros similares, que tienen como diseño primordial el cuidado espiritual de las ovejas y, por tanto, deben estar reservados para aquellos que han formalizado su membresía. Recordemos que en algunos de estos ministerios, o quizás en todos, en ocasiones se producen confesiones de asuntos muy íntimos que entendemos deben estar reservados para aquellas personas que asisten a la iglesia, que se han comprometido formalmente con su congregación, que se duelen por ella y que se han hecho miembros. ¿Qué garantía habría de que alguien que no ha querido ser responsable al cumplir las responsabilidades de su iglesia, será responsable al guardar el testimonio de un hermano?

Por otro lado, en nuestra iglesia nadie puede servir en ningún ministerio hasta que no haya formalizado su membresía. Creemos que no contribuye a la salud de ningún creyente que se le permita servir en una iglesia con la cual él no se ha comprometido.

Oramos para que nuestro Señor encuentre a sus iglesias haciendo un trabajo integral donde cada persona lleve a cabo su responsabilidad y que Cristo no tenga que acusarnos mañana de haber contribuido a mantener a nuestros miembros en la infancia espiritual.

¿Por qué Cristo no habló de esta idea?

En los tiempos de Cristo no encontramos desarrollado este concepto de membresía, no porque el Señor no lo apoyara, sino porque la iglesia como tal no fue iniciada hasta el día de Pentecostés y su organización no se hizo necesaria hasta que el número de discípulos comenzó a crecer. Cristo no formó una sola iglesia local y, por lo tanto, no dio los lineamientos necesarios para su constitución en ese momento; pero sí vemos evidencia de la existencia de miembros de las iglesias locales constituidas en los tiempos de los apóstoles y que funcionaban bajo el liderazgo de un grupo de ancianos.

Creemos que es conveniente que en este momento hagamos la diferenciación de lo que fue la organización de la iglesia como institución en los tiempos post resurrección, a los tiempos antes de la resurrección de Cristo. Jesucristo, durante toda su estadía en la Tierra, actuó más como un evangelista itinerante, que como un pastor de una iglesia local. Este no fue el caso de la iglesia primitiva que quedó bajo las directrices de los apóstoles, que sí formaron iglesias locales dirigidas por líderes específicos que tenían autoridad y responsabilidad sobre las ovejas de ese redil. Los primeros pasos de organización los vemos en el desarrollo histórico de la Iglesia, narrado en el Libro de los Hechos (los primeros 30 años) y a lo largo de las cartas apostólicas. Ya el capítulo 6 del Libro de los Hechos nos deja ver parte de esa nueva organización donde los apóstoles se iban a dedicar a la ministración de la Palabra y otros líderes se dedicarían a atender las mesas (*diakoneo*).

Cuando Pablo les da instrucciones a Timoteo y a Tito, les habló de que eligieran ancianos y diáconos que nunca existieron en los tiempos de Cristo. Ahora comenzamos a ver toda una nueva organización de la Iglesia.

Cuando Cristo mismo habló en Mateo 18 de la necesidad de aplicar la disciplina de la Iglesia, en ese momento, el Señor asumía que, a su partida, la Iglesia se iba a organizar de una manera distinta a lo que Él hizo. Como es sabido por todos, el Señor Jesús describió los pasos para la disciplina la Iglesia, pero Él mismo nunca la llevó a cabo a la manera en que se expresa en Mateo 18:15-20. Pero una vez la Iglesia fue constituida, se hizo necesario el iniciar el proceso de disciplina explicado en el pasaje de Mateo, misma que podía terminar en la expulsión de un miembro. Esto mismo nos deja ver que estamos hablando de la necesidad de tener una institución que conozca quiénes son sus miembros, que sean los que puedan oír los casos de confesión y de disciplina de la iglesia; y que sean los que conozcan sobre los casos de expulsión de esos miembros.

A continuación, presento el pacto de compromiso que utilizamos en nuestra iglesia para formalizar la membresía. Las expectativas pudieran parecer altas; pero estudios han demostrado que las iglesias sanas que se mantienen en crecimiento, tienen altas expectativas de sus miembros.[127]

Iglesia bautista internacional: pacto de membresía

Deseo unirme a la *Iglesia bautista internacional* (en adelante, IBI) porque entiendo que el Espíritu Santo me ha guiado hasta aquí para formar parte de esta familia. Al hacerme miembro me comprometo a apoyar la declaración de fe, principios doctrinales, la visión de la

127. Lawless, Chuck, Tom S. Rainer, *Membership Matters: Insights from Effective Churches on New Member Classes and Assimilation* [La membresía es importante: Iglesias efectivas, su membresía de nuevos miembros y asimilación] (Grand Rapids: Zondervan, 2016), 25.

iglesia, el gobierno y liderazgo de la iglesia, así como la filosofía del ministerio, sus planes y estrategias.

Después de haber cumplido con los requerimientos establecidos por la IBI, para tales fines, libre, voluntariamente y de buena fe firmo este pacto (en adelante, pacto de membresía) por el cual me comprometo a:

1. **Velar por la unidad de la iglesia.** Esto implica aceptar, amar y perdonar al hermano cuando sea necesario, de la misma forma que Cristo me ha aceptado, amado y perdonado. (Juan 15:12; Rom. 15:7; Ef. 4:1-2; Col. 3:12-13).
2. **Cumplir mi responsabilidad como creyente.** Esto incluye (pero no se limita a): asistir regularmente a las actividades de la iglesia (Heb. 10:25), orar por mi iglesia, invitar a otros a conocer y recibir las bendiciones de Dios y vivir de tal forma que mi vida honre el nombre de Cristo y el de esta iglesia; esto implica vivir en integridad y santidad en todas las áreas de mi vida (Fil. 1:4-5; Ef. 4:1).
3. **Servir a Dios en mi iglesia.** Es mi responsabilidad poner mis dones y talentos al servicio de este cuerpo de Cristo para el fortalecimiento de esta congregación (1Ped. 4:10).
4. **Apoyar financieramente esta iglesia.** En este sentido, entiendo que es responsabilidad de los miembros de la iglesia el aportar económicamente de manera regular para que los compromisos que la iglesia enfrenta puedan ser honrados (pagados) de forma oportuna. En otras palabras, entiendo que la «obra del ministerio» necesita de mis recursos económicos para poder llevarse a cabo, razón por la que entiendo que los principios que justificaron el diezmo en el Antiguo Testamento siguen vigentes al día de hoy (Deut. 14:22-29; Mal. 3:8). Entiendo por «obra del ministerio» el sostenimiento de los siervos y obreros que laboran para la iglesia (1 Tim. 5:18), las iniciativas de ayuda al necesitado (1 Cor. 16:1), las iniciativas para proclamar el mensaje del evangelio en nuestro país y en «las naciones»

(Mat. 28:19), así como la construcción y mantenimiento de facilidades físicas que hagan posible que la iglesia pueda hacer discípulos apropiadamente (Mat. 28:19).

5. Decido hoy **apoyar a mis líderes** como se me instruye en la Palabra de Dios. (Heb. 13:17).
6. Reconozco y acepto que:
   a. En caso de incurrir en pecado que requiera confesión, amonestación o disciplina pública, es responsabilidad de los líderes de la iglesia llevar a cabo el proceso bíblico, según Mateo 18:15-20, por lo que acepto libremente someterme a este proceso;
   b. Asimismo, reconozco y acepto que en caso de falta de arrepentimiento de mi parte, a juicio de las autoridades pastorales de la IBI, puedo ser expulsado de la iglesia, en conformidad con lo estipulado en la Palabra en el texto antes citado. En este caso, quedaría sin efecto mi condición de miembro;
   c. Reconozco y acepto que este proceso bíblico está complementado y apoyado por otros textos, como 2 Tesalonicenses 3:14-15; 1 Corintios 5:2; Tito 3:10; Gálatas 6:1, entre otros;
   d. Reconozco como necesarias y beneficiosas estas medidas, tanto para cada miembro individual como para la congregación en general. Entiendo que el objetivo de estas medidas disciplinarias prescritas por la Palabra de Dios, están dirigidas a fortalecer mi comunión con el Señor y con la iglesia; y como tal, esto resultaría en una bendición para mi vida, dando con esto gloria a Dios.
   e. Que en caso de incurrir en una falta que amerite confrontación, amonestación, disciplina, expulsión o cualquier otro tipo de sanción de parte de las autoridades pastorales de la IBI, más que ejerciendo una facultad, dichas autoridades pastorales estarían cumpliendo un mandato bíblico, por lo que al momento de ejercer cualquier proceso de confrontación,

amonestación, disciplina o expulsión no lo estarían haciendo a título personal, sino en sujeción a la Palabra de Dios.

f. Que previo a la suscripción del presente pacto de membresía, he leído los textos bíblicos que antes se citan y he reflexionado en su contenido.

g. Entiendo que Dios ha dejado instrucciones para que su iglesia se maneje bajo su señorío. Por tanto, en caso de incurrir en pecado que implique confrontación, amonestación, disciplina, expulsión o cualquier otro tipo de sanción, conforme al proceso bíblico de los textos antes citados, reconozco a las autoridades pastorales de la IBI y no a una jurisdicción secular, como las únicas competentes para cumplir este procedimiento e imponer la sanción que corresponda. Dios nos dejó directrices específicas en su Palabra y como cristiano así las reconozco y las acepto. En 1 Corintios 6:1-7 leemos: *¿Se atreve alguno de vosotros, cuando tiene algo contra su prójimo, a ir a juicio ante los incrédulos y no ante los santos? ¿O no sabéis que los santos han de juzgar al mundo? Y si el mundo es juzgado por vosotros, ¿no sois competentes para juzgar los casos más triviales? ¿No sabéis que hemos de juzgar a los ángeles? ¡Cuánto más asuntos de esta vida! Entonces, si tenéis tribunales que juzgan los casos de esta vida, ¿por qué ponéis por jueces a los que nada son en la iglesia? Para vergüenza vuestra lo digo. ¿Acaso no hay entre vosotros algún hombre sabio que pueda juzgar entre sus hermanos, sino que hermano contra hermano litiga, y esto ante incrédulos? Así que, en efecto, es ya un fallo entre vosotros el hecho de que tengáis litigios entre vosotros. ¿Por qué no sufrís mejor la injusticia? ¿Por qué no ser mejor defraudados?*

h. Que en caso de recurrir en algún momento a consejería con alguna de las autoridades pastorales o líderes de la IBI, este proceso se seguirá en conformidad con el patrón bíblico y reconozco la facultad de dichas autoridades o líderes a referirme a cualquier profesional para el caso de que las razones

> que motiven la consejería no tengan su origen en problemas de fe, de conversión, de pecado o de temas espirituales, reconociendo, además, que las autoridades pastorales de la IBI estarían en ese caso autorizadas a comunicarme tal decisión.

Como consecuencia de todo lo anterior, dejo en manos de Dios y de mis líderes el manejo de los asuntos de la casa de Dios, incluyendo los asuntos de disciplina y consejería pastoral ya mencionados anteriormente.

La firma de mi parte de este pacto deja sin efecto cualquier otro que haya sido suscrito por mí con anterioridad. Reconozco que las autoridades pastorales de la IBI tienen plena facultad para introducir los cambios necesarios a los pactos de membresía de la iglesia. Esto con la finalidad de adecuarlos cuando las circunstancias imperantes lo ameriten, para preservar no solo a la iglesia como institución eclesiástica, sino también los valores morales y los principios teológicos contenidos en las Sagradas Escrituras. Entiendo que estas medidas no solo protegen a la iglesia como institución, sino también a las ovejas o miembros puestos bajo el cuidado pastoral por el Señor Jesucristo. Entiendo también que cuando un nuevo pacto surge, la firma de este es necesaria para la renovación de la membresía en la IBI.

____
Nombre miembro

____
Cédula o pasaporte miembro

____
Fecha

____
Firma miembro

____
Firma pastor / anciano

Previo a la firma de este pacto, la persona participa en un curso de membresía de unas 10 a 12 horas durante la que se presentan las doctrinas de la iglesia, la filosofía ministerial de la iglesia, el gobierno de la iglesia, nuestros valores no negociables y los diferentes ministerios con que la iglesia cuenta.

Para ser miembro de nuestra iglesia, la persona necesita haber sido bautizada por inmersión después de haber hecho profesión de fe en una iglesia evangélica, haber tomado el curso de pre-membresía y haber pasado no menos de seis meses asistiendo a nuestra iglesia. La idea es que nadie se una a nuestra iglesia como miembro, sin conocer a cabalidad todos estos aspectos de la IBI. Para servir en algún ministerio, la persona necesita pasar otros seis meses, ya como miembro de la iglesia. Así nos conoce más aún y nosotros le conocemos mejor.

Reflexión final

La iglesia que no hace diferencia entre miembros y no miembros, está asumiendo de la misma manera que no existe diferenciación entre ovejas y cabritos o entre personas regeneradas y no regeneradas o entre los hijos de Dios y aquellos que aún no han llegado a ser hijos de Dios (Juan 1:12-12), o entre aquellos en quienes mora el Espíritu Santo y aquellos que aún no le han recibido. Además, los líderes de una iglesia donde la membresía es inexistente, no conocen adecuadamente a las ovejas. Por otro lado, si permites que no miembros formen parte de la dirección de ciertos ministerios, estás permitiendo que personas que no han abrazado la doctrina y filosofía de la iglesia tengan alguna participación dirigencial en los ministerios del cuerpo de Cristo con las subsiguientes consecuencias. Afirmamos nuevamente que el concepto de membresía, si es llevado a cabo bíblicamente, contribuirá a la unidad y al fortalecimiento de la congregación. La membresía es un instrumento de llegar a conocer mucho mejor a las ovejas para ministrar de manera más eficiente a sus necesidades. Creo que si reflexionamos acerca de cada uno de los beneficios de la membresía mencionados anteriormente veremos cuán esencial es esta idea a la hora de desarrollar una iglesia bíblica. Incluso el poder implementar la disciplina de la iglesia presupone la existencia de una membresía en la iglesia, como veremos en el próximo capítulo.

Capítulo 13

El pastor y la disciplina de la iglesia

Al presente ninguna disciplina parece ser causa de gozo, sino de tristeza; sin embargo, a los que han sido ejercitados por medio de ella, les da después fruto apacible de justicia (Heb. 12:11).

Introducción

La disciplina de la iglesia es uno de los muchos temas que la iglesia contemporánea ha relegado a un segundo plano y, en algunos casos, descartado por completo. Sin embargo, esta es una práctica que ha jugado un rol muy importante a lo largo de toda la historia del cristianismo. Como era de esperarse, el haber descuidado esta práctica ha tenido lamentables consecuencias en la vida de la Iglesia. Tristemente, en los últimos años hemos visto una disminución significativa del temor reverente a Dios y un menosprecio por su santidad. Esto ha provocado una insensibilidad hacia el pecado y una pérdida del temor a las consecuencias del pecado. Por consiguiente, hoy en día son cada vez más frecuentes los casos de falta de santidad en la vida de los líderes y sus familias, así como la pérdida de interés por honrar la santidad de la Iglesia. Todo lo anterior hace que la iglesia local no se interese en la disciplina.

Por otro lado, hay un grupo de creyentes que ha malinterpretado la disciplina de la iglesia y la ha hecho punitiva. Hay congregaciones donde a la persona que está en un proceso de disciplina se le ordena sentarse en el último asiento o banco de la iglesia y no participar de la cena del Señor. Este tipo de prácticas antibíblicas también han contribuido a que la disciplina de la iglesia haya sido relegada al olvido por muchos creyentes.

Ahora bien, en las iglesias debe haber una membresía estructurada que permita poder disciplinar a sus miembros de forma adecuada, según las directrices que Dios nos ha dejado en su Palabra. Por tanto, a lo largo de este capítulo abordaremos la disciplina de la iglesia, asumiendo que la iglesia ha estructurado su membresía.

La disciplina de la iglesia: definición

En sentido amplio, la disciplina es el proceso a través del cual cada uno de nosotros pasa, con el propósito de formar o reformar el carácter. Esto implica que cada individuo es disciplinado por Dios, por sus padres, por sus maestros y por superiores en distintos escenarios. Si lo vemos de esta manera, podemos concluir que la disciplina es algo bueno, pues cada vez que los padres disciplinan a sus hijos están tratando de formar su carácter.

En cuanto a la disciplina de la iglesia, el ministerio IX Marcas, dedicado a equipar a los líderes cristianos con recursos bíblicos y prácticos con el objetivo de mostrar la gloria de Dios por medio de iglesias saludables (esta es su visión), define la disciplina de la iglesia como «cada acción destinada a incentivar la santidad y a luchar contra el pecado»[128]. Desde esa perspectiva, la disciplina de la iglesia no es solo una buena práctica, sino también algo necesario.

El Pastor Thabiti M. Anyabwile, en su libro *What is a Healthy Church Member* [¿Qué es un miembro saludable?], comenta con

128. Jamieson, Bobby, Mark Dever (editor general), Jonathan Leeman (director de edición), *Guardándonos unos a otros: La disciplina de la iglesia* (Washington, DC: 9Marks, 2017).

relación a la disciplina: «Si tienes problema con la percepción de que la disciplina de iglesia es cruel o falta de amor, considera que la Biblia misma nos enseña que Dios es un Padre amoroso que disciplina a sus hijos: «… Hijo mío, no tengas en poco la disciplina del Señor, ni te desanimes al ser reprendido por Él; porque el Señor al que ama disciplina, y azota a todo el que recibe por hijo» (Heb. 12:5-6).

Thabiti Anyabwile, continuó: «El recibir disciplina de la mano de Dios es evidencia de su amor por nosotros. Cada vez que Él nos reprende y nos castiga podemos estar seguros de que nos está tratando como un padre trataría a su hijo. La disciplina es un acto de amor, no de venganza ni de odio. El autor de Hebreos continuó: "Además, tuvimos padres terrenales para disciplinarnos, y los respetábamos, ¿con cuánta más razón no estaremos sujetos al Padre de nuestros espíritus, y viviremos? Porque ellos nos disciplinaban por pocos días como les parecía, pero Él nos disciplina para nuestro bien, para que participemos de su santidad" (Heb. 12:9-10). El Padre está protegiendo nuestras vidas y conformándonos a su santidad en la medida en que nos corrige y nos disciplina».[129]

Tipos de disciplina en la iglesia

Al hablar de disciplina necesitamos hacer una diferencia entre disciplina formativa, disciplina preventiva y disciplina correctiva. Esta distinción es importante porque cada una de estas disciplinas persigue diferentes metas y tiene como resultado distintas bendiciones.

Disciplina formativa

La disciplina formativa en el ministerio abarca todo aquello que la iglesia hace con el objetivo de formar el carácter del individuo. En este sentido, la disciplina formativa debe incluir enseñanza de la

129. Anyabwile, Thabiti M., *What is a Healthy Church Member* (Wheaton: Crossway, 2008), 78-79.

Palabra, aplicación de la Palabra, estudios bíblicos, grupos de rendición de cuentas, oración y cualquier otra cosa que contribuya al crecimiento espiritual del creyente y a su vida de santidad. Todas estas intervenciones requieren de un esfuerzo de nuestra parte y, por tanto, requieren de disciplina.

Cuando el apóstol Pablo expresa en su carta a los corintios que él golpeaba su cuerpo y lo hacía su esclavo, se estaba refiriendo a cómo él disciplinaba los apetitos su carne y su mente, a fin de no convertirse en un obstáculo para el avance del evangelio (1 Cor. 9:27). De modo que, la disciplina formativa involucra todas aquellas cosas que van a contribuir de una u otra manera a formar y desarrollar nuestro carácter, con el propósito de poder correr mejor la carrera de la fe, sin tropezar ni desmayar, para que al final del camino podamos declarar como Pablo: «He peleado la buena batalla, he terminado la carrera, he guardado la fe» (2 Tim. 4:7).

La disciplina preventiva

En cierto modo, la disciplina preventiva puede ser comparada a la vacuna que es administrada a un paciente con el objetivo de que no contraiga determinada enfermedad. Se trata de otro tipo de disciplina relacionada a disciplinar la vida cristiana, por tanto, incluye todo lo que hasta ahora hemos mencionado sobre la disciplina formativa, más algunas medidas particulares.

Observa lo que el apóstol Pablo escribió en su segunda carta a los corintios:

> *Y dada la extraordinaria grandeza de las revelaciones, por esta razón, para impedir que me enalteciera, me fue dada una espina en la carne, un mensajero de Satanás que me abofetee, para que no me enaltezca. Acerca de esto, tres veces he rogado al Señor para que lo quitara de mí. Y Él me ha dicho: Te basta mi gracia, pues mi poder se perfecciona en la debilidad. Por tanto, muy gustosamente me gloriaré más*

> *bien en mis debilidades, para que el poder de Cristo more en mí* (2 Cor. 12:7-9).

El texto anterior es un excelente ejemplo de lo que es una disciplina preventiva en la vida del creyente. El apóstol Pablo fue testigo de revelaciones extraordinarias cuando fue llevado al tercer cielo y para evitar el orgullo, Dios permitió un aguijón en su carne. Ninguno de nosotros conoce con exactitud la naturaleza de este aguijón, pero en el texto original el término para aguijón es la palabra *angelo*, que significa «mensajero». De hecho, en algunas traducciones de la Biblia aparece la frase «mensajero de Satanás» y esto ha llevado a algunos teólogos a concluir que este aguijón en la carne no era otra cosa que un ataque satánico permitido por Dios, con el que Pablo tuvo que luchar todo el tiempo. En este momento, no vamos a entrar en la discusión de si fue o no un ataque satánico, pero lo menciono para ayudarte a entender cuáles son algunas de las interpretaciones de este pasaje. El pastor John MacArthur opina que este aguijón se trataba de un ataque demoníaco del que Pablo era víctima de vez en cuando, precisamente porque en el texto original, la palabra aguijón o espina, significa mensajero, lo que pudiera referirse a un demonio enviado como mensajero por Satanás con el propósito exclusivo de atormentar a Pablo.[130]

Lo curioso de esto es que el pasaje revela que ese aguijón en la carne atormentaba tanto a Pablo, que en tres ocasiones le suplicó a Dios que se lo quitara y Dios le respondió: «Te basta mi gracia, pues mi poder se perfecciona en la debilidad» (2 Cor. 12:9). No obstante, llama aún más la atención la razón por la que Dios permitió este aguijón en la vida de Pablo y el texto revela que fue con el objetivo de que no se enalteciera por lo extraordinario de las revelaciones que había recibido de parte de Dios. Entonces, al leer este pasaje, ¿crees tú que nosotros estamos exentos de que Dios permita en nuestras vidas condiciones similares que tengan el propósito expreso de

---

130. MacArthur, John, *2 Corinthians* [2 Corintios] (Chicago: Moody Publishers, 2003) 400-01.

mantenernos menos orgullosos o más humildes, con la intención de que dependamos más de Él? En lo personal, he llegado a ver mi padecimiento de diabetes por los últimos 48 años como una de las cosas que Dios ha permitido en mi vida para que yo pueda permanecer más cerca de Él, dependiendo de manera exclusiva de su gracia y sea menos dependiente de los logros que Dios mismo ha permitido en mi vida. Por tanto, la diabetes para mí ha sido buena y preventiva.

La disciplina correctiva

El texto más utilizado de la Palabra de Dios al momento de hablar de disciplina correctiva es el pasaje de Mateo 18:

> *Y si tu hermano peca, ve y repréndelo a solas; si te escucha, has ganado a tu hermano. Pero si no te escucha, lleva contigo a uno o a dos más,* ***para que toda palabra sea confirmada por boca de dos o tres testigos****. Y si rehúsa escucharlos, dilo a la iglesia; y si también rehúsa escuchar a la iglesia, sea para ti como el gentil y el recaudador de impuestos. En verdad os digo: todo lo que atéis en la tierra, será atado en el cielo; y todo lo que desatéis en la tierra, será desatado en el cielo. Además os digo, que si dos de vosotros se ponen de acuerdo sobre cualquier cosa que pidan aquí en la tierra, les será hecho por mi Padre que está en los cielos. Porque donde están dos o tres reunidos en mi nombre, allí estoy yo en medio de ellos* (Mat. 18:15-20, énfasis mío).

Lo primero que quiero resaltar es que algunas traducciones comienzan diciendo «si tu hermano peca contra ti, ve y repréndele estando tú y él solos» (Mat 18:15, RVR1960), lo que ha llevado a algunos a pensar que la persona ofendida es quien debe hacer la confrontación inicial. Entonces, pudiera suceder que nos enteremos que un hermano en la fe ha pecado contra alguien fuera de la iglesia y no hagamos nada con la excusa de que dicho hermano no ha pecado contra nosotros. Sin embargo, las traducciones más fieles al texto original simplemente dicen: «si tu hermano peca, ve y repréndelo a solas». En pocas palabras, mi hermano no tiene que pecar contra mí directamente para poder hablar con él, porque el texto simplemente señala: «si tu hermano peca…».

Por otro lado, también nos llama la atención que el texto no dice «si tu hermano peca, ve con los pastores y cuéntaselo para que ellos lo reprendan». Por el contrario, la Palabra nos manda a ir directamente con el hermano y reprenderlo a solas. De manera que, al hablar de la disciplina de la iglesia, lo primero que debemos entender es que se trata de un asunto que involucra a todos los creyentes. No es algo que concierne exclusivamente al liderazgo, sino que toda la iglesia debe estar interesada en velar por la santidad de la iglesia y sus miembros. Si un hermano en la fe peca y de alguna manera nos enteramos, nuestro deber es ir con el hermano y hablar con él a solas; dependiendo de su respuesta entonces procederíamos conforme al texto de Mateo 18. Si el hermano no responde en arrepentimiento, la Palabra nos manda a ir con uno o dos testigos a confrontarle nuevamente. Si aun así no responde, entonces somos instruidos a decírselo a la iglesia.

Algunos quizás pudieran preguntarse cuánto tiempo debe pasar entre el momento que la confrontación es hecha y el instante en que la iglesia es informada del asunto. La respuesta es que esto dependerá de cada caso, pues la Biblia no ha definido un tiempo en específico. En nuestra experiencia, se han presentado casos donde hemos trabajado con una persona por todo un año antes de comunicarlo a la iglesia. No porque estuviéramos ocultando el asunto, sino porque el hermano en un principio parecía estar respondiendo a la reprensión, incluso mostraba señales de arrepentimiento, pero al pasar los meses volvía a lo mismo y se mostraba resistente a la corrección. En estos casos no nos quedó otra opción que no fuera decirlo a la iglesia conforme a las instrucciones de Mateo 18:15-20. Con este ejemplo buscamos ilustrar que el proceso de disciplina no debe ser llevado a cabo en un transcurso de dos o tres días, sino que el mismo debe realizarse dentro de un tiempo prudente, sin adelantarnos ni retrasar el proceso.

Otra observación que podemos hacer sobre el pasaje de Mateo 18 es que el mismo ha sido mal aplicado múltiples veces, sobre todo los versículos 18 al 20. Estos versículos estaban destinados a ser aplicados en el contexto de la disciplina de la iglesia. Sin embargo, hoy en día vemos a un sinnúmero de líderes del «evangelio» de la prosperidad desatando bendiciones en forma de cosas materiales: carros lujosos, casas y muchas cosas más, utilizando el pasaje como fundamento para sus exorbitantes declaraciones. Sin embargo, a lo que Mateo 18:18-20 realmente se refiere es a que aquellos hermanos que han sido disciplinados bíblicamente están atados por la disciplina, misma que Dios reconoce desde los cielos, hasta el momento en que la iglesia los desate. Esto implica que, si esa persona no cumple con el proceso de disciplina acordado por el liderazgo, sino que se va de la iglesia en medio del proceso, ese hermano permanecerá atado porque el reino de los cielos reconoció la disciplina aplicada por la iglesia (siempre y cuando la misma haya sido llevada a cabo bíblicamente). Si, por ejemplo, la persona había sido suspendida o descalificada de su posición de liderazgo, hasta que la iglesia no lo desate, es decir, hasta que la iglesia no complete su tiempo de disciplina y lo declare «libre», la persona continuará atada en los cielos, sin importar a dónde vaya. Esto asume un proceso de disciplina bíblica.

El propósito de la disciplina de la iglesia

La disciplina de la Iglesia no es punitiva, pues Cristo pagó por nuestros pecados al dar su vida en la cruz del Calvario. Por el contrario, el propósito de la disciplina es redención, corrección, protección y purificación, así como evitar consecuencias mayores en la vida de aquellos que han pecado.[131]

131. Rogers, Ronnie W., *The Day The Gospel Died: The Five Reasons for Discipline* [El día en que el evangelio murió: Las cinco razones para la disciplina] en *Undermining the Gospel, The Case for Church Discipline* [Minimizando el evangelio: El caso a favor de la disciplina de la iglesia] (Enumclaw, WA: Pleasant Word), 49-86).

Al ejercer la disciplina, la Iglesia busca reivindicar la santidad de Dios que ha sido violada por el pecador, así como la protección y purificación de la iglesia y sus miembros. Por tanto, no hay razón para que a la oveja que está atravesando por un proceso de disciplina se le exija tomar asiento en la última hilera de asientos del templo o se le prohíba participar de la mesa del Señor, como acostumbran algunas iglesias. Este tipo de requisitos y prohibiciones representan un castigo por el pecado cometido, cuando el castigo por nuestros pecados cayó sobre Cristo. La disciplina de la iglesia no es punitiva, sino restauradora. Recordemos las palabras de Pablo en Romanos 8:1:

> *Por consiguiente, no hay ahora condenación para los que están en Cristo Jesús, los que no andan conforme a la carne sino conforme al Espíritu.*

Ahora bien, la oveja que ha sido perdonada y que está siendo restaurada por Dios, está en medio de un proceso de disciplina que tiene como objetivo final la transformación del carácter de la persona. Esta es la razón por la que la persona en disciplina es removida temporalmente de cualquier posición de liderazgo que ocupaba en la iglesia, no como una forma de castigo, sino precisamente para que pueda ocuparse en formar y desarrollar su carácter, a fin de que una vez transformado el carácter, él o ella pueda volver a servir al Señor en medio de su pueblo.

En la primera carta de Pablo a la iglesia en Corinto, notamos cómo algunos miembros de aquella iglesia fueron disciplinados por haber violentado la santidad de Dios durante la celebración de la cena del Señor. Al parecer había personas que no honraban la santidad de este sacramento, sino que se emborrachaban con el vino y comían del pan en exceso hasta el punto de dejar a otros sin nada que comer durante la cena. Observemos cómo el apóstol describe lo que estaba sucediendo en la iglesia de Corinto:

> *De manera que el que coma el pan o beba la copa del Señor indignamente, será culpable del cuerpo y de la sangre del Señor. Por tanto, examínese cada uno a sí mismo, y entonces coma del pan y beba de la copa. Porque el que come y bebe sin discernir correctamente el cuerpo del Señor, come y bebe juicio para sí. Por esta razón hay muchos débiles y enfermos entre vosotros, y muchos duermen.* ***Pero si nos juzgáramos a nosotros mismos, no seríamos juzgados. Pero cuando somos juzgados, el Señor nos disciplina para que no seamos condenados con el mundo.*** *Así que, hermanos míos, cuando os reunáis para comer, esperaos unos a otros. Si alguno tiene hambre, coma en su casa, para que no os reunáis para juicio. Los demás asuntos los arreglaré cuando vaya* (1 Cor. 11:27-34, énfasis mío).

En este pasaje, podemos observar claramente cómo en ocasiones el Señor disciplina a sus hijos con la intención de evitarles consecuencias mayores, que es justamente uno de los propósitos de la disciplina de la iglesia. Aquellas personas que incurrieron en el pecado de tomar la cena del Señor indignamente enfermaron e incluso algunos murieron. No es insignificante el hecho de que en un momento clave del desarrollo de la Iglesia, Dios le quitara la vida a quienes no honraron la mesa del Señor. Él estaba una vez más poniendo en alto la santidad de su Nombre.

Entonces, si parte del propósito de la disciplina de la iglesia es evitar consecuencias mayores en la vida de la persona que ha pecado, cuando ese hermano es confrontado por otro y se arrepiente, ahí culmina el asunto. Por tanto, el hermano que lo confrontó siguiendo la ordenanza de Mateo 18:15-20, no solo ha ganado a su hermano, sino que ha prevenido incluso que ese pecado se divulgue, pues todo quedó entre ellos dos.

Ahora bien, si la persona no escucha a quien se acercó a confrontarle, comienza a sufrir una primera consecuencia, ya que a partir de ese momento su pecado comienza a perder confidencialidad porque el hermano que inicialmente hizo la confrontación tendrá que volver con dos o tres testigos. Y si tampoco responde a la disciplina, entonces ellos tendrán que informarlo a la iglesia. De manera que, el pecador no arrepentido comienza a sufrir las consecuencias de su pecado, de menor a mayor, en la medida en que él o ella no responde a la disciplina.

Por tanto, cuando finalmente se decide llevar el asunto ante la iglesia, no se hace con el propósito de que ese hermano sea avergonzado por su pecado, sino para evitar que sobrevengan consecuencias mayores a la persona. La idea es que toda la iglesia pueda buscar a este hermano y ayudarle a regresar al camino. Si lo logran, entonces la persona no tendrá que sufrir otras consecuencias. Pero si no responde en arrepentimiento, lamentablemente tendrá que ser disciplinado con su expulsión de la iglesia. Ahora, Dios está tratando de evitar que esa persona sea condenada con el mundo. Pues, cuando un miembro de la iglesia es expulsado de la iglesia por falta de arrepentimiento, él o ella ya no puede asistir más a las reuniones de la iglesia ni participar de la comunión de los santos. La idea detrás de esto es que la persona, al sentirse alejada de sus hermanos y de los medios de gracia que Dios provee a través de la iglesia local, pueda llegar a experimentar un verdadero arrepentimiento que le haga apartarse del mundo y regresar al Señor. De modo que, la motivación detrás de la expulsión es un deseo de que la persona se devuelva en arrepentimiento.

En nuestros 20 años de ministerio hemos tenido que pasar por la triste experiencia de expulsar a algunos miembros de la congregación. Por la gracia de Dios, algunos de ellos han regresado arrepentidos y a su regreso le hemos dado las gracias a Dios por haberlos traído de vuelta a casa, pues ese era el objetivo de la expulsión. Ahora bien, hasta el momento en que la persona regresa arrepentida, el individuo que ha sido expulsado debe ser considerado como un no creyente, pues se ha comportado como tal y Dios nos ordena tratarle como a un incrédulo (Mat. 18:17).

En lo personal, creo que en la mayoría de los casos que terminan con la expulsión del miembro de la iglesia, la persona expulsada no era un verdadero creyente. Si Dios nos indica que si el individuo no se arrepiente en el proceso debemos considerarlo como un incrédulo, lo más probable es que esa persona sea un incrédulo. Pues, si el Espíritu de Dios mora en este individuo, cuando él es confrontado por un hermano, luego por dos o tres y finalmente por toda la iglesia, el Espíritu Santo que mora en él le dará la convicción necesaria para arrepentirse. Pero si eso no ocurre, hay una buena probabilidad de que esa persona realmente no haya nacido de nuevo.

Ronnie W. Rogers, en su libro *Undermining the Gospel, The Case for Church Discipline*, menciona cinco razones para ejercer la disciplina eclesiástica:[132]

- **Redención**: se relaciona con traer al creyente de regreso a la comunión con el hermano.
- **Corrección:** se relaciona con la anterior, ya que la idea, según Rogers, es corregir la forma de pensar y de actuar del miembro de la iglesia que se ha desviado.
- **Protección:** tiene que ver con la protección de la persona que recibe la disciplina para que no sufra mayores consecuencias y para proteger al resto de la congregación, debido a que una pequeña porción de levadura echa a perder toda la masa.
- **Purificación**: procura ayudar a la persona y a la iglesia que aplica la disciplina a crecer en santidad.
- **Justicia:** esta idea puede ser algo confusa porque ya Cristo pagó por nuestros pecados en la cruz. Pero Rogers señala que si el pecador no sufre algún tipo de acción disciplinaria no hemos hecho cumplir la justicia de Dios en el sentido de que, ¿cuál sería la diferencia entre personas nacidas de nuevo que viven en obediencia y personas nacidas de nuevo que han decidido abusar de la gracia de Dios?

132. Rogers, Ronnie W., The Day The Gospel Died: The Five Reasons for Discipline en Undermining the Gospel, The Case for Church Discipline (Enumclaw, WA: Pleasant Word), 49-86.

El proceso de confrontación y confesión

Al momento de confrontar a un hermano con su pecado, si este no responde a la confrontación, recuerda que debes darle un tiempo razonable para que se arrepienta antes de proseguir con el siguiente paso. En algunos casos, se puede esperar algunos días, dependiendo de la urgencia, mientras que en otros casos pudiera dársele mucho más de tiempo, semanas y hasta meses, según la complejidad del caso. Sin embargo, si la persona no se arrepiente, la Palabra de Dios nos manda a volver con dos o tres testigos. En cuanto a los testigos, procura que sean personas piadosas y maduras en la fe. Obviamente, si son personas maduras no serán chismosas, lo que es vital porque hasta este momento el proceso se debe mantener en un contexto confidencial.

Pasada la segunda confrontación, si la persona todavía continúa mostrando resistencia, el asunto debe ser llevado a la iglesia. Ahora bien, no pienses que debes comunicarlo a toda la congregación inmediatamente, sino que el caso debe ser llevado primero ante el liderazgo de la iglesia (asumiendo que hasta ese momento los líderes no han tomado parte en el proceso). Entonces, los líderes de la iglesia van a sentarse con este hermano y comenzarán a conversar sobre el tema. Muchas veces, el hermano se arrepiente y el asunto queda entonces con los líderes y, por lo tanto, no hay necesidad de informar a toda la iglesia del asunto. Recuerda que la idea detrás de la disciplina no es avergonzar ni castigar al hermano, sino que este se arrepienta. Por tanto, si el caso llegó a los líderes y el hermano se arrepintió, ahí termina todo y no hay por qué seguir involucrando a nadie más.

Pecados que requieren de disciplina pública

Si pretendemos disciplinar todos los pecados que las ovejas cometen, nos pasaremos días y días en este proceso y al final terminaremos disciplinando prácticamente a toda la congregación. Creo que la Palabra de Dios provee sabiduría para hacernos saber cuándo disciplinar públicamente y cuándo no. En nuestro análisis de los textos bíblicos vemos muy pocas razones para la disciplina pública:

1. Pecados públicos que afectan la congregación

Por ejemplo, si una joven soltera queda embarazada, su pecado de fornicación será inevitablemente público porque su estado de gestación será evidente a todos. Por tanto, este pecado deberá ser confesado de manera pública. Sin embargo, un miembro de la iglesia pudo haber fornicado sin que resultara en un embarazo, ser confrontado y llevado al arrepentimiento, manteniendo el asunto en privado.

Por otro lado, si alguien en la congregación cometió adulterio contra su cónyuge y resulta que hay un número de hermanos en la iglesia que de alguna u otra forma se han enterado del asunto, este caso tendría también que ser tratado como un pecado público. Pero si el adulterio es algo solo conocido por aquellos que pecaron, este otro caso pudiera manejarse de manera privada. En el caso de los líderes, este tipo de pecado adquiere otra connotación.

2. Pecados cometidos por los líderes de la iglesia

Si un líder de la iglesia (anciano, diácono, líder de adoración, etc.) comete un pecado de inmoralidad sexual, financiera, de división y otros de envergadura tendrán que ser removidos de su posición, al enterarnos de su ocurrencia. Por consiguiente, este pecado debe ser confesado públicamente, pues ¿cómo le explicamos a la iglesia que esa persona ya no estará ejerciendo su función de líder sin informar el porqué?

3. Disciplina pública por falta de arrepentimiento

Mateo 18:15-20 claramente habla de esta categoría: se refiere a un hermano que no se ha arrepentido después de varios intentos por parte de diferentes miembros de la iglesia que han procurado su confrontación, pero los acercamientos a él han resultado infructuosos.

Cuando los pastores enfrentamos un caso que debe ser disciplinado de forma pública, lo primero que hacemos es reunirnos con quien ha pecado para explicarle por qué es necesario llevar el asunto ante la iglesia. Idealmente, si la persona está genuinamente arrepentida, quien le va a informar del asunto a la iglesia no es el pastor o los líderes de la iglesia, sino la persona que ha cometido el pecado. En nuestra iglesia, los pastores le pedimos al hermano que escriba una carta a la iglesia donde confiesa su pecado y que luego nos la envíe para poder revisar lo que esa persona ha escrito, antes de que su confesión sea leída frente a la congregación, a fin de asegurarnos de que no se diga ni más ni menos de lo necesario. Consideramos esto como importante porque la persona pudiera pararse frente a la congregación y decir algo que sea tan nebuloso que la iglesia, al final, no sepa qué es lo que esa persona está confesando. Pero también pudiera suceder que el hermano crea que debe ser muy específico y que entonces provea detalles innecesarios sobre lo que pasó. La intención siempre será que el pecado cometido sea debidamente nombrado y confesado ante la congregación. Una vez confesado el pecado, el caso quedará cerrado y no se volverá a hablar más sobre el mismo, excepto a nivel de consejería pastoral. Esto evita chismes y murmuraciones.

Cómo llevamos a cabo la confesión pública

En cuanto a la manera de llevar a cabo la confesión pública, podría variar de iglesia a iglesia. En nuestra iglesia, mientras la persona está confesando su pecado a la congregación, uno de los pastores (frecuentemente he sido yo como pastor titular de la iglesia, pero pudiera ser cualquiera de los pastores que han estado lidiando con la oveja durante el proceso) está parado a su lado como muestra de apoyo al hermano, pero no a su pecado. Cuando la persona termina de confesar, el pastor la abraza, le ofrece el perdón en nombre de Cristo y de la iglesia, e invita a los miembros de la congregación que deseen a pasar adelante a expresarle el perdón a este hermano que ha venido voluntariamente a confesar su pecado y a pedir perdón a Dios y a la iglesia por haber mancillado el nombre de Cristo y el nombre de la iglesia. Este momento puede durar quince minutos, media hora o más. En un caso particular que tuvimos hace tiempo, toda la iglesia pasó adelante y allí estuvimos por dos horas. Podemos dar testimonio de que estos momentos de confesión han sido de las noches de mayor ministración para el cuerpo de Cristo porque se reivindica la santidad de Dios con la disciplina y se expresa la gracia de Dios en el perdón.

Una vez que la iglesia ha terminado de expresar el perdón, le decimos al que ha confesado que se puede retirar y los pastores nos quedamos conversando con la iglesia unos minutos más para ayudarle a digerir lo que acaba de ocurrir. En este sentido, lo primero que hacemos es preguntar a la iglesia si hay alguien que tenga alguna pregunta o inquietud sobre lo sucedido. También le hacemos la aclaración a la iglesia de que si hay alguna pregunta, este es el momento para hacerla, pues cuando la reunión se dé por terminada, ya no habrá más preguntas ni comentarios que hacer sobre el caso. Usualmente, estos momentos de confesión pública son tan tristes que nadie quiere preguntar nada porque toda la iglesia se identifica con el dolor del que está confesando. En una o dos ocasiones, la gente ha levantado la mano y hemos respondido a sus preguntas. Cuando podemos responder públicamente, responderemos públicamente. Si hay preguntas que no podemos responder de manera pública, le decimos a la persona que hizo la pregunta que se acerque a nosotros al final de la noche para responderle de forma privada. Si la información es tan confidencial que no podemos dar una respuesta, le informamos a la persona que la respuesta a su pregunta es altamente confidencial y que, aunque conocemos la información, no la podemos dar al público. Todo esto lo hacemos de manera que la congregación puede notar la honestidad del proceso.

También aprovechamos para recordar a la congregación las palabras del apóstol Pablo: *El que cree que está firme, tenga cuidado, no sea que caiga* (1 Cor. 10:12). El día de mañana, cualquiera de nosotros pudiera ser el que esté parado frente a la congregación confesando, así que no debemos tener un espíritu de condenación. Por otro lado, si como miembro de la iglesia, tú ya le has expresado el perdón a tu hermano, cuando vuelvas a verlo continúa tratándolo igual que antes, pues el cuerpo de Cristo le va a dar el mismo trato de siempre, excepto que él o ella no estará sirviendo activamente en la iglesia. Esta persona puede tomar la cena del Señor y puede participar de todas las actividades de la iglesia porque no lo estamos castigando, sino disciplinando. En este sentido, los pastores y ancianos seguirán trabajando el caso en consejería por un tiempo. No olvidemos las palabras de Pablo a los gálatas:

> *Hermanos, aun si alguno es sorprendido en alguna falta, vosotros que sois espirituales, restauradlo en un espíritu de mansedumbre, mirándote a ti mismo, no sea que tú también seas tentado* (Gál. 6:1).

Otras observaciones

Dependiendo de la severidad del problema (la mayoría de los casos que llegan a disciplina pública son severos), en la IBI usamos un año como el tiempo mínimo que debe durar el proceso de restauración de la persona. Dicha restauración no implica necesariamente la restitución de la persona a su posición; sobre todo si solo ha pasado un año. En los casos de pastores removidos de su posición por las razones que sean, no creemos sabio el restaurar dicha persona a su posición nuevamente.

Reflexión final

Finalmente, al concluir cada disciplina pública, le recordamos a la iglesia algo que escribí hace algunos años y que he denominado *Las diez leyes del pecado*,[133] como advertencia para toda la iglesia de las terribles consecuencias que el pecado puede traer sobre nuestras vidas, y con el objetivo de que al meditar sobre estas cosas seamos movidos a buscar la santidad, sin la cual nadie verá a Dios (Heb. 12:14).

Las diez leyes del pecado

Primera ley: El pecado te llevará más allá de donde pensabas llegar (Luc. 15:11-24, la historia del hijo pródigo).
Segunda ley: El pecado te alejará por más tiempo del que habías pensado (Luc. 15:11-24, la historia del hijo pródigo).
Tercera ley: El pecado te costará más de lo que querías pagar (Luc. 15:11-24, la historia del hijo pródigo).
Cuarta ley: Pecas a tu manera, pero tienes que regresar a la manera de Dios (Luc. 15:11-24, la historia del hijo pródigo).
Quinta ley: El pecado engendra pecado (Luc. 15:11-24, la historia del hijo pródigo).
Sexta ley: El pecado te conduce a justificar lo que has hecho (Gén. 3, Adán y Eva).
Séptima ley: El placer es efímero y temporal, pero las consecuencias del pecado son duraderas (2 Sam. 11, la historia de David).
Octava ley: No hay pecado oculto que Dios no ponga de manifiesto (2 Sam. 11, la historia de David).
Novena ley: Mi pecado comienza cuando yo quiero, pero las consecuencias comienzan cuando Dios quiera (2 Sam. 11, la historia de David).
Décima ley: Nadie se burla de Dios (Gál. 6:7).

133. Ver artículo *Las 10 leyes del pecado* en https://www.coalicionporelevangelio.org/articulo/las-10-leyes-del-pecado/

Capítulo 14

El pastor y su descalificación

¿No sabéis que los que corren en el estadio, todos en verdad corren, pero sólo uno obtiene el premio? Corred de tal modo que ganéis. Y todo el que compite en los juegos se abstiene de todo. Ellos lo hacen para recibir una corona corruptible, pero nosotros, una incorruptible. Por tanto, yo de esta manera corro, no como sin tener meta; de esta manera peleo, no como dando golpes al aire, sino que golpeo mi cuerpo y lo hago mi esclavo, no sea que habiendo predicado a otros, yo mismo sea descalificado (1 Cor. 9:24-27).

Introducción

En este pasaje, el apóstol Pablo expresa la razón por la que él había decidido disciplinar su cuerpo y la motivación para correr con una meta definida: «no sea que habiendo predicado a otros, yo mismo sea descalificado». Pablo estaba consciente de que el comenzar bien, no era equivalente a terminar bien. Muchos inician muy bien; con mucha velocidad y mucha motivación; pero lamentablemente no siempre terminan bien.

Pablo perseveró hasta el final por la gracia de Dios. Sin embargo, en este mismo texto, se nos deja ver que hay una participación humana en este proceso que, en este caso, se tradujo en una vida disciplinada tanto de los apetitos de la carne como en la definición de una meta que perseguir.

Vivir de esta manera requerirá decir que no a una serie de ofertas, distracciones y tentaciones a lo largo de la vida. Al mismo tiempo, necesitaremos un enfoque singular a los propósitos de Dios. Jesús, al encarnarse hizo lo mismo: «... quien por el gozo puesto delante de Él soportó la cruz, menospreciando la vergüenza, y se ha sentado a la diestra del trono de Dios» (Heb. 12:2). Jesús no apartó la mirada de lo que le esperaba en un futuro y así debiéramos hacer nosotros.

No es por accidente que la carta a los gálatas nos advierta: «Porque el deseo de la carne es contra el Espíritu, y el *del* Espíritu *es* contra la carne, pues éstos se oponen el uno al otro, de manera que no podéis hacer lo que deseáis» (Gal. 5:17).

La frase con la que termina este versículo es vital: «de manera que no podéis hacer lo que deseáis». Esta sola frase nos muestra que muchas veces no terminamos haciendo aquello que deseamos hacer por la oposición que los deseos de la carne ofrecen a la acción del Espíritu. Obviamente, Dios en su soberanía puede imponerse a los deseos de nuestra naturaleza caída; pero Dios no está desarrollando robots, sino hijos hechos a la imagen de Jesús. Y este proceso requiere de nuestra participación.

Pablo decidió golpear su cuerpo o someter a disciplina sus apetitos para poder predicar en tantos lugares como fuera posible. Esta era su meta: «anunciar el evangelio, no donde Cristo *ya* era conocido, para no edificar sobre el fundamento de otro» (Rom. 15:20). El original está escrito de una forma que pudiera traducirse: «Mi ambición es predicar a Cristo donde no haya sido conocido...». Por otro lado, al escribir a los corintios, Pablo les expresó: «Por eso, ya sea presentes o ausentes, ambicionamos serle agradables» (2 Cor. 5:9).

Ahora, esa disciplina de vida no es el fruto del esfuerzo humano, sino el resultado del dominio propio que es parte del fruto del Espíritu (Gál. 5:22-23). Pablo había estado en el tercer cielo (2 Cor. 12:2), pero eso no era garantía de que él fuera a terminar bien. Por esta razón exclama: «no sea que habiendo predicado a otros, yo mismo sea descalificado».

En el año 1945 se destacaban tres jóvenes evangelistas. Según la opinión pública, el tercero de ellos era el menos conocido y quien menos prometía:

- Chuck Templeton
- Bron Clifford y
- Billy Graham

De hecho, la novia inicial de Billy Graham lo dejó y rechazó casarse con él porque no prometía gran cosa. Sin embargo, conocemos cuál fue el testimonio de su vida y la historia del gran Billy Graham.[134] Es triste que el único que llegó a la meta final fuera él. El menos conocido de todos en aquel momento. Los otros dos se quedaron a mitad de camino:

Chuck Templeton dejó el ministerio en el 1950 y abandonó la fe, confesando que no era cristiano. «Pero para 1948, la vida y la cosmovisión de Templeton comenzaban a ir en una dirección diferente a la de Graham. Las dudas sobre la fe cristiana se estaban consolidando cuando planeaba ingresar al Seminario Teológico de Princeton. Menos de una década después (1957), declararía públicamente que se había vuelto agnóstico».[135]

> «La historia de Clifford es nada menos que trágica. En 1954, había dejado a su esposa y sus dos hijos, que tenían síndrome de Down. El alcohol fue el vicio que destruyó su vida. Terminó vendiendo autos usados en Texas. Solo nueve años después de ser el predicador más buscado en los Estados Unidos,

134. Myra, Harold, Marshall Shelley, *The Leadership Secrets of Billy Graham* [Los secretos del liderazgo de Billy Graham] (Grand Rapids, MI: Zondervan, 2005), 21.

135. Taylor, Justin, *Charles Templeton: Missing Jesus* [Charles Templeton: Perder a Jesús], https://www.thegospelcoalition.org/blogs/justin-taylor/charles-templeton-missing-jesus/

encontraron a Clifford muerto en una habitación de un motel de mala calidad en las afueras de Amarillo, Texas».[136]

Por otro lado, vale la pena leer sobre la experiencia del Dr. Howard Hendricks[137], quien muriera en el año 2013 y quien había dedicado la mayor parte de su vida a la enseñanza en el Seminario Teológico de Dallas. Este siervo de Dios vivió hasta los 89 años de edad. En una ocasión hizo un análisis de 246 hombres que habían dedicado su vida al ministerio y quienes lamentablemente habían caído en falla moral en un periodo de dos años. Para ponerlo en perspectiva: 246 hombres descalificados del ministerio en un periodo de 24 meses significa de 2 a 3 ministros caídos por semana. Cuando el Dr. Hendricks concluyó su análisis, uno de los factores predominantes fue que estos hombres no tenían a nadie a quien rendirle cuentas. Estos ministros eran personas serias, comprometidas con el ministerio. La mayoría comenzaron a trabajar con alguien muy cercano del sexo opuesto, conduciéndolos a un involucramiento emocional; comenzaron a contarse cosas íntimas de sus vidas, en inicio, no sexuales, íntimas luchas emocionales. Las mujeres con las que se involucraron también estaban seriamente interesadas en el ministerio y cayeron.[138]

Aquí encontramos varias enseñanzas:

- No podemos contar a alguien del sexo opuesto que no sea tu esposa cosas íntimas de nuestras vidas (aunque no sean conversaciones sexuales). Lo primero que sucede es que te involucras emocionalmente.
- Necesitamos tener límites.

---

136. Mike Fehlauer, *The Seduction of Success* [La seducción del éxito], Ministry Today, https://ministrytodaymag.com/~ministry/index.php/ministry-leadership40/ethics35/217-the-seduction-of-success

137. Taylor, Justin, *Howard Hendricks (1924-2013)*, https://www.thegospelcoalition.org/blogs/justin-taylor/howard-hendricks-1924-2013/

138. Farrar, Steve, *Finishing Strong: Going the Distance For Your Family* (Sisters, Oregon: Multnomah, 2011), 39-42.

- Necesitamos rendir cuentas.
- Es importante mantener una relación estrecha con Dios.

Otro ejemplo e ilustración es una historia que relata Steve Farrar en su libro *Finishing Strong: Going the Distance For Your Family* [Cerrando fuerte: Recorrer la distancia por tu familia].[139] Es sobre dos pastores: John Bisagno y el Dr. Paul Beck. John era pastor de la primera iglesia Bautista de Houston. Cuando él era más joven, sostuvo una conversación con su futuro suegro (Dr. Beck), quien ya tenía muchos años de experiencia en el ministerio. El Dr. Beck le animaba a permanecer fiel a las Escrituras y al Señor Jesús. Lo que llama la atención es el comentario que este pastor experimentado le hizo a su futuro yerno: «he observado que solo uno de cada 10 personas que están en el ministerio a la edad de 21 años, permanecen o llegan bien para la edad de 65 años. Ellos caen moralmente, se decepcionan, caen en teología liberal, se obsesionan con el dinero, pero por una razón u otra, nueve de cada diez, se descarría». John Bisagno apenas tenía veinte años de edad cuando sostuvo esta conversación con el Dr. Beck. Él tomó su Biblia y en la página de atrás escribió el nombre de veinticuatro personas jóvenes, entrenadas para el ministerio y que estaban dándolo todo por el Señor Jesús. A lo largo de los años, estos hombres fueron cayendo y Bisagno fue tallando sus nombres. Treinta y tres años más tarde, cuando el pastor Bisagno tenía cincuenta y tres años de edad, solo quedaban tres nombres de los veinticuatro. Eso es equivalente a uno de cada ocho.

Ninguno de nosotros quiere ser parte de estas estadísticas. Lamentablemente, si observamos las Escrituras, nos percataremos de que mucha gente que comenzó bien, no terminó bien. Por ejemplo, no podemos decir que David terminó bien. Recordemos un poco el historial de David al final de sus días:

- una hija violada.
- un hijo asesinado por otro de sus hijos.

139. Ibid., 15-16.

- otro hijo lo persiguió, le propinó un golpe de estado y eventualmente sus soldados lo mataron.
- cuando él murió, su hijo sucesor dividió el reino inmediatamente. David no terminó bien.

Daniel, José y Abraham terminaron bien, pero muchos otros no lo hicieron.

El apóstol Pablo le escribió a Timoteo: «Porque yo ya estoy para ser derramado como una ofrenda de libación, y el tiempo de mi partida ha llegado. He peleado la buena batalla, he terminado la carrera, he guardado la fe» (2 Tim. 4:6-7). Pablo había llegado al final de su vida y ministerio, y pudo decir con toda tranquilidad: «Yo he terminado bien, terminé la carrera que me fue marcada años atrás; he guardado la fe, he peleado la buena batalla». En otras palabras: «No fue fácil; tuve que pelear, pero he peleado bien; no fue una carrera corta, ni libre de riesgos, ni libre de peligros, pero ya la terminé».

Piedras de tropiezo en el ministerio

Las piedras de tropiezo son las cosas que con frecuencia han llevado a hombres y a mujeres a tropezar y caer. Ya que el título de este capítulo es "El pastor y su descalificación" quisiera aclarar que cuando nos referimos a piedras de tropiezo no nos referimos a cosas o pecados que una vez presentes en la vida de un pastor, llevan a su remoción de manera inmediata. Más bien, como ya mencionamos, nos referimos a pecados, hábitos, circunstancias que una vez están presentes en la vida del pastor, si estas no son atendidas, terminarán con su ministerio.

Esta lista representa las piedras de tropiezo más comunes:

1. El orgullo
2. El pecado sexual
3. Una mala actitud
4. La avaricia

5. Una familia con mal testimonio
6. Una mala doctrina

Consideremos estas piedras de tropiezo por separado:

1. Orgullo

Muchas de las caídas de los hombres de Dios han estado precedidas por el orgullo. El orgullo nos lleva a creer que a nosotros no nos ocurrirá lo que le ha ocurrido a otros. Este mismo orgullo nos hace creer que no tenemos que rendir cuentas o que podremos manejar la tentación sin la ayuda de ninguna otra persona. Al mismo tiempo, es el orgullo el que nos conduce a permanecer callados cuando hemos pecado.

La persona humilde busca ayuda, confiesa, se arrepiente, rinde cuentas. El orgullo quiere impresionar; lucir bien; ganarse el aplauso y frecuentemente entiende que no necesita someterse a nadie.

C.S. Lewis señaló: «el orgullo es competitivo por naturaleza y, por tanto, las personas orgullosas viven en constante medición y comparación con otros… si son mejores maestros, mejores pastores, si predica mejor». Lewis se refería a que nadie es orgulloso por ser rico, listo o de buen aspecto; sino que es orgulloso por ser más rico; más listo o mejor parecido que otros.[140] En otras palabras, el hecho de que un pastor sea un excelente predicador, no lo hace orgulloso; sino la idea de que él puede ser mejor predicador que otros con quienes él se compara. El orgullo parte de una comparación subjetiva que favorece al que hace la comparación.

Uno de los aspectos más serios del orgullo, es que lleva al líder a acreditarse el mérito y a empañar la gloria de Dios. Cuando las ovejas notan orgullo en sus pastores, les resulta repulsivo, desagradable y produce un sentimiento de rechazo de las ovejas hacia su pastor.

---

140. Lewis, C.S., *The Great Sin* [El gran pecado] en *Mere Christianity* [Mero cristianismo], Book III, Chapter 8 (Brown Chair Books, 2014)

Un hombre orgulloso siempre quiere ser el centro de atención y siempre hace lo posible para que la atención esté sobre él. Esto impide que otros surjan o se formen como líderes, porque piensa que podrían quitarle la posición o la autoridad. Este hombre orgulloso considera a los demás líderes como posibles amenazas a su autoridad.

Dios ha revelado su sentir respecto al orgullo: «... no toleraré al de ojos altaneros y de corazón arrogante» (Salmo 101:5b). Debemos notar que Dios no dijo «lo ignoraré», sino que utiliza un término enfático, «no toleraré». Estas palabras nos llaman a la sobriedad y nos deben conducir a orar por humildad en todo tiempo. Prestemos atención a la misma idea en el siguiente pasaje: «Será humillado el orgullo del hombre y abatida la altivez de los hombres; el Señor solo será exaltado en aquel día» (Isa. 2:17). Esto es igualmente enfático, pero tratándose de Dios adquiere una fuerza extraordinaria.

Si los versículos anteriores no nos convencen, este último debe convencernos: «El orgullo, la arrogancia, el mal camino y la boca perversa, yo aborrezco» (Prov. 8:13b). Imagina que una de las cosas que te marquen, que te caractericen, sea algo que Dios aborrece. Eso no es algo insignificante. La soberbia provoca que caigamos con frecuencia.

Manifestaciones del orgullo

A continuación, algunas manifestaciones que el orgullo puede tener:

- El líder que frecuentemente enfatiza sus títulos, sus logros, o que disfruta hacer alardes de poder.

Todo esto solo habla de una inseguridad en el ser humano que requiere traer a colación su preparación y sus logros para sentirse seguro o superior a otros. En medio de nuestra generación donde proliferan los autodenominados apóstoles y profetas, debemos recordar que los alardes de poder por parte de este grupo nunca fueron parte de la vida de Jesús, ni de sus verdaderos apóstoles.

El Apóstol Pablo dejó todas estas cosas atrás al experimentar el cambio en su vida, declarando en Filipenses 3:3: «… no poniendo la confianza en la carne». Lo que antes consideraba de importancia, luego Pablo le llamó «basura» o «pérdida» por amor a Cristo (Fil. 3:7). La meta de Pablo y la nuestra debe ser conocerlo a Él y el poder de su resurrección (Fil. 3:10).

Hubo momentos en los que Pablo pensó y expresó: «circuncidado el octavo día, del linaje de Israel, de la tribu de Benjamín, hebreo de hebreos; en cuanto a la ley, fariseo; en cuanto al celo, perseguidor de la iglesia; en cuanto a la justicia de la ley, hallado irreprensible» (Fil. 3:5-6). Todas estas cosas eran importantes para Pablo, pero luego las consideró como pérdida y basura por su deseo de complacer a Cristo.

- El líder incuestionable que no tolera ningún tipo de observación o señalamiento.

Este es el líder que se ofende con facilidad y luego perdona y olvida con dificultad. Cristo, que es la máxima expresión de la humildad, nunca se ofendió… aun cuando injustamente le llamaron bebedor, glotón y amigo de prostitutas. Debemos estar conscientes de que somos peor de lo que pensamos y no somos tan buenos como creemos.

- El líder controlador.

La necesidad de controlar a otros es una señal de debilidad en muchos líderes. Esto habla de inseguridad en la persona que teme que las circunstancias puedan salirse de su control. Desafortunadamente, el controlador se irrita con facilidad, sospecha con frecuencia de los demás y no da espacio para el desarrollo de otros ni para la expresión de la diversidad. El orgullo quiere controlarlo todo, saberlo todo, determinarlo todo y que todo lo que se considere y se determine sea para la satisfacción personal del individuo.

- Indisposición al aprendizaje.

El orgullo indispone al hombre de Dios para aprender. En ocasiones hemos invitado a pastores a participar en diferentes eventos y los pastores no asisten porque existe cierto orgullo; si asisten a estos eventos, sería una admisión de «no lo sé todo» o de «no tengo toda la preparación necesaria». La realidad es que todo el mundo sabe que el pastor no lo sabe todo y, en ocasiones, el único que no está consciente de esta realidad es el pastor mismo. Nadie lo sabe todo. Si existen recursos de educación continua y conferencias para pastores, ¿por qué considerar ofensivo el asistir? Ese pastor podría también pensar: «¿irán ovejas también a estas conferencias?». El aprender sentados junto a las ovejas es bueno para el alma, porque todos necesitamos aprender, aunque sea en distintas áreas y niveles de conocimiento de Dios.

- No aceptación o no apertura a las opiniones de los demás.

El orgullo no nos permite aceptar las opiniones de otro y con frecuencia las rechaza con ofensas. Por un lado, el orgullo ofende con facilidad a otros, sobre todo cuando otros mencionan algo que quizás la persona orgullosa no percibe como correcto o con lo que no está de acuerdo. A la vez, el orgullo es defensivo porque defiende su posición, muchas veces sin dar siquiera el beneficio de la duda o sin reconocer que podría estar en un error.

- Autosuficiencia.

El orgullo es autosuficiente; no le gusta pedir ayuda. Existe una broma generalizada en muchas culturas de que cuando un hombre está conduciendo y se pierde, no pide dirección. Generalmente la mujer se detiene y pregunta para saber cómo llegar. Pero el hombre da vueltas y vueltas. Recuerdo en una ocasión que teníamos una actividad en nuestra casa y una pareja llegó tarde. Al llegar, el esposo me dijo: «Teníamos una hora dando vueltas; no encontrábamos cómo llegar». Le respondí: «¡Ah! ¿te perdiste?». A lo que contestó: «No, no me perdí, pero di muchas vueltas para llegar». *Si llegaste una hora más tarde y diste muchas vueltas, ¡es porque estabas perdido!*

El orgullo no nos permite admitir que estábamos perdidos, aunque eventualmente hayamos encontrado el camino.

- Vulnerabilidad a la caída.

El orgullo vuelve a la persona particularmente vulnerable a las caídas. El orgulloso no admite sus errores, no pide ayuda, no reconoce que otros pueden saber más. Esto vuelve al líder más vulnerable a los errores y caídas, resulta en nuestro detrimento y empeora nuestra condición. Este orgullo también interfiere al momento de lidiar con las ovejas porque endurece nuestro corazón y lo vuelve poco compasivo. Las ovejas pueden percibir con facilidad esta actitud. Este es uno de esos pecados que todo el mundo ve, menos el que lo tiene; es como un punto ciego. Podemos compararlo a caminar con una mancha en la espalda; vamos caminando y la mancha es obvia, todo el mundo la ve, menos quien la tiene. El orgullo es algo similar. Es el mismo orgullo el que no nos permite ver que somos orgullosos.

En el Antiguo Testamento, tenemos una porción donde vemos con claridad un grupo de sacerdotes que, en su orgullo, habían endurecido su corazón y Dios se enojó contra ellos:

> *Y vino a mí la palabra del Señor, diciendo: Hijo de hombre, profetiza contra los pastores de Israel; profetiza y di a los pastores: «Así dice el Señor Dios: "¡Ay de los pastores de Israel que se apacientan a sí mismos! ¿No deben los pastores apacentar el rebaño? Coméis la grosura, os habéis vestido con la lana, degolláis la oveja engordada, pero no apacentáis el rebaño. Las débiles no habéis fortalecido, la enferma no habéis curado, la perniquebrada no habéis vendado, la descarriada no habéis hecho volver, la perdida no habéis buscado; sino que las habéis dominado con dureza y con severidad* (Ezeq. 34:1-4).

El apóstol Pedro también instruyó a los pastores a no ejercer «señorío sobre los que os han sido confiados» (1 Ped. 5:3) y esto es precisamente lo que los pastores de Israel estaban haciendo. Podemos ver claramente que el orgullo no es solo una piedra de tropiezo para tu posible caída; es un impedimento para poder ministrar a las ovejas que están en necesidad.

William Law declaró:

> Si el orgullo no muere en ti, nada del cielo puede vivir dentro de ti. No lo consideres solo como una forma de ser que no te favorece, ni mires tampoco la humildad como una virtud digna; el orgullo está hecho todo de infierno y la humildad toda del cielo.[141]

En el texto antes mencionado de Ezequiel 34, Dios denuncia el corazón duro de los pastores de Israel y podemos ver el contraste con el corazón del apóstol Pablo cuando escribió en 2 Corintios 11:28-29:

> *Además de tales cosas externas, está sobre mí la presión cotidiana de la preocupación por todas las iglesias. ¿Quién es débil sin que yo sea débil? ¿A quién se le hace pecar sin que yo no me preocupe intensamente?*

Esto refleja en Pablo un corazón sensible, preocupado hasta el punto que si alguien hacía pecar a otro, él se indignaba. Una persona orgullosa no puede hacer esto.

- El líder enigmático o misterioso.

El orgullo hace a las personas excesivamente reservadas y faltas de transparencia; a estas personas les gusta hacer las cosas en secreto y mantenerlas en secreto porque el orgullo vive para la apariencia, para el buen nombre, para la buena posición y, por tanto, el orgulloso es muy reservado con sus cosas. El orgullo muchas veces hace que el individuo ponga distancia entre él y los demás. En algunos casos, puede tener muchos conocidos, pero nadie lo conoce a profundidad,

141. Citado en Oswald Sanders, *Spiritual Maturity: Principles of Spiritual Growth for every believer* [Madurez espiritual: Principios de crecimiento espiritual para cada creyente] (Chicago: Moody Publishers, 2017), 74.

los pasos que da y las decisiones que toma porque él no comparte esta información.

Pecado Sexual

Aunque el orgullo es la piedra de tropiezo más común, el pecado sexual es el más escandaloso, el más notorio. Y si algo sabemos es que la gente tiende a no olvidar lo que es notorio. Una de las razones por la que el pecado sexual es tan notorio, es por la extensión del daño que hace y la cantidad de consecuencia y personas afectadas por el mismo. El pecado sexual daña a la persona que lo comete, daña al esposo o la esposa (en el caso de los casados), daña a los hijos que están bajo ese matrimonio, daña a la iglesia, daña el nombre de Cristo, daña la causa de Cristo y daña a las ovejas que exclaman cuando un líder cae: «Por eso no se puede confiar en nadie». Las repercusiones del pecado sexual forman parte de una sombrilla sumamente amplia.

Tres mil años atrás, el rey David cometió adulterio con Betsabé y la caída de David sigue siendo usada como ejemplo para enseñar a otros. Me parece increíble que Proverbios 6:33 se refiera al adulterio como una «afrenta [que] no se borrará». Sin duda, esto es algo se queda en la mente de la población y de la iglesia. Que Dios nos ayude a serle fiel. El placer que David experimentó con Betsabé fue efímero; pero sus consecuencias duraderas:

- El hijo concebido con Betsabé murió al nacer (2 Sam. 12:15-25).
- Amnón, hijo de David, violó a su hermana Tamar (2 Sam. 13:1-19).
- Absalón, el hermano de Amnón, se enfureció y dos años después ordenó la muerte de su hermano Amnón en venganza por la violación de Tamar (2 Sam. 13:20-33).
- Absalón persiguió a su propio padre para quedarse con la corona (2 Sam. 15).
- Finalmente, los hombres de David mataron a Absalón y el rey lloró desconsoladamente (2 Sam. 18).

Todo esto le fue anunciado a David por parte del profeta Natán:

> *Ahora pues, la espada nunca se apartará de tu casa, porque me has despreciado y has tomado la mujer de Urías hitita para que sea tu mujer. Así dice el Señor: «He aquí, de tu misma casa levantaré el mal contra ti; y aun tomaré tus mujeres delante de tus ojos y las daré a tu compañero, y éste se acostará con tus mujeres a plena luz del día. En verdad, tú lo hiciste en secreto, pero yo haré esto delante de todo Israel, y a plena luz del sol»* (2 Sam. 12:10-12).

Las consecuencias del pecado son amargas y duraderas; pero sobre todo las consecuencias del pecado sexual. En los últimos años, múltiples líderes del mundo evangélico han caído de diferentes maneras y algunos casos de forma muy vergonzosa.

En el año 2006, el pastor Ted Haggard, pastor principal de la *New Life Church* de Colorado Springs, en Colorado, fue removido de su posición por inmoralidad sexual. El 5 de Noviembre de ese año, el pastor asociado, Rob Brendle, leyó la carta que Ted Haggard escribió a su congregación:

> Lamento esta circunstancia que ha causado mi vergüenza y la vergüenza de todos ustedes… yo soy culpable de inmoralidad sexual y tomo responsabilidad por todo el problema. Soy un engañador y un mentiroso. Hay una parte de mi vida que es repulsiva y oscura y con la que he estado luchando toda mi vida adulta. La acusación que ha sido traída en contra mía no es toda cierta, pero hay suficiente verdad por la que he sido, apropiada y amorosamente, removido de mi ministerio.

Haggard, no solo era el pastor principal de esta iglesia, sino también el presidente de la *The National Association of Evangelicals*.[142] Tal

142. Hansen, Collin, *Haggard Resigns as NAE President* [Haggard renuncia como presidente de la NAE], https://www.christianitytoday.com/ct/2006/novemberweb-only/144-52.0.html

vez no estés familiarizado con la historia del pastor Ted Haggard, quien era uno de los pastores que más vehementemente denunciaba el movimiento homosexual en los Estados Unidos. Eventualmente se descubrió todo el pecado sexual oculto, debido a que un prostituto que había sido su masajista por dos años, confesó que había tenido una relación con él y que incluso proveía a este pastor de drogas (medicamentos legales, pero obtenidos de manera ilícita). Todo esto, mientras denunciaba arduamente el movimiento homosexual. Eso lo hace el orgullo, el temor, la falta de rendición de cuentas y la falta de honestidad delante de Dios y delante de los hombres. Con frecuencia el orgullo y el pecado sexual van de la mano.

Medidas de seguridad

El primer paso es la honesta auto-examinación, que comienza con hacernos algunas preguntas que estemos dispuestos a responder con transparencia delante de Dios:

- ¿Tengo algo que esconder?
- ¿Tengo algo que mi esposa debiera saber que aún no sabe?
- ¿Tengo algo que mi copastor o cuerpo pastoral necesite saber?

El segundo paso es la rendición de cuentas. Recordemos que es el orgullo el que nos lleva a pensar que no tenemos que rendir cuentas, pero hacerlo es una de las medidas de protección contra la caída. Lamentablemente, una de las cosas que ocurren cuando comenzamos a vivir una vida de pecado, es una tendencia a evitar a las personas que sabemos pueden confrontarnos. De repente, comenzamos a evitar al pastor, o si soy parte de un estudio bíblico comienzo a dejar de asistir al estudio bíblico, o si en el estudio bíblico se dijo que haríamos en una próxima reunión un ejercicio de revisión de nuestras vidas, ese día presento una excusa para no acudir.

Una tercera medida de protección es prestar atención: escuchar a otros y a ti mismo. Mientras residía en Estados Unidos pertenecí a una iglesia donde el pastor cometió adulterio y se fue de la casa. Uno de los pastores que lo conocía por aproximadamente 30 años, lo llamó en reiteradas ocasiones, porque él no estaba tomando las llamadas de nadie. Yo lo llamé y no me contestó. El pastor que lo llamó, al no conseguir que le respondiera, le dejó un mensaje de voz en la contestadora, diciendo: «Amigo, lo único que te voy a decir es que escuches en tu interior todo lo que tú le has recomendado a tus aconsejados en este tema por tanto tiempo. Escúchate a ti mismo». Al otro día este pastor volvió a su casa. De alguna manera él hizo ese ejercicio. Necesitamos escucharnos a nosotros mismos, pensando en el consejo que damos a otros, si queremos perseverar en el camino. El pecado, como ya hemos mencionado, daña a tu esposa, daña a tus hijos, daña tu trabajo, tu reputación y daña al cuerpo de Cristo.

A continuación, presento algunas señales de alerta que debemos tener en cuenta si nos estamos relacionando al sexo opuesto o si estamos aconsejando a alguien del sexo opuesto:[143]

- ¿Experimentas frecuentes celos, impulsos posesivos y deseos de exclusividad, considerando a otras personas como una amenaza para la relación?
- ¿Prefieres pasar tiempo a solas con esa amistad y te frustra cuando esto no sucede?
- ¿Te enfadas irracionalmente o te deprimes si esa amistad se aleja ligeramente?
- ¿Pierdes el interés en otras amistades?
- ¿Experimentas sentimientos románticos o sexuales que llevan a fantasías con esa persona?
- ¿Te preocupas por la apariencia, la personalidad, los problemas y los intereses de esa persona?
- ¿Eres renuente a hacer planes de corto o largo plazo que no incluyan a esa persona?

143. Tomado y traducido de Robert S. McGee, *The Search for Significance* [En búsqueda de significado] (Nashville: Thomas Nelson, 2003), 72-73.

- ¿Eres incapaz de ver las faltas de la otra persona?
- ¿Te colocas a la defensiva cuando eres cuestionado sobre esa relación?
- ¿Haces demostraciones de afecto físico más allá de lo que es apropiado para una relación?
- ¿Te refieres frecuentemente a la otra persona en conversaciones y te sientes en la libertad de hablar por la otra persona?
- ¿Exhibes una intimidad y familiaridad con esa amistad que causa que otros se sientan incómodos o avergonzados en su presencia?

Las otras piedras de tropiezo que mencioné antes y que aún no hemos cubierto, incluyen:

- Una mala actitud
- La avaricia
- Una familia con mal testimonio
- Una mala doctrina

Sobre estas, haré muy breves comentarios debido a que preferí hacer mayor énfasis en las dos primeras: el orgullo y el pecado sexual.

1. Una mala actitud

Las actitudes de un líder son contagiosas; pero de manera especial, esto es cierto para las malas actitudes. Las malas actitudes son el resultado de expectativas irreales de la vida y de las personas, de un carácter perfeccionista, de falta de entendimiento del sacrificio que implica la obra ministerial, de inseguridades y temores en el líder y de falta de aceptación y de gratitud de parte de aquellos que viven con esa mala actitud. Una buena actitud no garantiza que las cosas irán bien; pero definitivamente que una mala actitud nunca llevará al líder por el camino del éxito; ni producirá el endoso de Dios.

2. La avaricia

El ministerio siempre fue una vocación en la que las personas entraban reconociendo que nunca sería una forma de hacer dinero, hasta que apareció el evangelio de la prosperidad... la más grande herejía de todos los tiempos, en mi opinión. Este movimiento ha llevado a mucha gente a la bancarrota, mientras sus líderes principales lucran con las personas que se van tras esta abominación. Pensar que Dios te va a hacer rico multiplicando el dinero que has dado a un ministerio en particular, es hacer de Dios un mercader. Este evangelio nunca hubiera sido aceptado tiempo atrás. Pero nuestra generación egocéntrica y narcisista ha comprado esta mentira y se ha convencido que si nosotros somos hijos del Rey (Jesús), debiéramos vivir como príncipes. Bien aconsejaba Pablo a Timoteo:

> *Pero los que quieren enriquecerse caen en tentación y lazo y en muchos deseos necios y dañosos que hunden a los hombres en la ruina y en la perdición. Porque la raíz de todos los males es el amor al dinero, por el cual, codiciándolo algunos, se extraviaron de la fe y se torturaron con muchos dolores* (1 Tim. 6:9-11).

Notemos cómo Pablo llama a Timoteo a huir de estas cosas.

3. Una familia con mal testimonio

Uno de los requisitos para ejercer el pastorado es tener una familia cuyo testimonio no manche la vida y el ministerio del pastor. Una vez más tenemos que recordar que el obispo o pastor debe ser alguien «Que gobierne bien su casa, teniendo a sus hijos sujetos con toda dignidad (pues si un hombre no sabe cómo gobernar su propia casa, ¿cómo podrá cuidar de la iglesia de Dios?)» (1 Tim 3:4-5).

Ya abordamos este tema cuando hablamos del carácter moral de un pastor y vimos los requsitos que Pablo establece para su discípulo más joven. Es lamentable que muchos ministros hayan descuidado sus familias, lo que ha causado que sus hijos se hayan rebelado hasta el punto de no querer saber nada de la iglesia. En algunos casos, los hijos sienten que el ministerio les ha robado a sus padres y en otros, la rebelión se ha dado porque los hijos han visto una dualidad de vida en su padre que muchas veces predica y enseña una cosa, pero vive otra muy distinta en el hogar. En el capítulo cuatro hablamos del carácter moral del pastor y en esa ocasión citamos el mal testimonio de los hijos de Elí. Para refrescar la memoria, veamos un versículo más sobre el compartamiento de estos hombres: «Los hijos de Elí *eran* hombres indignos; no conocían al Señor» (1 Sam. 2:12).

Lamentablemente los hijos del profeta Samuel siguieron un derrotero similar: «Y aconteció que cuando Samuel era *ya* viejo, puso a sus hijos como jueces sobre Israel. El nombre de su primogénito era Joel, y el nombre del segundo, Abías; *éstos* juzgaban en Beerseba. Pero sus hijos no anduvieron por los caminos de él, sino que se desviaron tras ganancias deshonestas, aceptaron sobornos y pervirtieron el derecho» (1 Sam. 8:1-3).

La familia de David, como ya he comentado, también vivió de una manera deshonrosa. Y lo mismo se podría decir de un número significativo de ministros del Señor en el día de hoy.

4. Una mala doctrina

A lo largo de los años, hemos visto un número significativo de pastores o ministros que comenzaron bien, con lo que parecía una sólida formación doctrinal, pero que luego con el paso del tiempo terminaron desviándose de la fe. Pablo menciona a Demas, quien fue uno de sus colaboradores (Fil. 1:24), pero que luego negó la fe, llegando a amar más el mundo (2 Tim 4:10). Pero quizás el pasaje bíblico que mejor ilustra la facilidad con la que el ser humano puede desviarse del camino es el siguiente que aparece en el Libro de los Gálatas 2:11-14:

> *Pero cuando Pedro vino a Antioquía, me opuse a él cara a cara, porque era de condenar. Porque antes de venir algunos de parte de Jacobo, él comía con los gentiles, pero cuando vinieron, empezó a retraerse y apartarse, porque temía a los de la circuncisión. Y el resto de los judíos se le unió en su hipocresía, de tal manera que aun Bernabé fue arrastrado por la hipocresía de ellos. Pero cuando vi que no andaban con rectitud en cuanto a la verdad del evangelio, dije a Pedro delante de todos: Si tú, siendo judío, vives como los gentiles y no como los judíos, ¿por qué obligas a los gentiles a vivir como judíos?*

Este incidente tuvo lugar años después que Pedro había negado al Señor Jesucristo tres veces y por tanto, después de la muerte y resurrección de nuestro Señor. Aun la experiencia de la negación de Jesús no curó a Pedro de su temor. En un momento dado, comenzó a practicar una mala doctrina dejando de comer con los gentiles por temor a los judíos. Pero notemos cómo el texto nos dice que Pedro no andaba conforme a la verdad del evangelio (v.14). De manera que su comportamiento correspondería a una mala doctrina: la separación entre judíos y gentiles como había ocurrido por cientos de años, pero que ya a la la luz de la obra de Cristo no correspondía a la verdad del evangelio. El ejemplo de Pedro ya había impactado a Bernabé hasta el punto «que aun Bernabé fue arrastrado por la hipocresía de ellos» (v. 13), al igual que otros que estaban comenzando a practicar las mismas cosas. De ahí la necesidad de conocer la verdad, andar en la verdad, permanecer firme en la verdad.

Reflexión final

Las posibles piedras de tropiezo del ministro de la Palabra son muchas y de ahí la necesidad de caminar de cerca con Dios y de tener un equipo pastoral que nos ayude a rendir cuentas y a vivir a la altura de nuestro llamado. Que Dios nos cuide; que recordemos que nadie es inmune a las caídas, que nunca olvidemos el colocar límites en nuestro caminar, que nunca descuidemos nuestra vida de oración, ni la lectura de la Palabra, que nunca dejemos de rendir cuentas y que Dios nos haga hombres mansos y humildes abiertos a que nuestras vidas sean examinadas por otros.

Los límites son necesarios porque todos nosotros, en diferentes grados y en diferentes áreas, tenemos debilidades, tentaciones, y distracciones propias de la naturaleza caída. Además tenemos puntos ciegos («blind spots» en inglés) que corresponden a ciertas áreas de nuestras vidas que necesitan corrección, pero que no estamos viendo. Sin embargo, otros alrededor nuestro pudieran verlos y señalarlos para nuestro provecho. Pablo se vio en la necesidad de confrontar a Pedro por su hipocresía como vimos más arriba. Menciono esto para enfatizar nuevamente la necesidad de rendir cuentas y de estar dispuestos a ser "escrutinizados" por otros, sobre todo, por los demás pastores y ancianos que sirven en el cuerpo pastoral. Cuando David murió, su hijo Salomón, no tomó en cuenta a los consejeros de su padre, sino que prestó atención a sus propios consejeros de menor edad. Tenemos necesidad de prestar atención al consejo de hombres «con canas»; hombres que han adquirido sabiduría no solo por caminar con Dios, sino también porque la experiencia se adquiere con los años.

Al cierre de este capítulo y de este libro creo que vale la pena decir que los mejores antídotos contra las piedras de tropiezo son,

- un carácter humilde (Mt. 11:29)
- un conocimiento de la Escritura (Juan 5:39)
- una dependencia del Espíritu (Gal. 5:16)
- una permanencia en el Señor (Juan 15:4)
- una vida de oración (Fil. 4:6)
- una actitud de contentamiento (Fil. 4:11-13)

Que la gracia de Dios abunde sobre cada uno de nosotros para honrar un llamado dado por el Espíritu para la gloria de Dios.

Bibliografía

Ad Dei Gloriam Ministries. «The Missionary's Return». https://www.addeigloriam.org/stories/morrison.htm

Anyabwile, Thabiti M. *What is a Healthy Church Member*?. Wheaton: Crossway, 2008.

Barna, George. *The Power of Vision*. Grand Rapids: Baker Books, 2018.

Barrick, Audrey. «*Study Compares Christian and Non-Christian Lifestyles*». *Christian Today*. US Correspondant. miércoles, 7 de febrero, 2007. https://www.christiantoday.com/article/american.study.reveals.indulgent.lifestyle.christians.no.different/9439.htm

Berglas, Steven. *The Success Syndrome: Hitting Bottom When You Reach the Top*. Springer; Softcover reprint of the original 1st ed. 1986 edition, 2013.

Blackaby, Henry. *Spiritual Leadership*. Nashville: B&H Publishing Group, 2011.

Blackaby, Henry. Richard Blackaby, *Spiritual Leadership*. Nashville: B&H, Publishing 2001.

Bulut, Uzay. «El Cristianismo en vía de extinción». *Gatestone Institute*. International Policy Council. 19 de abril, 2015. https://es.gatestone-institute.org/5603/turquia-iglesias.

Carter, Stephen L. *Integrity*. New York: Harper Collins, 1996.

Chapell, Bryan. *Christ-Centered Preaching: Redeeming the Sermon*. ADA, MI, 2005.

_______. *Ephesians*. Phillipsburg: P & R Publishing, 2009.

Chester, Tim. *You Can Change*. Wheaton: Crossway, 2010, 73-97.

Christianity Today Staff Writer, «The sad story of Methodist founder John Wesley's marriage», 24 de mayo, 2018.

«Competing Worldviews Influence Today's Christian Research Releases» en Culture & Media; 9 de mayo, 2017; https://www.barna.com/research/competing-worldviews-influence-todays-christians.

Croft, Brian y Cara. *The Pastor's Family: Shepherding Your Family through the Challenges of Pastoral Ministry*. Grand Rapids: Zondervan, 2013.

Cloud, Henry; Townsend, John. *How People Grow*. Grand Rapids: Zondervan, 2001.

Duncan, Ligon. «Purity in the Camp» en *The Shepherd as Leader*, John MacArthur, General ed. Eugene, Oregon: Harvest House Publisher, 2016.

Evans, Robert W. en *The Pastor's Book*, ed. Kent Hughes. Wheaton, IL: Crossway, 2015.

Farrar, Steve. *Finishing Strong: Going the Distance for Your Family*. Sisters, Oregon: Multnomah, 2011.

Fehlauer, Mike. «The Seduction of Success», *Ministry Today*; https://ministrytodaymag.com/~ministry/index.php/ministry-leadership40/ethics35/217-the-seduction-of-success

Galli, Mark. «Whitefield's Curious Love Life», *Christian History*, Issue 38, 1993.

Goetz, David L. «Forced Out». *Christianity Today*. https://www.christianitytoday.com/pastors/1996/winter/6l1040.html.

Goldaman, John J. Times Staff Writer, «JFK's Golf Clubs Rake», en *Green at Camelot Sale*, 26 de abril, 1996: http://articles.latimes.com/1996-04-26/news/mn-63069_1_sale-clubs-golf

Hancock, Andrew. «Pastoral Training in the Local Church», publicado en línea en *Am I Called?*, https://amicalled.com/2018/03/pastoral-training-local-church.

Hansen, Collin. *Haggard Resigns as NAE President*, https://www.christianitytoday.com/ct/2006/novemberweb-only/144-52.0.html

Howington, Nolan, *Expository Preaching, Review & Expositor 56* (No. 1, enero de 1959).

Hughes, R. Kent y Chapell, Bryan. *1-2 Timothy and Titus*. Wheaton: Crossway, 2012.

Hunger, Merrill F. *Principles of Expository Preaching*. Grand Rapids: Zondervan, 1955.

Jamieson, Bobby; Dever, Mark (editor general); Leeman, Jonathan (director de edición), *Guardándonos unos a otros: La disciplina de la iglesia*. Washington, DC: 9Marks, 2017.

Johnson, Kirk. *Confession and Tears Mark Farewell of Colorado Pastor*, https://www.nytimes.com/2006/11/05/us/06ministercnd.html

Klein, William. «Ephesians», en *The Expositor's Bible Commentary*. Grand Rapids: Zondervan, 2006.

Köstenberger, Andreas. «1 Timothy» en *The Expositor Bible Commentary, Vol. 12*, Tremper Longman III & David E. Garland, Gen Eds. Grand Rapids: Zondervan, 2006.

Krejcir, Richard J. *Statistics on Pastors: 2016 Update*, http://www.churchleadership.org/apps/articles/default.asp?blogid=4545&view=post&articleid=Statistics-on-Pastors-2016-Update&link=1&fldKeywords=&fldAuthor=&fldTopic=0

Lane, Timothy S.; Tripp, Paul David, *How People Change*. Greensboro: New Growth Press, 101.

Lawless, Chuck; Rainer, Tom S. *Membership Matters: Insights from Effective Churches on New Member Classes and Assimilation*. Grand Rapids: Zondervan, 2016.

Leeman, Jonathan. *The Church and the Surprising Offense of God's Love*. Wheaton: Crossway, 2010.

Leeman, Jonathan. *Church Discipline*. Wheaton: Crossway, 2012.

Lewis, C.S. *Mere Christianity*. Brown Chair Books, 2014.

London, H.B.; Wiseman, Neil B., *Pastors at Greater Risks*. Ada, MI: Baker Books, 2003.

MacArthur, John. *Esclavo*. Nashville: Grupo Nelson, 2011.

_______. *Rediscovering Expository Preaching*. Nashville: Nelson Reference & Electronic Pub, June 24, 1992.

_______. *The Mandate of Biblical Inerrancy: Expository Preaching*. The Master's Seminary, número 1, primavera 1990.

_______. *The Master's Plan for the Church*. Chicago: Moody Press, 1991.

_______. *El poder de la integridad*. Grand Rapids: Editorial Portavoz, 1999.

_______. *True Worship*. Chicago: Moody Publishers, 1985.

_______. *New Testament Commentary*. Chicago: Moody Publishers.

Maxwell, John. *The 21 Indispensable Qualities of a Leader, 2da edición*. Nashville: Thomas Nelson, 2007.

McGee, Robert S. *The Search for Significance*. Nashville: Thomas Nelson, 2003.

Meyer, F.B. citado por Stephen Brown, Christianity Today, 5 de abril, 1993.

Mohler, Albert. *Training Pastors in Church, Table Talk Magazine*, 1 de febrero, 2008.

Myra, Harold; Shelley, Marshall, *The Leadership Secrets of Billy Graham*. Grand Rapids: Zondervan, 2005.

Núñez, Miguel. *Siervos para su gloria*. Nashville: B & H, 2018.

_______. *Las 10 leyes del pecado* en https://www.coalicionporelevangelio.org/articulo/las-10-leyes-del-pecado/.

Olsen, Ted. «*I Am Guilty of Sexual Immorality... a Deceiver and a Liar», Haggard Confesses*, https://www.christianitytoday.com/ct/2006/novemberweb-only/144-58.0.html.

Pennington, Tom, *A Biblical Case for Elder Rule en The Shepherd as Theologian*, MacArthur, John, editor general ed. Eugene, Oregon: Harvest House Publisher, 2017.

Piper, John. *Brothers, We Are Not Professionals*. Nashville: Broadman & Holman Publishing Group, 2013.

_______. *Hermanos no Somos Profesionales*. Barcelona: Editorial CLIE, 2010.

Piper, John y Mathis, David, eds. *With Calvin in the Theater of God: The Glory of Christ and Everyday Life*. Wheaton: Crossway, 2010.

Powlison, David. *The Biblical Counseling Movement: History and Context*. Greensboro: New Growth Press, 2010.

Prime, Derek; Begg, Alistair. *On Being a Pastor*. Chicago: Moody Press, 2004.

Rainer, Thom. *10 Real Reasons Pastors Quit Too Soon*, https://churchleaders.com/pastors/pastor-articles/161343-tim_peters_10_common_reasons_pastors_quit_too_soon.html

_______. *I am a Church Member*. Nashville: B & H, 2013, 11.

_______. *Six Stages of a Dying Church*, https://thomrainer.com/2017/06/six-stages-dying-church.

_______. *4 most common reasons that get pastors fired*, Biblical Leadership, noviembre, 2017.

Richard, Ramesh. *Training Pastors: A High Priority for Global Ministry Strategy*, https://www.christianitytoday.com/edstetzer/2015/december/training-pastors-high-priority-for-global-ministry-strategy.html.

Robinson, Haddon y Larson, Craig Brian. editores generals. *The Art of Biblical Preaching*. Grand Rapids: Zondervan, 2005.

Rogers, Ronnie W. *Undermining the Gospel, The Case for Church Discipline*. Enumclaw: Pleasant Word, 2004.

Sanders, Oswald. *Spiritual Leadership*. Chicago: Moody Publishers; Reissue edition, 2017.

_______. *Spiritual Maturity: Principles of Spiritual Growth for every believer*. Chicago: Moody Publishers, 2017.

Sherman, Doug. *Your Work Matters to God*. Colorado Springs: NavPress, 1990.

Smalley, Gary. *The DNA of Relationships*. Colorado Springs: Alive Communications, Inc, 2004.

Smith Junior, Douglas K. *Training Pastors in the Local Church: Five Models of Theological Education*. CreateSpace Independent Publishing Platform.

Spurgeon's Personal Library, *The Spurgeon Archive*, http://www.romans45.org/spurgeon/fsl/library.htm

Stetzer, Ed. *That Stat that Says Pastors are All Miserable and Want to Quit (Part 1)*, Christianity Today, 14 de octubre, 2015.

______. *That Stat that Says Pastors are All Miserable and Want to Quit* (Part 2), Christianity Today, October 28, 2015.

Stott, John. *The Living Church*. Downers Grove: InterVarsity, 2007, 19.

Strong's Concordance. Nashville: Thomas Nelson, 2010.

Taylor, Justin. *Howard Hendricks* (1924-2013), https://www.thegospelcoalition.org/blogs/justin-taylor/howard-hendricks-1924-2013.

______. *Charles Templeton: Missing Jesus*, https://www.thegospelcoalition.org/blogs/justin-taylor/charles-templeton-missing-jesus/

Temple, William. *Readings in St. John's Gospel*. London: Macmillan, 1940.

Thielman, Frank. *Ephesians*. Grand Rapids: Baker Academic, 2010.

Thune, Robert H. *Gospel Eldership*. Greensboro: New Growth Press, 2016.

Tippit, Sammy. *Worthy of Worship*. Chicago: Moody Publishers, 1989.

Tozer, A.W. *Man – The Dwelling Place of God*, edición Kindle. Amazon Digital Services LLC, 2010.

Towner, Philip H. *The Letters to Timothy and Titus*. Grand Rapids: William B. Eerdmans Publishing Company.

Tripp, Paul David. *Dangerous Calling*, edición Kindle. Wheaton: Crossway, 2012.

Trull, Joe E.; Carter, James. *Ministerial Ethics*. Grand Rapids: Baker Academics, 2004.

Tucker, Ruth A. *William Carey's Less-than-Perfect Family Life, Christian History Institute* (artículo publicado originalmente en *Christian History*, número 36, en 1992).

Wiersbe, Warren. *Real Worship: Playground, Battleground, or Holy Ground?*, 2da. ed. Grand Rapids: Baker Books, 2000.

Wiersbe, Warren. *On Being a Servant of God*. Grand Rapids: Baker Books, 2007.

Willimon, William H. *The Theology and Practice of Ordained Ministry*. Nashville: Abingdon, 2016.

Wright, N.T. *Why Christian Character Matters?*. New York: Harper One, 2010.

Wingren, Gustaf. *Luther on Vocation*. Eugene, Oregon: Wipf & Stock Pub., 2004.

Yancey, Philip. *Church Why Bother?*. Grand Rapids: Zondervan Publishing House, 1998.

Yuille, J. Stephen. *A Labor of Love: Puritan Pastoral Priorities*. Grand Rapids: Reformation Heritage Books, 2013.